# Novels and Stories

Ekaterina A. Krasnova

# Повести и Рассказы

Екатерина А. Краснова

**Novels and Stories**

ISNB: 978-1-60444-889-4

**Повести и Рассказы**

© Индоевропейских Издание , 2018

ISNB: 978-1-60444-889-4

# НЕ СУДЬБА

## I

Когда у Ивана Владимировича Загребского родился сын, он очень этому радовался. К сожалению, дома некому было разделить его чувств, потому что супруге его, Зинаиде Сергеевне, всякие чувства были чужды. Ещё в девицах она была преимущественно languissante[1], а когда вышла замуж, это качество окончательно сделалось преобладающею чертою её характера. Молодая мать довольствовалась сознанием, что у неё есть un bébé, которого будет крестить mon oncle le général. Но отцу, называвшему bébé Михайлой, такого сознания было мало: он вообще не любил духовных наслаждений и без шампанского ничего не понимал. На радостях необходимо было выпить, и Иван Владимирович поспешил в свой клуб, куда давно уже привык отправляться во все важные минуты жизни.

С тех пор прошло много времени. Bébé давно вырос и называется большею частью Мишелем, хотя в клубе ему по прежнему случается быть Михайлой. Его мать продолжает быть languissante, тем более, что, помимо сына, существуют ещё les deux demoiselles[2] – её дочери.

Мишелю двадцать шесть лет. Он пользуется отличным здоровьем и аппетитом; но, к ужасу матери, он очень небольшого роста, хотя имеет наружность удовлетворительную. Он рос крайне балованным мальчиком, как обыкновенно бывает в семействах, когда среди женщин растёт единственный сын. Мать, бабушки, тётушки обожали Мишеля, но каждый член семейства смотрел на дело воспитания и стремился "вести" ребёнка по своему. Среди всех этих воспитаний и направлений плачевно увязали беспомощные гувернёры и гувернантки, состоявшие при Мишеле. Но он, по-видимому, нимало не страдал от своего положения и принял тактику – одинаково в грош не ставить ни родовых, ни благоприобретённых воспитателей: он никогда никого не слушался, ничему путём не учился и был очень доволен своей судьбой. Всё это продолжалось до поступления его в корпус.

Пока он там процветал, мать его обзавелась новым качеством, так как с течением времени оказалась délaissée[3]. Это произошло оттого, что Иван Владимирович уверял, будто в присутствии жены он себя чувствует "как сливки на солнце". Супруги всегда были недовольны друг другом, хотя в сущности во многом сходились. Особенно ссорились они из-за сына: отец желал, чтобы Михайло был военный и

---

[1] томящаяся, чахнущая - фр.
[2] две подружки - фр.
[3] покинутой - фр.

молодец, а мать мечтала о том, чтобы Мишель был военный и... mauvais sujet.

Относительно первого пункта всё устроилось по родительскому желанию: по выходу из корпуса Мишель превратился в то, что его отец называл "гвардионцем", а мать – les lanciers de Peterhoff[4]. Остальное не удавалось: Мишель не попадал собственно ни в ту, ни в другую категорию. Напьётся где-нибудь à Peterhoff или с отцом в клубе, как прилично молодцу, а на другой день грустит и терзается угрызениями совести как баба, по выражению Ивана Владимировича, который терпеть не мог этой его черты и называл её философией.

Иногда бывал и на мамашиной улице праздник: Мишель таскается по ресторанам, торчит за кулисами театра Буфф, делает долги, побеждает сердца, становится un brillant mauvais sujet; но вдруг, ни с того, ни с сего, запрётся в своей комнате, засядет дома, задумывается и читает. Когда Мишель принимался за книги, он делался нисколько не похож на mauvais sujet, неинтересен, не блестящ. Впрочем, чтением он никогда долго не занимался: это ему надоедало, главное потому, что в это время он сам себя не понимал.

Был у него приятель, барон Вланг, его товарищ по полку. Вланг был высокий, белокурый, приличный офицер остзейского происхождения. Он отлично одевался, носил pince-nez[5] в золотой оправе и говорил скрипучим голосом, в нос. Характера он был спокойного и пользовался особым расположением Мишеля, который ценил в нём выше всего его невозмутимость и сильно злоупотреблял ею, когда находился в припадке беспричинной и беспокойной тоски, нападавшей на него по временам. Под влиянием этой тоски, Мишель болтался без дела, врал всякий вздор, ныл и надоедал всем. В такие минуты он шёл к Влангу, и между ними происходили разговоры в таком роде:

– Вланг, я к тебе: родители надоели.

– Здравствуй, – говорил барон. – Кто тебе надоели?

– Родители, душечка, – папаша с мамашей.

– Очень странно. Чем же надоедали?

– Преимущественно любовью и ненавистью, – жаловался Мишель, стоя среди комнаты и раскачиваясь на каблуках. – Обожают и доезжают в тоже время... Что, ты опять не понял? Возьми лексикон, отыщи там глагол доезжать...

– Довольно, я уже слыхал такие шутки, и они неуместны. Возьми это во внимание.

– Надоело? Ну, выгоняй меня... О, Вланг! Вланг, какая скучища!

– Займи себя чем-нибудь.

– Да чем же? Когда бы я знал...

И Мишель вдруг затягивал во всё горло: "Когда б он знал, что пламенной душою"... ("Когда б он знал... – романс Кочубея на стихи Е. Ростопчиной)

---

[4] петергофские уланы - фр.
[5] пенсне - фр.

Вланг медленно доставал черепаховый портсигар, вынимал папироску, закуривал.

– Мало ли дела! – произносил он, наконец.

– Что ты, что ты? Какое же у нас дело? Хоть бы война, что ли... Вланг! Кого бы нам поколотить?

– Не говори так глупо. Если тебе нечего делать в военной службе, выходи в отставку, занимайся своим имением.

– Имением? А какого чёрта я там буду делать? Я только и умею спать да вздор молоть; ведь нас с тобой только этому и учили, переучиваться поздно!

– Никогда и ничто не поздно. Не хочешь ли сельтерской воды? – предлагал Вланг.

– Сельтерской? Это ещё что? Вина давай!

Вино приносилось, но на Мишеля никакие напитки, кроме коньяка, не действовали; от коньяка же он пьянел и становился ещё мрачнее. Когда находили на него припадки хандры, ничто не могло его развлечь; но в своё время она проходила сама собою.

Находясь в одном из таких пароксизмов, он был приглашён на именинный вечер к одному из старших офицеров полка и почему-то принял приглашение. Пир удался на славу: пили много, при деятельном участии самого генерала. Генерал был из молодых, очень толстый и красный немец, плохо говоривший по-русски. Мишель не чувствовал к нему личной антипатии, хотя был о нём невысокого мнения; но так как он вообще не охотник был до немцев, то и на генерала смотрел недружелюбно. К концу ужина Мишель впал в меланхолию: вино, водка и товарищи ему надоели, а уходить было лень; от нечего делать он взял свой бокал и подсел к генералу. Устремив внимательный взгляд на своего начальника и разглядывая его, он начал рассуждать вслух:

– Создатель, Создатель! И за что это его превосходительство попал в генералы!? Во-первых, немец; во-вторых, глуп... Будто уж из русских нет таких рож? Ну, за что его над нами поставили? Даже "хлеб" выговорить не умеет...

Мишель так углубился в свои рассуждения, что не заметил восторженного внимания господ офицеров. Со своей стороны, генерал не сразу разобрал, к кому относились эти речи, но потом спохватился и сильно разгневался. Вышел скандал, вследствие которого Мишель на другой день вынужден был подать в отставку.

После этого он поступил "просто" в С... пехотный полк, к невыразимой горести Зинаиды Сергеевны. А Ивану Владимировичу эта история так понравилась, что он даже не имел духа сердиться на сына.

Очутившись в С... полку, Мишель на всё махнул рукой и совершенно сбился с толку, так что в короткое время приобрёл обширную и печальную известность. Родные были в отчаянии: дома он почти не бывал, и, что всего хуже, никто не мог разобрать, доволен ли, по крайней мере, сам Мишель своей судьбою? Он не хандрил, но и весёлости в нём не замечалось. Он вёл безобразную жизнь как-то серьёзно и систематично, точно дело делал. Зинаида Сергеевна решила, что её сын – пропащий человек.

Так продолжалось до одного морозного декабрьского вечера, когда Мишель отправился на благотворительный бал.

## II

Тётка Мишеля, баронесса Елена Владимировна Шторх, устраивала благотворительный бал. Она особенно любила Мишеля, и в угоду ей "пропащий человек" ездил иногда на танцевальные вечера, базары и тому подобные учреждения. Об этом бале Мишель узнал заблаговременно. "Приезжай, голубчик, непременно, – писала ему баронесса, – и выручи меня: дам будет пропасть, а кавалеров не знаю, где взять". При этом известии Мишель поморщился и пожелал остаться дома; но тётка как женщина предусмотрительная поместила в конце записки несколько интересных сведений о буфете, и это решило вопрос в её пользу. Мишель решил, что надо ей сделать удовольствие, и поехал на бал.

Мороз был сильнейший. Пока Мишель согревался в швейцарской и приходил в нормальное состояние, расположение его духа почему-то испортилось, и мысли приняли критическое направление. Ему показалось, что все приезжавшие дамы отличались безобразием, а кавалеры – глупостью и нахальством. Очевидно, скука будет страшная. Но тут из зала вышла на лестницу сама баронесса: она сияла румянцем и весельем и двигалась со всею быстротой, какую дозволяла ей приятная, но неумеренная полнота. За нею следовали молодые люди. Они, по-видимому, иначе смотрели на вещи, чем Мишель: им было везде весело.

Весёлые глаза Елены Владимировны прямо остановились на Мишеле. Она накинулась на него тут же, поцеловала его в лоб, взяла под руку, мимоходом кого-то радостно приветствовала, что-то приказала, чему-то посмеялась и увлекла племянника наверх в бальный зал, грозя немедленно представить его всем барышням на все кадрили.

В зале давно уже танцевали. Народу было множество, но в вальсе участвовало сравнительно мало. Мишеля отрекомендовали высокой, бледной и белокурой девице, которую он немедленно назвал в душе макароной и пригласил на тур вальса. После вальса тётка подвела его к другой даме, которую он пригласил на отдалённую кадриль. Оглядев зал, Мишель опять нашёл, что хорошеньких нет, что бал скучный, а мужчины всё какие-то дураки, – и пошёл бродить по гостиным. Гостиные были почти пусты: кое-где молодой человек, изучающий перед зеркалом эффект пробора и фрака; несколько парочек по углам; там и сям скучающие шапероны, временно отрешённые от своих обязанностей; в одном кресле храпел толстый господин. Мишель взглянул на этого господина и вспомнил, что тут

4

поблизости должна быть голубая гостиная, а в гостиной очень-очень покойный диван. Он направился к этому убежищу, рассуждая, что, в крайнем случае, и кадриль проспать можно, а время, между тем, до ужина пройдёт. Решительными шагами он вошёл в голубую гостиную и подошёл к дивану, но место было занято.

При мягком свете стенных ламп, защищённых матовыми шарами, Мишелю бросилось в глаза что-то ярко-красное, выступавшее на бледно-голубом фоне дивана. Это красное оказалось корсажем бального платья. Обладательница его уютно поместилась на диване, и когда Мишель вошёл, она только что собиралась зевнуть, откинув голову на спинку дивана. Услыхав шаги, она отказалась от своего намерения и быстро отвернулась, точно досадуя, что ей помешали. Так, по крайней мере, показалось Мишелю, который остановился как вкопанный, не спуская с неё глаз. Она, конечно, это заметила и сейчас же встала, собираясь удалиться.

Но Мишель остолбенел на месте и рассматривал незнакомую девушку, не заботясь о приличиях. Он не мог оторвать глаз от её лица, и это было, действительно, странное лицо. В нём поражала не правильность черт, не строгость линий, которые были, однако, очень изящны, но удивительная изменчивость выражения и цвета. С первого взгляда оно уже производило такое впечатление, что обладательница его живёт скорее, чем обыкновенные люди, что её мысли и ощущения скорее сменяются, и весь ход духовной жизни отражается физически в глазах и чертах лица. Вообще её наружность представляла ряд контрастов: тонкие черты, маленькая головка и очень развитые плечи; нежное, мягкое очертание лица и немного презрительное, надменное выражение губ; светлые пепельные волосы и тёмные брови; несколько бледный оттенок кожи и очень яркие губы. А глаза были всего удивительнее. Мишель в течение одной минуты увидал их серыми, чёрными, зелёными... Менялся их цвет – менялось и выражение. С удивлённым взглядом, с высоко поднятой головкой, она стояла пред ним, ожидая, что он, наконец, даст ей дорогу или уйдёт, а он всё стоял и смотрел. Это было дерзко; это становилось глупо. Она подняла брови, опустила глаза и направилась к двери, шурша длинным треном, составлявшим резкий контраст с кроваво-красным бархатным корсажем, из которого выделялись как из рамки, её обнажённые плечи и руки. Она была почти у двери, когда в гостиной появилось новое лицо.

Рослый, пожилой господин, слегка переваливаясь, переступил через порог, сейчас же сел на первое попавшееся кресло и громко обратился к ней, с оттенком неудовольствия в голосе:

– Помилуй, Сонечка, куда ты запропастилась? Я тебя везде ищу!

– Сидела здесь и зевала, – спокойно отвечала Сонечка.

– Что ж это такое, мой друг? Для чего ты тут зевала, да ещё одна, вдобавок? Отчего ты не танцуешь? Лучше поищем тётку и домой поедем, если уж соскучилась.

– Я потом буду танцевать, я не хочу домой. Я просто ушла от Калиновского...

Господин покосился на Мишеля, который не двигался с места, и продолжал:

– Ушла? Что за пустяки, к чему ты ушла?

– А к тому, что он пригласил меня на следующую кадриль, а я его терпеть не могу. Очень просто, папа.

– Ну, уж ты меня извини, это вздор. Лучше было просто отказать. Engagée – да и конец, – возразил папа.

– Нельзя было: мне его баронесса сама подвела.

Дальше Мишель не слушал. Он поспешно отправился искать Елену Владимировну и нашёл её очень скоро: она сидела недалеко от оркестра в зале и кушала мороженое с блюдечка, которое держал перед нею огромный кирасир, пока другой кирасир, поменьше, обмахивал её веером. Всем троим было очень весело, и они чему-то смеялись.

Мишель сразу приступил к делу:

– Ma tante[6], поскорее представьте меня одной барышне! Вы её наверное знаете... Скорее, пока она не ушла... Пойдёмте!

– Ты что? Влюбился? Paul! Подержите мороженое. Сейчас, пойдём... Давайте веер, Друцкой. Иду, Мишель, иду! Где? – заторопилась она, опираясь на его руку.

Мишель привёл её прямо в голубую гостиную; но там уже никого не было.

Они вернулись в бальный зал и – о, радость! Мишель увидел её почти тотчас же: при ярком освещении её кровавый корсаж издали бросался в глаза. Она вальсировала с высоким гусаром, и оба составляли такую яркую, красивую группу, что Мишелю нетрудно было указать Елене Владимировне предмет своих поисков. Он с трепетом осведомился, знает ли она эту особу?

– Ах, Боже мой, конечно знаю! Прехорошенькая, особенно teint[7] – совершенный перламутр... У тебя отличный вкус! – весело сказала баронесса, направляясь к тому месту, где остановилась после вальса требуемая девица.

Прежде, чем он успел опомниться, тётушка уже подвела его к ней и, улыбаясь, проговорила:

– Позвольте вам представить моего племянника. Monsieur Загребский – mademoiselle Муранова. Ему страшно хочется танцевать с вами!

Бедный Мишель! Какое неприятное изумление отразилось в странных серых глазах, строго устремлённых на него. Она, очевидно, сразу узнала того несносного офицера, который так дерзко рассматривал её в голубой гостиной. Величавое пренебрежение выразилось во всей её фигуре, и тонкие брови высоко поднялись. Однако, должно быть, она вспомнила, что его опять-таки подвела "сама баронесса", и решилась слегка улыбнуться, наклоняя голову в ответ на его поклон. Но он так смиренно пригласил её на кадриль, что

---

[6] тётушка - фр.

[7] цвет лица - фр.

6

улыбка совсем расцвела на её лице, и в глазах забегало множество лукавых огоньков. Уже совершенно милостиво она уведомила его, что приглашена на все кадрили.

— В таком случае, позвольте вас просить на мазурку.

— Мазурку я обещала неделю тому назад, — отвечала она, очевидно, чувствуя большое удовольствие, что могла это сообщить.

Мишель чувствовал её капризное наслаждение и в первый раз в жизни не находил, что кокетство и каприз в женщине — пренеприятные учреждения, которым противно подчиняться. И в душе его в первый раз не поднялся протест против этой непрошеной власти.

Он сначала оторопел, но вдруг ему пришла счастливая мысль.

— Для первого знакомства, танцуйте со мною следующую кадриль, — предложил он решительно, — а Калиновскому мы скажем, что я вас прежде пригласил.

— Калиновскому? А вы почему знаете, что я танцую с Калиновским? Ах, да! Вы слышали...

Она вспомнила голубую гостиную, рассмеялась и согласилась.

Всё обошлось благополучно. Молодая девушка была очень весела и с самого начала кадрили озадачила своего кавалера, спросив, с какой стати он вообразил, что ей с ним приятнее танцевать, чем с Калиновским?

— Вы сами доказали это, согласившись танцевать со мною, — храбро отвечал Мишель.

— Нисколько не доказала. Я танцую с вами, чтобы сделать удовольствие вашей тётушке, которую очень люблю.

— Да? Так это вы для тётушки...

— Конечно, для неё. А скажите, что это у вас за манера рассматривать незнакомых людей?

— У меня вовсе нет этой манеры...

— Нет? Так это значит исключение в мою пользу? Merci. Ну, если бы вы не были племянником вашей милой тётушки...

— Опять тётушка! Забудьте тётушку и моё глупое поведение, ради Бога. Я не имел ни малейшего намерения быть дерзким, но я так был поражён...

Мишель подумал, как бы это выразить, чем именно он поразился, и неожиданно вдруг соврал:

— Вашей причёской! — и поспешил взглянуть на её голову.

И взглянул недаром: действительно, оказалось что-то необыкновенное в убранстве этих вьющихся пепельных волос, украшенных ветками белых цветов.

— Так вас поразила моя причёска... — проговорила молодая особа и так наивно и серьёзно посмотрела на него вдруг широко раскрывшимися серыми глазами, что Мишель счёл необходимым оправдаться.

— Честное слово, у вас совершенно необыкновенная причёска! — заверил он. — Волосы так оригинально расположены, что я поневоле остановился и долго вспоминал, где я это видел?

– Где же? Вспомнили? – спросила она серьёзно, рассматривая своего vis à vis сквозь резьбу костяного веера.

– Вспомнил. На одной медали, изображающей Французскую Республику.

– У меня куафюра как у республики?

– И да, и нет: республику, видите ли, всегда изображают в фригийской шапке – волосы почти закрыты. А у вас именно волосы образуют что-то похожее на bonnet phrygien[8]. Да, совершенно! – говорил Мишель, очень серьёзно оглядывая свою собеседницу.

Кадриль кончилась; Мишель отвёл свою даму к отцу и удостоился чести быть ему представленным. Во весь следующий вечер он протанцевал несколько вальсов со своей новой знакомой, а остальное время простоял за её стулом. Его нескрываемое внимание, по-видимому, немало забавляло молодую девушку, и время прошло незаметно для обоих до самого ужина, за которым Мишель познакомился с "её тётушкой".

Эта тётка оказалась сильно перезрелою девицей, направлявшей все свои силы к тому, чтобы казаться молодою дамой; об этом свидетельствовали её томные, несколько искусственные очи, дорогие, шелковистые локоны, обильные ветки разноцветных роз, рассеянные по её особе, и чрезмерно-открытый корсаж бального платья. Она кокетливо повернула к Мишелю своё смятое, напудренное лицо и, сжимая слишком красные губы, протяжно выразила ему своё удовольствие, по случаю знакомства с "интересным молодым человеком, про которого она столько уже слышала"...

"А ну, как и в самом деле слышала, чёрт бы её побрал!" – подумал Мишель с ужасом и беспокойно оглянулся на племянницу, соображая, как много нежелательного они могли про него слышать. Но тётка, вероятно, соврала: уж если бы слышали, то с ним, пожалуй, и разговаривать бы не стали; ведь недаром же Зинаида Сергеевна называла его "un compromettant"...

Мишель взглянул ещё на старую девицу и положительно решил, что она ничего о нём не слыхала.

Ужин прошёл превесело. После ужина снова начались танцы, но Мурановы уехали. Мишель имел удовольствие посадить их в карету и остался на морозе в смутном, восторженном настроении, какого никогда не испытывал прежде. Он сам хорошенько не понимал, что именно он чувствует; ясно было только одно, что спать он теперь не мог, и надо было куда-нибудь отнести своё небывалое настроение, кому-нибудь рассказать, рассказать хоть самому себе...

И Мишель пошёл по тротуару, углубляясь в морозный туман раннего петербургского утра и рассказывая себе по порядку, со всеми подробностями, всё, что случилось за эту ночь.

---

[8] фригийский колпак - фр.

# III

Зинаида Сергеевна была в отчаянии. Она приказала закладывать карету и поехала по своим знакомым рассказывать, что она в отчаянии. Вторая дочь её, Зиночка, отказала Романовичу, – imaginez vous![9] Накануне вечером, ce pauvre[10] Романович сам сказал ей о своей déconfiture[11], когда она только что перед тем оторизировала его поговорить с Зиночкой. У Ивана Владимировича нет сердца – он не понимает этого; он даже радуется, узнав, чем кончилось искательство бедного молодого человека. Зинаида Сергеевна ездила по Петербургу и в десятый, в сотый раз рассказывала своё горе – sa douleur maternelle[12].

Между тем, бесчувственная Зина была очень весела; её бессердечный отец хохотал на всю квартиру и беспрестанно приставал к дочери, расспрашивая о подробностях неудавшегося романа.

– Воображаю, какая у него была глупая рожа! Что же он сказал, когда ты ему нос натянула, а? Зина!

– Ничего не сказал, папа, право! – краснея и смеясь, отвечала Зина, немножко гордая тем обстоятельством, что ей было сделано предложение, и довольная сознанием своей самостоятельности в этом случае.

– Ну, вот – ничего! У тебя всё – ничего. Для такого необыкновенного случая могла бы быть пооткровеннее.

– Тут нечего быть откровенной, папа; он ничего замечательного не сказал... Глупости какие-то!

– Он всегда глупости говорит. Он дурак, а ты у меня умница. Ты это хорошо сделала!..

– Вот maman этого не находит, – улыбаясь произнесла Зина и переглянулась с сестрой.

– Maman твоя... – начал было Иван Владимирович, но в нерешительности остановился.

К счастью, Зина избавила его от труда продолжать начатую фразу и радостно объявила:

– Вот и Миша!

Действительно, Мишель вошёл в комнату. Тут уж и без него было весело, благодаря "деконфитюре" Романовича и отсутствию maman, а Мишель принёс с собою новый запас весёлости, и все члены семьи сразу увидели это по его лицу. С небывалою нежностью он поцеловал сестёр и, тотчас же поместившись на качалке, принялся раскачиваться с таким сияющим, довольным видом, какого давно не видали его домашние.

---

[9] Представляете! - фр.
[10] бедняга - фр.
[11] разорении - фр.
[12] свою материнскую боль - фр.

– Миша! Верно ты опять наследство получил? – осведомилась Зина.

– Представь себе, что нет. А что? – спросил Мишель, очень хорошо чувствовавший, что сестра имела основание найти особую причину его прекрасного расположения духа.

– А вот спроси-ка Зину, что она получила! – с торжеством посоветовал Иван Владимирович.

Тогда Мишелю сообщили о важном событии, совершившемся в доме, и он как нежный сын принял достодолжное участие в общем веселье.

Более или менее остроумные вариации были в полном разгаре, когда в гостиную вошла сама Зинаида Сергеевна. При её появлении девицы с необыкновенною живостью заговорили о французском театре, Мишель мгновенно углубился в чтение руководящей статьи "С.-Петербургских ведомостей", а глава семейства, обеспокоив собственную особу, увязшую в кресле перед камином, встал и исчез в боковую дверь.

Зинаида Сергеевна сегодня решилась быть последовательной. Она опустилась на козетку, по соседству с качающимся и читающим Мишелем, томно забилась в уголок сиденья, согнувши необыкновенно тонкий и моложавый стан, и с подавленным видом принялась за стягивание слишком узких перчаток.

Мишель читал. Дело шло об ужасающих злоупотреблениях где-то, по какому-то ведомству – он не разобрал хорошенько, потому что начал с третьего столбца.

Мать подняла брови.

– Мишель, – заговорила она протяжно, – ты знаешь?..

– Ах да, maman, деконфитюра; слышал, – отвечал он, покорно оставляя газету.

– Да, именно, mon ami. La déconfiture de ce pauvre Romanovitch![13] Mesdemoiselles! Вы бы пошли к себе.

Девицы вышли, и Мишель остался наедине с матерью.

– Мишель, ты имеешь на неё влияние! Я тебя прошу её вразумить, – сказала Зинаида Сергеевна убедительно.

Мишель раскачивался, наблюдая лепные карнизы.

– Мой друг, вся моя надежда на тебя... Ты обещаешь, да? N'est-ce pas?[14]– продолжала мать, тревожно вглядываясь в лицо возлюбленного сына.

Мишель, вместо ответа, раскачнулся с новым усердием; он чувствовал себя прекрасно, несмотря на приставания матери, потому что успел побывать у своей дорогой тётушки, и она обещала устроить ему знакомство с Мурановыми. Это обстоятельство положительно изменяло все его воззрения: maman могла привязываться сколько угодно.

– Ах, ты меня вовсе не понимаешь, Мишель! Ты мне на нервы

---

[13] Разорение бедняги Романовича! – фр.
[14] Разве нет? – фр.

действуешь avec cette affreuse[15] качалка! Я тебя прошу: отнесись серьёзно... отнесись серьёзно! – упрашивала Зинаида Сергеевна.

Мишель раскачнулся от всего сердца и порешил как-нибудь удрать.

На его счастье, приблизился час обеда и привёл в гостиную одного из привычных посетителей, без которых не обходился почти ни один обед. Иван Владимирович терпеть не мог садиться за стол без гостей, по многим причинам и главное потому, что присутствие посторонних поддерживало хорошее расположение духа его жены. В настоящем случае появление друга дома оказалось не без приятности: Зинаида Сергеевна тотчас им завладела и приступила к изложению своей douleur maternelle[16].

Мишель с облегчённым сердцем предался качалке и приятным размышлениям, пока из мамашиного угла до него долетали слова: "déconfiture", "камер-юнкер" и проч., и проч. Он сам не заметил, как глаза его сомкнулись, и под тихий ропот материнских жалоб чуть было совсем не уснул, но тут доложили, что кушать подано.

Он сидел за обедом и радовался. Радовался тому, что было внутри его. Он никак не называл этого чувства и, может быть, даже не подозревал, что это была любовь; но он её чувствовал и сиял. Зина не могла не обратить на это внимания и заметила, что "Миша сияет как медный грош", за что немедленно получила от матери замечание:

– Зина! quelle expression!![17]

А между тем, это действительно было так: ему было до того хорошо, что он чувствовал потребность сделать кому-нибудь приятное и вообще поделиться своими чувствами.

Случай скоро представился. Может быть, в сотый раз Зина стояла у окна, выходящего на Английскую набережную, и толковала о том, как она любит эти чудные морозные, лунные вечера, как должно быть хорошо теперь гулять по набережной, как ей этого хочется, и вот нельзя! Потому что одну не пустят, а кто же с ней пойдёт? Не Миша же... лентяй!

Мишель не раз слыхал такие монологи своей младшей сестры, но обыкновенно они не производили на него действия. Он великодушно допускал называть себя лентяем и не опровергал этого мнения. Но в этот необыкновенный вечер он совершенно растаял от внутренней радости и готов был на всякие добрые дела, а потому удивил Зину предложением сопровождать её на желанную набережную, и ещё куда-нибудь, и даже всюду, куда она захочет.

Зина в восторге побежала одеваться, и через несколько минут они шли по широкому гранитному тротуару, усыпанному песком поверх искрящегося снега.

Действительно, был чудный зимний вечер. Воздух не отличался мягкостью; напротив, мороз стоял порядочный; но это-то и было

---

[15] с этой ужасной - фр.
[16] душевной муки - фр.
[17] Что за выражение!! - фр.

хорошо. От этого мороза, в воздухе было что-то необыкновенно приятное, доброе; он подзадоривал скоро идти, твёрдо ступать на хрустящий, блестящий снег, прямо смотреть в хрустально-прозрачное, серебристо-синее небо. На небе сияла луна. Но это не была бледнолицая, сентиментальная луна немецких романсов: это была яркая, сильная, мужественная луна, светившая энергично и холодно. Её не скрывали никакие лёгкие облачка, никакие причудливые пары; всяким облачкам и парам было холодно, они съёжились и спрятались от мороза; ей никто не мешал светить. Очертания домов и покрытых инеем деревьев чисто выступали на фоне вечернего неба; резкость и чернота теней, серебряное сверкание крыш и окон, отражавших луну, белизна стен, освещённых её светом – всё вместе превращало серый, тусклый Петербург в какой-то таинственный, чудный, серебряный город. Даже печальная при дневном освещении, белая скатерть Невы приобретала необыкновенный, красивый колорит: она расстилалась и уходила вдаль, под тёмные арки мостов, широкою серебряной дорогой, на которой местами сверкали ряды вырезанных льдин, отливавших фантастическими зелёными цветами. Лунный свет обливал всё, проникал всюду и жестоко смеялся над жалкими, беспомощными точками газовых фонарей, пропадавших в его белых потоках. Луна соглашалась светить на весь Петербург вообще, но, казалось, ей нравился главным образом Исаакиевский собор. Его она, должно быть, считала наиболее достойным отражать свой свет и на его куполе соединила целый сноп ярких лучей.

Зина находила, что никогда ещё не бывало такого вечера как сегодня, и Мишель вполне соглашался с нею. Они шли вдоль по набережной всё прямо, мимо Николаевского моста.

– Что может быть лучше нашего севера!? – восклицала Зина. – Ну, где ещё есть такая зима, такой славный, весёлый воздух? Нигде, нигде!

– Да, да. Я совершенно согласен... Впрочем, теперь мне решительно всё ужасно приятно. Если бы ты знала, Зина...

Мишель почувствовал прилив необыкновенной откровенности, потребность много-много рассказать сестре, – но собственно что же рассказывать? Что случилось? Он сам не знал и потому остановился. Но Зина сейчас поняла то, чего он сам в себе не понимал и прямо выговорила это.

– Ты влюблён, да? Милый, милый Миша! Ты мне всё расскажешь? Как ее зовут?

– Её зовут Сонечкой, т. е. Софьей, – отвечал он не задумываясь.

– Софья мне не нравится, а Сонечка – хорошенькое имя. Какая она? Блондинка, наверное?

Зина сама была почти что брюнетка, и потому первым условием красоты считала цвета, противоположные своим.

– Как тебе сказать... Она не блондинка и не брюнетка, хотя скорее блондинка. Она – необыкновенная!

12

– И наверное страшная кокетка? – продолжала спрашивать Зина, весело взглянув на брата.

Он шёл с блаженным, задумчивым лицом, смотрел прямо перед собою куда-то в пространство и видел в этом пространстве ее. Он рассматривал её восторженным, мысленным взором, наслаждаясь этим созерцанием и желая сообщить Зине самые точные сведения. Слова сестры заставили его улыбнуться.

– Да, она кокетка ужасная. Но вместе с этим она удивительно милая. Я её видел один раз...

– Как, только раз? – удивилась Зина.

– Да; всю прошлую ночь, на бале. Теперь я с ней познакомлюсь и надеюсь, что ты её также увидишь. Её описать нельзя: надо видеть. Лучше её ничего не может быть, честное слово, Зина!

– Ну, это, положим, ты влюблён, ты это и находишь, – произнесла Зина тоном опытной, солидной особы, искушённой в подобных делах. – А хотела бы я знать: ты влюблён, или ты её любишь? – прибавила она ещё солиднее.

– То есть как же? – Конечно, люблю, если влюблён. Какая ты смешная, Зина!

– Нет, извини. Это большая разница! – с жаром возразила Зина. – Влюблённым можно быть тысячу раз, и это очень скоро проходит, а настоящая любовь бывает только один раз и не проходит никогда... Никогда! – с уверенностью сказала она.

– А ты почему знаешь? Ты испытала?

– Я, конечно, была влюблена, много раз... Но любви... Нет, я ещё слишком молода. Да и ты, Миша, ещё не дорос!

– Сделай одолжение... Не дорос! – обиделся Мишель. – Говори про себя, сударыня!

– Я говорю про себя, а потому и про тебя. Мне – семнадцать лет, а тебе – двадцать шесть; следовательно, ты годом моложе меня, – заключила она серьёзно.

– Это что же за арифметика? Объяснись, душа моя! – и Мишель даже остановился от изумления.

– Я неточно выразилась. Вот видишь: мужчины развиваются позже женщин...

– Ну, уж извини!

– Позже! – упорствовала Зина. – Так что мужчина в двадцать шесть лет всё равно, что девушка в шестнадцать, а мне семнадцать – значит, ты годом моложе меня. А, впрочем, расскажи мне лучше про Сонечку. Что она, влюблена в тебя?

– Не знаю. Не думаю, – вздохнул Мишель.

– Тем лучше.

– Как, тем лучше?

– Конечно. Если б она в тебя сразу влюбилась, она бы тебе сейчас разонравилась. А если она к тебе равнодушна, тут-то ты и привяжешься. Все вы такие.

– Вообще, это, пожалуй, правда, – согласился он. – Но тут совсем другое: я буду её любить, что бы она ни чувствовала ко мне, во что бы то ни стало.

– Значит, ты воображаешь, что ты серьёзно любишь её?

– Не воображаю, а действительно люблю.

– Значит, ты хочешь жениться на ней? – продолжала Зина с беспощадною логикой.

Мишель оторопел… "Жениться! Ах, впрочем… конечно!"

– Да, хочу; непременно хочу! – решительно заявил он. – И сделаю для этого всё на свете.

– Миша, дай Бог, чтобы это у тебя было серьёзно и чтобы удалось. Я бы ужасно желала этого. Но это не может быть – это слишком скоро… А мне очень хочется её видеть, – прибавила она задумчиво.

– Я надеюсь, что увидишь. Повернём назад, Зина; посмотри, как мы далеко.

На обратном пути оба молчали. Трогательного излияния не вышло, но так или иначе всё было сказано, что Мишель хотел сказать. И довольные своей прогулкой, своими дружескими отношениями, они шли быстро, наслаждаясь бодрым холодом воздуха и таинственною красотою зимней ночи.

Дома их отсутствие не было замечено. Иван Владимирович пребывал в клубе; Лена совершенно углубилась в кресло и в новый английский роман. Мать, весьма languissante, сидела с ногами на кушетке и курила пахитоски; невдалеке помещался друг дома, очень хорошо сохранившийся, видный, надушенный господин с бакенбардами, подёрнутыми сединой, и с удивительным пробором в поредевших волосах. Во всём доме господствовала приличная, комильфотная тишина; и среди этой тишины из гостиной доносился томный голос Зинаиды Сергеевны, убедительно говорившей другу дома:

– Вы не можете меня понять! Vous n'avez jamais été mère![18]


# IV

Мишель пропал; однако, теперь его не называли пропащим человеком, хотя это, действительно, было бы кстати. По логике матери, он не был пропащим, потому что не делал долгов. Мишель исчез для всего "своего" мира, но зато проявился в новом: он пропадал у Мурановых. Что он там делал – с точностью определить было невозможно. Главным образом, он влюблялся в Сонечку и играл в шахматы с её отцом, который необыкновенно скоро привык к нему и находил очень естественным, что наш герой почти поселился у него в доме.

Расположение Петра Александровича Муранова к молодому

---

[18] Вы никогда не были матерью! - фр.

14

человеку обусловливалось тремя обстоятельствами: во-первых, Мишель нравился Сонечке, во-вторых – играл в шахматы, в-третьих – угодил Платону. А угодить Платону было великое дело, так как без его благосклонности человек решительно ничего не значил в этом доме.

Платон был камердинер, состоявший при Петре Александровиче для изнашивания его платья, курения его сигар, а также для глотания его гомеопатии. Пётр Александрович всегда лечился от неопределённых болезней, и Платон помогал ему истреблять его лекарства, находя всякое лечение для себя полезным. Барин очень жалел бедного Платона и часто с меланхолией объяснял своим знакомым, что его камердинер ужасно страдает нервами. Платону иногда делалось дурно, особенно, если Пётр Александрович позволял себе сомневаться в пригодности для него своих жилетов или носовых платков. Впрочем, это случалось редко. Сестрице барина, Прасковье Александровне, чрезвычайно нравились усы Платона; стало быть, он был безопасен и с этой стороны. Что касается Сонечки, она попробовала было избавить отца от диктатуры камердинера, но в первый раз в жизни встретила со стороны Петра Александровича решительный отпор. Объявив ему однажды, чтобы он выбирал между нею и Платоном, она получила в ответ: "Помилуй, мой друг, ты, может быть, на днях выйдешь замуж, а Платон всегда при мне останется. Как же мне без него, сама посуди!" Она покорилась; Платон утвердился на прочных основаниях и навеки завладел барином. Летом, между ним и Петром Александровичем иногда возникали несогласия, потому что в деревне Платон особенно любил отдыхать на лоне природы, так что барин никогда не мог удостоиться его лицезрения. В таких случаях Муранов с неожиданным геройством отказывал ему от места; Платон величественно удалялся на село к священнику, там оставался, по большей мере, два дня, и снова призывался на царство. После таких размолвок он снисходительно принимал от барина, в залог примирения, запонки или серебряный портсигар, и жизнь снова текла обычным порядком. В те же минуты, когда Муранов мимолётно сердился на своего камердинера, под влиянием своего вспыльчивого нрава, он имел обыкновение громогласно ругать его на французском языке, чтобы всё-таки не оскорбить его чувствительности и не расстроить его нервов. Неотъемлемое достоинство Платона составляла его честность: он никогда не воровал, и когда присваивал себе барские вещи, то всегда делал это открыто, пред лицом всего света, с полною уверенностью, что имеет на то право. Наш герой почему-то пришёлся ему по вкусу и сразу был принят под его покровительство. Между прочим, Мишель угодил ему за обедом, обнаружив глубокое познание и тонкое понимание вин, чего, к величайшему прискорбию Платона, решительно недоставало Петру Александровичу, который предпочитал шампанское всем винам, а сладкую шипучку – шампанскому. Платон с горечью сообщил Мишелю, что барин не умеет отличить хереса от портвейна, и что с полстакана лафита у него в голове шумит. Мишель пожалел об этом вместе с чувствительным камердинером, и с этой минуты они стали друзьями. Это скоро заметила и Сонечка.

– Ну, вы у нас совсем получили право гражданства, – смеясь сказала она однажды после обеда. – Платон решительно к вам благоволит; значит, вам больше и желать нечего.

На это Мишель не замедлил ответить очень глупо, что ему дела нет до Платона, и что вовсе не в том дело, чтобы Платон... Пётр Александрович явился вовремя, чтобы выпутать его из затруднительной фразы и повёл к шахматному столику.

Игра в шахматы продолжалась иногда целый вечер. Муранов до крайности любил это занятие и играл очень хорошо, распевая во всё время тоненьким голоском чувствительные романсы, преимущественно "Скинь мантилью, ангел милый" ("Ночной зефир струит эфир..." - А. С. Даргомыжский/ А. С. Пушкин) и "Не искушай меня без нужды" (М. Глинка/ Е. Баратынский). Случалось иногда, что, позабыв о своём будто бы болезненном состоянии, он увлекался за обедом и до того наедался, что не мог играть в шахматы и сладко спал в кресле. Тогда Мишель блаженствовал: он разговаривал с Сонечкой или, лучше сказать, слушал её рассказы, так как сам он ужасно глупел в её присутствии и просто не находил слов. Иногда им мешала Прасковья Александровна, пускавшаяся в бесконечные конфиденции о том, как вся молодёжь московского полка повлюблялась в неё на одном бале, как барон Пельц не мог без неё жить, а его кузина – ужасная дура, и проч. Её рассказы сильно надоедали Мишелю, а главное мешали вполне наслаждаться присутствием Сонечки. Сколько бы он ни видел её, сколько бы ни говорил с нею, ему всё казалось мало: весь интерес его жизни сосредоточился на ней. Домой он заходил главное для того, чтобы поговорить о ней с Зиной. Познакомить их ему не удалось: они встретились однажды на танцевальном вечере, но обошлись друг с другом так церемонно и сухо, что каждая осталась недовольна. Зина объявила брату, что "его Сонечка" очень хорошенькая, но страшно надменная, и наверно холодная кокетка; а Сонечка нашла, что Зина должно быть совсем пустая, легкомысленная девочка. Мишель сначала огорчился, но вскоре позабыл об этом, так как ни о чём не думал, кроме того, чтобы завтра пойти к Мурановым, и это "завтра" повторялось каждый день.

Так прошло два месяца, и наступил великий пост. Мишель вдруг точно очнулся и принялся размышлять о своей судьбе. Случилось это с ним потому, что у Мурановых пошли толки об отъезде в деревню, и он вдруг сообразил, что они скоро уедут, и ему больше нельзя будет к ним ходить. Уж и прежде, в течение своего двухмесячного пребывания в семействе, он нередко слыхал разговоры о деревне и замечал, что Сонечка с необыкновенною любовью вспоминала своё Петровское. Но всё это слушал он смутно, потому что пребывал в каком-то чаду и больше обращал внимание на звук её милого голоса, чем на смысл того, что она говорила. Помнил он, например, что один раз на ней всё платье серебрилось, и глаза её были тогда почему-то зелёные; в другой раз он заметил в них совсем голубой оттенок и по этому поводу начал про себя сочинять стихи. Первая строчка сейчас же нашлась: "Твои лазурные глаза"... Но дальше он ничего не мог придумать, и ему страшно надоело слово "аза", которое неотвязно лезло в голову и просилось в рифму.

Когда ему случалось бывать в опере вместе с Мурановыми, он сидел в ложе позади Сонечки и совсем ничего не видел, кроме неё; музыка куда-то исчезала; исчезали все звуки, кроме её голоса, все лица, кроме её лица. Такое состояние было довольно бессмысленно, но очень приятно, и вдруг приходилось с ним распроститься. Когда он ясно сообразил, что Сонечка скоро уедет, на него нашло глубокое уныние.

Мишель заперся на своей половине и в первый раз в жизни принялся анализировать свои чувства.

Итак, она скоро уедет, и надолго. Что же будет? Он, конечно, не перестанет о ней думать и её любить; ну, а она? Он в первый раз спросил себя, любит ли она его? И начал припоминать всевозможные разговоры и случаи, надеясь отыскать какое-нибудь доказательство её взаимности. Доказательства не нашлось ни одного – Мишель с горечью сознался себе в этом. Он мог утешаться тем, что если она его не любила, то не любила ещё и никого другого. У него столько же шансов на её любовь как и у всех других её знакомых, даже больше, потому что, насколько он мог заметить, до сих пор она предпочитала его общество всем другим. Правда, она относилась к нему совершенно как сестра или как товарищ; она даже совсем перестала с ним кокетничать, что делала по привычке в первое время их знакомства. Но в этом ещё нет большой беды: пока она не влюблена ни в кого другого, можно на всё надеяться. Всех её городских знакомых Мишель видел и мог с уверенностью сказать, что никого из них она не любила. Вот разве в деревне? Да кто же может быть в деревне? Поп да становой, только и всего. Это соображение значительно утешило влюблённого, хоть и не совсем.

"Как это я до сих пор не знаю её вкусов? – размышлял Мишель. – Как я не узнал, что её тянет в эту проклятую деревню, и нет ли там чего особенного? Хорошо, она теперь ни в кого не влюблена; но ведь это может случиться каждый день, мало ли что бывает... Нет, так нельзя!"

Он убедился, что нельзя, и с этою уверенностью отправился поскорее к Мурановым, после трёхдневного отсутствия.

Хозяин дома встретил его шумными изъявлениями радости; Платон – любезною улыбкой; Сонечка очень мило протянула ему руку. Но Мишель страшно нахмурился. Как раз, когда он собрался провести вечер семейным образом и побольше поговорить с нею, он застал у Мурановых совершенно лишних гостей. За чайным столом, кроме тётушки Прасковьи Александровны и приятеля-доктора, сидели два неизвестных ему лицеиста, дальние родственники.

Мишеля сильно раздосадовали эти лицеисты, особенно один, с усиками, очевидно, фат страшный.

Если бы Мишель не был влюблён, он бы тотчас заметил, что эти молодые люди, называвшиеся Полем и Жоржем, чуть не давились каждую минуту от изящества и употребляли такие изысканные французские выражения, что всякого француза непременно бы стошнило от них. Он увидел бы, что глаза его возлюбленной Сонечки в этот вечер были совершенно зелёные и полны то неудержимого смеха, то злого огня. Но ничего не понимал злополучный влюблённый, и ему, напротив того, казалось, что Сонечка очень весело слушает Поля и с великим удовольствием смотрит на Жоржа.

Жорж с большим апломбом называл Сонечку кузиной, а Поль услаждал её интересными подробностями относительно некоей гнедой Фатимы, которая, по его словам, имела "des jarrets magnifiques"[19].

Мишель от негодования пролил свой чай на скатерть, причём подметил снисходительную улыбку на устах лицеистов, что окончательно привело его в бешенство. На его счастье, эти очаровательные молодые люди, поделившись с Сонечкой сведениями о Фатиме и сообщив всем присутствующим о своём близком знакомстве со многими послами и посланниками, сочли за нужное вежливо распроститься и уйти.

Мишель вздохнул свободно, а Пётр Александрович громогласно объявил, что "терпеть не может этих Поле́й и Жорже́й", делая ударение на последнем слоге. Только Прасковья Александровна вступилась за молодых людей, запальчиво утверждая, что у Жоржа удивительно тонкая талия... На это её брат только пожал плечами, а Сонечка рассмеялась.

— Нечего сказать, удивительное достоинство для молодого человека! – заметила она.

— Сонечка, ты сама себе противоречишь! Ты всегда говорила, что для мужчины – главное фигура, а Жорж удивительно как сложён!

— Удивительно, удивительно! – передразнил Муранов тонким голосом.

— Пожалуйста, без глупостей, Пьер! – обиделась Прасковья Александровна. – Терпеть не могу несправедливостей! Как же, Сонечка, ты сама говорила...

— Я совсем не то говорила, тётя. Я говорила, что мне нравятся мужественные фигуры, что я не люблю мизерных и мелких мужчин...

— Ну да, – невозмутимо продолжала старая дева, – и я тоже говорю. Сложение – это главное. Да ещё волосы... Я просто не понимаю, как можно носить фальшивые шиньоны? Я не скрываю, что у меня свои волосы, я этим горжусь!

Пётр Александрович сел играть в шахматы с доктором, а Мишель предложил Сонечке походить по залу. Она тотчас согласилась. У них в

---

[19] дословно: великолепные скакательные суставы - фр.

доме царила полнейшая свобода, что произошло отчасти оттого, что Муранов очень рано овдовел, и некому было вводить светскую дисциплину. Прасковья Александровна жила большею частью за границей, и хозяйкою дома, или, лучше сказать, его царицею была Сонечка, над которой никогда не бывало никакой власти. Отец находил всегда прекрасным всё, что она делала, и баловал её бесконечно. У неё перебывало множество гувернантов и учителей; её много учили, но никто не воспитывал. Её ум подвергся различным влияниям и обработкам, а характер вырос и сложился сам собою, почти по произволу судьбы. Может быть, от этого происходила некоторая резкость и решительность её речей и движений, не смягчённых материнским взглядом и словом. Матери своей она совсем не помнила; ей казалось, что её и не было никогда. Всё, что ей осталось от матери, был бледный дагеротипный портрет и могила с белым мраморным ангелом на Петровском сельском кладбище. Мать для неё была не воспоминанием, а мифом, и в детстве, которое она всё провела в деревне, образ матери неразрывно связался в её детском представлении с белой мраморной фигурой на её могиле. Она привыкла сама действовать и решать за себя, сама отвечать за свои поступки, и часто сознавала всю тяжесть этой ответственности. Лучше всего в её жизни была полная, безграничная свобода, свобода думать и действовать, как она хотела. Теперь ей захотелось идти в зал с Мишелем, и ей в голову не пришло, чтобы это могло считаться неприличным. Они часто ходили взад и вперёд по этому залу и разговаривали там в полутьме, при слабом отблеске камина, освещавшего красноватым светом золотые рамы картин, неясно белевшие стены и группы широколиственных растений, рисовавшихся на фоне окон и зеркал.

Очутившись в этой спокойной, едва освещённой комнате, Мишель почувствовал прилив необыкновенной храбрости и прямо заговорил о том, что его так сильно занимало.

— Софья Петровна, зачем вы так скоро едете в деревню? — спросил он.

— Совсем не скоро: я надеялась уехать на Вербной неделе, а не знаю, удастся ли. Кажется, папа откладывает до Фоминой, — сказала она со вздохом.

— На Вербной? Что же вы там будете делать?

— Как, что делать? Да я только там и делаю что-нибудь. В Петровском мы всегда живём до ноября, а уезжаем туда на Вербной.

— Я решительно не понимаю, как вы не скучаете в деревне!? С вашим живым характером, с вашей общительностью, вы должны были бы ненавидеть деревенскую жизнь!

— Во-первых, вспомните, что я выросла в Петровском: до двенадцати лет я никогда не выезжала оттуда — этого одного довольно, чтобы его любить. А скучать там даже невозможно. Я вообще не знаю, что такое скука. Я иногда тоскую, но никогда не скучаю. У меня в Петровском так много хороших занятий, так много дела...

– Вероятно, вы занимаетесь школами и больницами? Больше я ничего и придумать не могу для деревни.

– Да, у нас там есть школа, и больница есть. Но я сама этим не занимаюсь. У меня нет ни терпения, ни охоты учить детей. Я гораздо лучше умею возиться с крошечными детьми, с новорождёнными, чем поучать больших. А в больнице у нас отличный доктор. Я туда и не показываюсь.

– Но позвольте, Софья Петровна, что же вы там делаете? Вы говорите, что у вас так много дела?

– Представьте себе – хозяйством занимаюсь.

– Как, хозяйством? Не понимаю...

– Да так, хозяйством. Папа ужасно любит садоводство и, кроме того, вечно всё строит и пристраивает – у нас чуть ли не двадцать балконов и пристроек в доме. А я люблю большое сельское хозяйство. Вы не можете себе представить, какое наслаждение жить на своей собственной земле, следить за тем, как она обрабатывается, как на ней всё всходит, растёт, зреет. Я всегда помню, что эта земля, это поле, этот сад составляют частицу мира, и что в этой частице совершаются все те же таинства природы как и во всей вселенной. В деревне их лучше понимаешь и чувствуешь, потому что как-то ближе к их источнику. Я не люблю деревни зимой, когда всё мёртво; но весну я всегда страшно боюсь пропустить. Для меня ничто не может быть лучше той минуты, когда всё снова оживает...

– Одна идеализация!

– Нет, извините, вы не испытали этого чувства только потому, что всегда жили испорченной городской жизнью, – с жаром возразила она. – Вы бы попробовали моей любимой жизни, той здоровой жизни, которую Бог предназначил людям, не воображая, как они сумеют испортить её себе. Если бы вы знали, какое это наслаждение! Я с каждым годом всё больше привязываюсь к своему Петровскому и интересуюсь им. Знаете, по моему, самый разумный взгляд на жизнь был у египтян: они считали высшим благом на свете занятие земледелием. Я думаю так же как они. Посмотрите и на современную Европу: чем цивилизованнее государство, тем выше стоит там земледелие. Вот если бы везде оно было на первом плане и везде одинаково совершенно, если бы и мужики...

– Ну, а мужиков-то вы так же любите как частичку мира?

– Нечего вам смеяться. И мужиков, конечно, люблю. Люблю, потому что много с ними живу, потому что знаю их...

– Ну, уж и знаете! Воображаю, какое верное понятие вы себе о них составили!

– Вернее вашего, уж за это ручаюсь... Городские жители пробавляются теми истинами, что мужик – пьяница, ходит в красной рубашке и играет на гармонике. А мужик настоящий, будничный мужик, справляющий чуть не каторжную работу, переносящий её терпеливо, подчас благоговейно...

– Опять идеализация!

– У нас с папой никакой идеализации нет: мы просто думаем, что образованные люди должны как можно ближе стоять к народу. Многие из наших соседей...

Мишель даже вздрогнул: соседи? Нет ли особенно интересных? Но только что он собрался замечать, какие соседи бывают в Петровском, как Прасковья Александровна беспощадно нарушила tête à tête[20].

– Я совсем было заснула над книгой... О чём вы тут беседовали, расскажите? – сказала она, входя в зал.

– Софья Петровна собиралась рассказывать мне о ваших деревенских соседях, – отвечал Мишель.

– Очень мило! Я думала, вы о чём-нибудь интересном, – презрительно отозвалась старая дева. – Нашла, чем занять молодого человека, душечка! Уж, конечно, бедный Жорж гораздо интереснее.

– Не понимаю, тётя, что тебе дался сегодня этот Жорж! – нетерпеливо возразила Сонечка.

– А я не понимаю, что тебе в нём не нравится. Ты до того разборчива, душечка, что просто ужас! Я просто представить не могу, кого тебе нужно, чтобы понравился!

– Кого? – повторила Сонечка. – Михаил Иванович, читали вы "Перлино", сказку Лабулэ?

– Нет, не читал. А что?

– Да вот, я вспомнила о ней по поводу нашего разговора. Там рассказывается об одной разборчивой невесте; Виолеттой, кажется, её зовут. Отец выбирал, выбирал ей женихов, никто ей не нравился. Ей почему-то казалось, что все они похожи на собак. Кстати, тётя: твой Жорж – совершенная левретка!

– Сонечка! – ужаснулась тётя.

– Отец Виолетты непременно хотел видеть свою дочь замужем. Наконец, она решилась исполнить его желание: в один прекрасный день замесила миндальное тесто на розовой воде, сделала себе из него мужа и украсила сахаром и изюмом. Вот если б можно было сделать себе мужа, из чего хочешь! Ведь отлично бы тётя?

– И вышел бы пряник, а не муж!

– Да я не говорю, что непременно из миндального теста. Муж Виолетты таял и раскисал беспрестанно, она была пренесчастная.

– А вы из чего сделали бы себе мужа, Софья Петровна? – весело спросил Мишель.

– Я? Я взяла бы самого чистого прозрачного горного хрусталя, потом железа, кремня, много-много стали...

– Ну, а наружность какая? Брюнет или блондин? – с интересом перебила Прасковья Александровна, недоумевая, какие бывают из себя железно-хрустальные люди.

– Уж этого, право, не знаю. Главное не мелкий, не мизерный, фигура вроде античной. А лицо...

Она задумалась на секунду и потом сказала совершенно серьёзно:

---

[20] здесь: уединение - фр.

— Лицо человека, умирающего за идею, то есть способного умереть.

— Ну, уж выдумала! Это значит разбойник какой-нибудь! Что за дикая фантазия!..


## V

Мишель опять получил наследство. В первую минуту он обрадовался, но потом это обстоятельство повергло его в глубокое уныние.

— И чёрт её дёрнул умереть! — говорил он про ту почтенную особу, которая оставила ему значительный капитал по смерти, в знак особого расположения при жизни. — Что я буду делать с этими деньгами?

— Послушай, Миша, ну, что ты ноешь? — рассудительно заметила Зина. — Вот нашёл о чём горевать! Точно ты обязан сию минуту истратить эти деньги?

— Положим, что не сию минуту, а всё-таки... Да ты не обращай внимания, я скоро привыкну. Это меня только первое время мутит.

Но на другой день забота о помещении новой фортуны снова обуяла злополучного наследника.

— Зина, не хочется ли тебе чего-нибудь? — неожиданно спросил он утром.

— Хочется, Миша: шёлковых чулок как можно больше!

— Какого цвета?

— Всякого, только очень бледных, mourant[21], знаешь?

— Знаю, знаю. Только на это много не истратишь. Ну, а ещё чего? Зина подумала.

— Право, у меня всё есть. Не знаю! — сказала она, качая головой.

— Подумай хорошенько.

— В цирк хочу! — с торжеством возгласила Зина, старательно обдумав.

Мишель вздохнул с облегчением и в тот же день абонировался в цирк: взял ложу у барьера на весь сезон. А шёлковых чулок накупил столько, что, по словам сестры, "на целый эскадрон хватило бы". Он всем решительно предлагал денег взаймы и, между прочим, обратился с этим предложением к Влангу.

— А какие проценты? — не спеша осведомился Вланг.

— Проценты? Ты, кажется, с ума сошёл! Разве я банкир? Или ты воображаешь, что я в ростовщики хочу выйти?

— Так зачем же ты хочешь взаймы давать? И как же это можно без процентов?

— А так же, взял, да и отдал. Денег много — вот и предлагаю. Хочешь — бери, а не хочешь — чёрт с тобой!

---

[21] бледный - фр.

Барон задумался.

— Нет, мне теперь не нужно. Благодарю, — сказал он, помолчав. — А я тебе хочу совет дать.

— Давай совет. Только без процентов!

— Ты не разговаривай много... Я хочу сказать о деньгах. Береги их.

— Ну, нет уж, покорно благодарю. Терпеть не могу, когда у меня много денег. Они всегда камнем на сердце лежат.

— Очень странно. Приятно, когда денег много; а ты не рад.

— По моему, вся мерзость на свете из-за денег. Деньги — это... это скверность. И, кроме того, я чувствую, что не умею ничего путного с ними сделать. Хотел бы — и не умею. Решительно ничего не придумаю.

— О, ты неблагоразумен! — проговорил Вланг, зевая.

— Ну, тебя к чёрту с твоим благоразумием!

Мишель рассердился и пошёл к Мурановым. Сонечка сразу заметила, что он не в духе.

— Что с вами? — спросила она с участием.

— Наследство получил, — отвечал он, вздыхая.

— И это вас так огорчает? Люди радуются в таких случаях, а вы вздыхаете. Вот ведь всегда так: кому не нужно, тому и даётся!

— Не правда ли? — с жаром подхватил Мишель. — Это меня всегда возмущает. И ведь что скверно: никак этого не переделаешь! Не идти же мне, в самом деле, осведомляться, не надо ли кому моих денег, да и дарить направо и налево. Одно утешение, что скоро от них не останется ни полушки.

При этой мысли он вдруг повеселел. Да и Сонечка стояла тут и смотрела на него так радостно и приветливо, точно она немножко любила его...

— Однако, куда же они денутся? — спросила она, улыбаясь и усаживаясь в своей любимой позе, положив на руку свою маленькую головку, прислонённую к спинке кресла.

— А право, не знаю. У меня часто много денег бывает, а часто их совсем нет. Бог их ведает, куда они деваются.

— Ну, а что же лучше: когда их нет или когда есть? — продолжала она допрашивать с весёлым взглядом.

— Когда нет — честное слово! Правда, деньги всегда точно чувствуют, что мне их не нужно, и спешат истратиться. Что ж, чем скорее, тем лучше: авось попадут, куда нужно!

— Прекрасная теория!

— Да право так. Это смешно, но совершенно справедливо. Я сам чувствую, что деньги мне лишние: я всегда с ними глупо распоряжаюсь. Вот и вчера...

Он вдруг запнулся и умолк.

— Что же вчера? — переспросила она.

— Так, ничего особенного. Напрасно я упомянул, — проговорил он вспыхнув и отвернулся.

— Рассказывайте сейчас, я хочу знать. Ну! — настаивала Сонечка.

— Софья Петровна! Ради Бога, не спрашивайте!

23

— Михаил Иванович, говорите сейчас!

— Вот видите ли... Все знают, что я получил наследство... Ну, пришли ко мне товарищи. Говорят...

Он вдруг рассердился и вскочил.

— Видите, всё деньги виноваты! Ну, отправились кутить. Я напился пьян. Вам угодно было знать... Интересно, не правда ли? Ну-с, напился... Вот и сказал, и вы теперь...

Голос его вдруг оборвался. Он отошёл и прижался лицом к каминной полке.

Сонечка несколько минут молчала, потом робко заговорила:

— Извините меня, ради Бога; я не знала...

Она не успела докончить фразы: он быстро повернулся к ней, и она увидала, при свете лампы, его побледневшее лицо и глаза, наполненные слезами. Он заговорил дрожащим голосом:

— Конечно, вы не знали и никогда бы не узнали... если бы не моя глупость. Положим, это со всеми бывает... И со мной не в первый раз. Но теперь, именно теперь...

Он остановился и опять отвернулся.

— Ох, уж этот коньяк! На меня ничто так не действует как коньяк. Шампанское или...

— Послушайте! — прервала она серьёзным, решительным тоном. — Дайте мне честное слово, что никогда больше вы не будете пить коньяку.

Он очень удивился. Он не ожидал этого; но ему стало невыразимо приятно, что она заботится о его поступках. Ему сделалось вдруг так хорошо, что он сказал от всего сердца:

— Даю вам честное, благородное слово.

— А теперь, — произнесла она тихо, — простите меня за неуместное любопытство; я огорчила вас. Конечно, я не имела никакого права вас расспрашивать.

— Пожалуйста, не извиняйтесь. Вы видите, что всё к лучшему вышло, — возразил он с жаром. — Вы не можете себе представить, какое вы мне сделали одолжение.

— Я?

— Да, вы. Я уж сколько раз давал зарок не пить коньяку, и ничего из этого не выходило. А теперь, кончено! Знаете, если бы кто-нибудь почаще обращал на меня внимание как вы, я, может быть, был бы другим человеком. А теперь я ведь сам знаю, что я, в сущности, скотина! Извините...

— Как вы можете так говорить! — заволновалась Сонечка. — Если вы сами сознаёте в себе дурное, если вы сами недовольны собой, как же вы не переделаете?

— Переделать? Да что же переделывать, Софья Петровна? Вот если бы кто-нибудь заботился о том, что я такое, да сумел бы мне пальцем показать, что вот, мол, в тебе то-то и то-то скверно, делай так, а не этак...

— Да что вы, Михаил Иванович! Разве вы маленький? Так вам говорили, когда вы ребёнком были, а теперь...

— Никогда мне никто так не говорил, — прервал он запальчиво. — Никто обо мне не заботился! Говорили, что я charmant[22], когда мило резвился и не капризничал, а когда ревел — emmenez ce petit animal[23]. Это мать. А отец...

— Ну? — спросила она, смеясь и хмурясь вместе.

— Отец всё больше в клубе сидел. Впрочем, иногда бывал дома и со мной разговаривал: "Уроки учишь?" – "Учу". – "Молодец! А ну, хвати-ка водки! Раз! Молодец мужчина!" – Вот вам и все родительские попечения. Только всего и было.

— Как же это вы, однако, целы остались, если о вас так мало заботились? Как вы десять раз не переломали себе рук и ног, не утонули, не объелись?

— И тонул, и объедался, и руки и ноги не раз были в опасности, и всё, что угодно. А цел остался, во-первых, потому, что уж очень здоров уродился, во-вторых — на то был monsieur Michaud, да mademoiselle Jeanne, да мистер Шорт...

— Господи, что за процессия! Это всё воспитатели?

— А как бы вы думали? Во-первых, с шестилетнего возраста у меня был Мишо, гувернёр — чтобы я не обабился, по выражению папаши моего: в семье-то ведь всё женщины... Ну-с, на этом французе я верхом ездил, а он меня шансонеткам учил. Потом мы с ним ликёр фабриковали из апельсинов; бумажных кокоток делали — знаете, петушков. По Летнему саду гуляли. Три года он у нас прожил. Я так болтал по-французски, что мамаша моя благоговела. А потом нашли, что я стал очень шаловлив и brutal[24]. Понадобилось смягчающее женское влияние. Мишо прогнали и взяли, для смягчения, Жанну. Колючая была старая дева, а злющая — упаси Боже! Носила жёлтый шиньон, красила брови, а меня щипала и ставила в угол. Я её раз и отдул!

При этом воспоминании Мишель задумчиво улыбнулся, как будто оно доставляло ему тихое и возвышенное наслаждение.

— Ну, и что же?

— Конечно, землетрясение произошло. Нашли, что я кругом виноват, а она кругом права, да и выгнали её за это. Было мне тогда лет десять. Рассудили, что следует ввести нравственное начало в моё воспитание... Это одна grande tante[25] придумала. Вот и нанесли мне неизгладимое оскорбление, в лице англичанина Шорта. Подлый был англичанин: херес тянул с утра до ночи, читал со мной Библию по-английски каким-то подземным голосом. Я его ненавидел и, конечно, звал чёртом. Боялся я его таки порядочно и при нём не слишком громко кричал и бесновался; но зато за его спиной — втрое. Потом, отдали меня в корпус...

Мишель остановился и задумался.

---

[22] очаровательна - фр.
[23] унесите это маленькое животное - фр.
[24] жесток - фр.
[25] м.б. двоюродная бабушка? - фр.

– Однако, у вас так много родных, и вы – всеобщий любимец в семье, насколько я слышала. И, наконец, у вас две сестры?

– Сёстры... Да, они, конечно, меня любят, особенно Зина. Но что же в этом толку? У них была своя Элиза, целый полк учителей, несносные какие-то подруги, которые надо мной смеялись. Я их вечно дразнил. Зину я очень люблю; но ведь она гораздо моложе меня. Она – совершенный ребёнок и ничего не понимает. Ей и в голову не придёт отнестись ко мне серьёзно, принять во мне участие.

– А другая сестра?

– Лена? Та, вероятно, меня в молитвах поминает, потому что это её сестринский долг. Вот и всё. Бабушек и тётушек пропасть – ну, эти всё больше насчёт объедения.

– Да, всё это не особенно заманчиво. Вам должно быть ужасно пусто на свете жить?

– Пусто не пусто, а скверно подчас – очень! Что мы в корпусе выделывали, я лучше и рассказывать не стану. А как в офицеры вышел, пошла такая жизнь, что просто совестно вспоминать. Не то, чтобы мы какие-нибудь особенные гадости делали, а так, коптили небо в неограниченных размерах. Пили, врали, скакали – всё зря. Что же! Не мы первые, не мы последние. Такая ведь иной раз тоска нападёт, что просто не знаешь, куда деваться. А станешь говорить товарищам, что всё это опротивело, что так жить мерзко – на смех подымают. "Ты, – говорят, – ступай в филантропы запишись, поступи в общество покровительства животным"... Вот и полезешь на стену! – заключил Мишель со вздохом.

– То есть, это как же, позвольте спросить?

– Да так вот, возьмёшь да и выкинешь с тоски какую-нибудь невозможную штуку... Раз я одного высокопоставленного попа, на пари, за бороду из кареты вывел.

– Фу, какая гадость! – вскричала она.

– Совершенно справедливо: гадость. А потом так мне его жаль стало, что бросился перед ним на колени и ну плакать... Борода-то седая, старик... Просто я в отчаяние пришёл!

– Чем же это кончилось?

– Просил, чтобы меня наказали, сделали бы со мной что-нибудь... Вот и послали меня на месяц в монастырь, на покаяние. Летом это было, я тогда в лагере под Царским стоял. Всё обошлось без скандала: своим писал в Висбаден, что процветаю в Царском, а сам – в монастырь. Так и не узнали. Поселился я в монастыре, но тут... Право, Софья Петровна, вы не можете себе представить, что я за скотина!

Лицо его омрачалось всё более.

– Я так бесчинствовал, – продолжал он, – что через две недели моего искуса настоятель Христом Богом просил, чтобы меня убрали куда-нибудь подальше, во избежание соблазна. Так я и не искупил ничего. Нашло что-то на меня – точно взбесился.

Он замолчал. Сонечка с тревогой всматривалась в его побледневшее лицо, в его мрачные глаза, отуманенные воспоминаниями. Ей стало невыразимо грустно и тяжело; она глубоко вздохнула и отвернулась. И вдруг он громко рассмеялся... Она вздрогнула и с недоумением взглянула на него.

– Вы, кажется, с ума сошли! – воскликнула она с досадой.

– Нет, вы послушайте, какую штуку я раз устроил! Ей-Богу, невозможно вспомнить без смеха! – объявил Михаил Иванович совершенно неожиданно. – Вы не думайте, что это что-нибудь такое – скандальное или злостное, вовсе нет; так только смешно. Ведь скука-то страшная! Монастырь был самый чинный, устав строжайший. Дали мне келью на втором этаже и запирали снаружи. Окно было без решётки, но высоко. Однако, я всё-таки вылез и удрал на деревню... Тут деревня недалеко. Купил у бабы сарафан, платок, прочие принадлежности; спрятал всё под пальто, погулял да и домой. Подхожу ко вратам, звоню: так и так, мол, гулять отпускали чрез калитку, а теперь вот назад пришёл, впустите! Вернулся в келью и нарядился: даже усов не пожалел – сбрил, для полноты иллюзии. Сел у окна, дождался, когда постные отцы собрались для вечерней трапезы, да и затянул какую-то самую именинную песню, тоненьким бабьим голосом. Пронзительно, с визгом – на всю округу! Ну, эффект!

Сонечка невольно смеялась.

– У меня в двери было маленькое окошечко, – продолжал он с одушевлением. – Вот, слышу поспешные шаги, идёт кто-то. Я ещё пронзительнее: "Во пи-ру бы-ы-ла-а!" Чувствую, что к двери подошли: вижу, что в окошечко глядят. Затем, восклицание ужаса и шаги удаляются. Я половчее усаживаюсь спиной к двери, раскачиваюсь с боку на бок и ну визжать! Тут уж что-то много зараз к двери подошло, слышу – толпятся и недоумевают. Разумеется, я не выдержал и расхохотался таким басом, что всех спугнул.

– Нисколько не удивляюсь, что вас оттуда выгнали!

– Да и я не удивляюсь. Да то ли ещё я делал! Раз ко мне товарищи приехали, целой компанией. Все в окно повлезли и корзину за собой втащили. Мы жжёнку сотворили, и сам отец-келарь с нами выкушал... Что это я, однако, вам рассказываю!? – вдруг удивился Мишель. – Отчего вы не прикажете мне замолчать?

– Я и сама дивлюсь! – воскликнула она с досадой. – И странный вы, право, человек: как это у вас всё просто выходит: лезу на стену – и прав!

– Софья Петровна! – сказал он печально. – Что же прикажете делать? Посудите сами: ведь в самом деле, ничего не знаешь, ни к чему не приготовлен...

– Господи, Боже мой! Да что же тут готовиться, чтобы быть порядочным человеком и делать хоть что-нибудь на свете!

– Да я и делаю, что могу: служу. Тоже ведь офицер как и многие другие... И даже, если хотите, лучше многих других. Ведь это, особенное-то безобразие только по временам на меня находит, – объяснял он очень серьёзно.

– Ах, так теперь вы собою довольны! Стало быть, нечего и толковать, – прибавила она вспыльчиво.

– Да, стало быть, нечего толковать, – повторил он как эхо с

глубоким унынием. – Да, вы правы: нечего. Зачем? Разве я кому-нибудь нужен?

Он встал и подошёл к роялю.

– Сыграть вам что-нибудь? – продолжала она.

– Сыграйте что-нибудь из малороссийских песен. Нет ли у вас этой грустной песни... я забыл, как она называется... Кажется, она начинается с ветра – "Виют, виют"... Ну, одним словом...

Он точно устал от разговора. Ему хотелось отдохнуть и помолчать в присутствии любимой, милой девушки; хотелось подумать... Что это он ей наговорил, однако? Как можно было рассказывать такие вещи!? Может ли она его любить после этого?

Щемящие звуки любимой песни прервали его размышления. Тем грустнее и тем приятнее была эта музыка, что в эту минуту песня и Сонечка составляли одно целое, соединялись воедино. По обыкновению, музыка перенесла его в особый мир: слова песни бессознательно припоминались ему и вызывали в его воображении мрачную, унылую картину, а звуки плавали, стонали над нею и дополняли её. Собственная печаль пробуждалась в сердце и присоединяла свой скорбный голос, и всё сливалось в одно томительное, сладкое целое. Ему представлялись где-то в неизвестном пространстве – измученные деревья на фоне бледно-серого неба, при тусклом освещении. Редкие, чёрные деревья; они корчатся и гнутся от ветра, как рассказывают слова песни; а звуки стонали и ныли как сам ветер. Дальше песня говорит, что у кого-то болит сердце, и Мишель ясно чувствовал что это его собственное сердце, что оно-то и болит, и надрывается, переполненное неразделённою любовью. Он её любит, любит больше всего на свете, и вот – она сама извлекает эти звуки, которые так хорошо рассказывают то, что он чувствует. А она и не понимает, и не чувствует ничего! Ему стало бесконечно жаль себя; сладкая скорбь наполнила его душу, и тихие слёзы полились...

## VI

Наступила Вербная неделя; Мурановы всё не уезжали.

Мишель дошёл до того, что твёрдо решился сказать Сонечке о своей любви, узнать, как она это примет, и, во всяком случае, не расставаться с ней в неизвестности. И как только он принял это твёрдое решение, на него напала такая робость, что он вдруг перестал бывать у Мурановых и только бродил около их дома.

Наконец, в субботу, он с утра сказал себе, что сегодня непременно пойдёт и скажет. За обедом Зинаида Сергеевна сообщила, что поедет с дочерьми ко всенощной, и тонко намекнула на свою слабость и беспомощность, при которых кавалер ей необходим. Иван Владимирович пропустил мимо ушей эту инсинуацию; обычные посетители, из числа друзей дома, также не отозвались на призыв, и глас хозяйки грозил остаться вопиющим в пустыне, если бы Мишель, неожиданно для самого себя, не предложил своих услуг.

– Ах, очень рада! – сказала мать церемонно, вставая из-за стола. – Mesdemoiselles[26], поторопитесь!

Через четверть часа Мишель сидел в коляске и ехал на Литейную, в фешенебельную домовую церковь, и положение это было для него так ново, что он невольно подумал: "Что это я? На лоне семейства и притом ко всенощной?" Ему стало даже досадно на себя; но скоро эта досада прошла. В самом деле, его мать и обе сестры были так изящны, личико Зины так мило под короткой вуалеткой, воздух такой тёплый, улицы так красиво оживлены, что Мишель мало-помалу успокоился и почувствовал себя очень хорошо.

Ему было жаль, когда коляска остановилась. На него напала такая сладкая лень, что хотелось бы подложить под голову подушку и ехать Бог знает куда, только бы везли бесконечно. А тут вдруг выходи и веди на лестницу мамашу, которая совсем повисла на его руке.

Благополучно доставив её в церковь и снабдивши стулом, Мишель совсем оторопел от томной, ангельской улыбки, которою мать наградила его, кивнув ему через плечо. Однако, сообразив, что это в порядке вещей, он успокоился и отошёл к стороне.

Он давно не был в церкви, и ему необыкновенно понравилась служба в этот вечер. Хорошенькая маленькая церковь немножко напоминала бонбоньерку своим раззолоченным изяществом. Святые и ангелы, в голубых и розовых одеждах, улыбались из широких золотых рам; образа были большею частью без риз, и вся церковь походила на щёголеватый зал, с картинами из священного писания по стенам. Только раззолоченный иконостас нарушал эту иллюзию. Золота было даже слишком много: оно облепило все карнизы, рассыпалось золотыми звёздами по бледно-голубому потолку и оттуда сбежало на большую люстру, освещавшую целым лесом восковых свечей массивную серебряную купель, наполненную связанными пучками вербы. Этот громадный букет красноватых прутьев, с белыми пушистыми шариками, придавал всей церкви какой-то необычный, домашний характер. Всё празднично сияло и блестело; бесчисленные свечи перед образами и в руках молящихся подробно и ярко освещали церковь. В тёплом, немного душном воздухе мягкой, синеватой дымкой стоял ладан. Певчие пели хорошо.

Зинаида Сергеевна осторожно держала свою свечку двумя бледно-серыми пальчиками и, склонив свой тонкий стан, только опиралась на спинку стула. Глаза её сквозь вуалетку умилённо созерцали потолок, и по временам она слегка морщилась и кашляла, когда струя ладана доходила до неё. Лена серьёзно и горячо молилась, стоя на коленях. Зина тоже стала на колени, чтобы не отстать от сестры, и внимательно, с сосредоточенным видом, отлепляла кусочки воска от своей свечи.

---

26 множ. число от слова "мадемуазель" – фр.

Мишель сначала наблюдал за молящимися, с любопытством рассматривал свою небесную мамашу и любовался серьёзными личиками сестёр. Но мало-помалу все отдельные лица как-то изгладились в его глазах; остался только блеск огня и золота сквозь облака ладана, из-за которых доносилось точно издали стройное церковное пение. Слов он не мог разобрать: до него достигала только музыка. Какое-то светлое, несколько грустное чувство наполнило его душу, точно что-то улыбалось внутри его. Пели очень хорошо, так хорошо, что совсем расшевелили его, и сердце заплакало в его груди. Тихие, слишком сладкие звуки уносились куда-то далеко-далеко и увлекали, тянули за собой, обещая что-то таинственное, чуждое, но прекрасное. "О, Боже, сделай то, что я хочу: Тебе это так легко!" – лепетал детский голос в глубине души Мишеля. Ему вспомнилось, как однажды – много лет назад – он испытал подобное чувство при звуках органа в одном старинном соборе в Швейцарии. Да, именно это самое ощущение. Точно поют где-то в вышине, голоса улетают вверх и тянут, уносят за собой.

Мишель вышел из церкви в самом лучшем расположении духа и, расставаясь с матерью и сёстрами на углу Невского проспекта, тихо шепнул Зине: "Дай мне руку на счастье". Зина с ясной улыбкой протянула ему руку: он крепко пожал её и отправился к Мурановым.

Спокойный и радостный, он медленно шёл по тротуару, от всей души восхищаясь вечером. Это был один из тех светлых, бледно-зелёных вечеров, которые бывают только в Петербурге. Всё небо обливал бледный свет с металлическим отблеском, и только на западе небосклон сиял алыми полосами. Редкие звёзды и бледная луна казались лишь немного ярче остального неба; зелёно-перламутровый оттенок разливался повсюду. Казалось, что, если бы этот воздух превратить во что-нибудь твёрдое, и если бы частица его могла оторваться и упасть, она промелькнула бы в пространстве искрой летнего светляка и зазвенела бы металлическим звоном, ударившись о землю. Газовые фонари и лампы в окнах магазинов придавали Невскому нарядный и весёлый вид, но не усиливали света и казались как бы ярко нарисованными огнями какой-нибудь декорации. Весь Невский сиял этими огнями, звенел и шумел стуком экипажей, говором и звонками конно-железных поездов. Толпы гуляющих сплошной, тёмной массой двигались по тротуарам. У Гостиного двора было особенно шумно и тесно.

Мишель остановился напротив Гостиного двора и оглянулся вокруг. Ему бросился в глаза красный фонарь на Думской каланче. Этот фонарь возвещал беду: где-нибудь должен быть пожар. Но кто же об этом думал? Как эффектно, как кстати очутился тут этот фонарь! Точно крупный драгоценный рубин, он повис в воздухе и блестел кровавым огнём на фоне светлого зеленоватого неба.

Мишелю казалось, что в этот вечер всё так красиво нарочно для него. Бог знает отчего, в душе его зашевелились самые сладкие надежды, и он подошёл к подъезду Мурановых с радостно бьющимся сердцем.

Швейцар стоял на пороге и, узнав ежедневного посетителя, остановил его.

– Давно не бывали-с, – сказал он любезно. – Господа изволили выехать вчерашнего числа и оставили вам записку. Не угодно ли повременить, я сейчас принесу.

– Какую записку, куда уехали?

– В Москву-с, вчерашнего числа. И приказали записку вам...

– Кто уехал? Один барин?

– Со всем семейством-с. В деревню-с.

– Давай записку... скорее! – крикнул Мишель.

Из записки он узнал немногое. Муранов сожалел, что давно не видал его, сообщал о своём внезапном отъезде и объяснял, что собрались скоропостижно, так как все препятствия к отъезду неожиданно устранились. Далее он прибавлял, что надеется видеть Мишеля у себя следующей зимой и желает ему всякого благополучия.

Мишель, неизвестно для чего, дал швейцару пять рублей и спросил, не приказывали ли чего ещё?

– Кланяться приказывали-с барин и молодая барышня. "Кланяйся, – говорит, – и скажи, что очень сожалеют, что давно не бывали". А более ничего-с!

Мишель повернулся и пошёл.

Уехали! Что же это такое? Куда теперь идти и что делать?

Он опять очутился на Невском против Думы...

– Что это ты, с каким похоронным лицом? – раздался весёлый голос позади его, и, обернувшись, Мишель увидел тётушку Елену Владимировну.

Она выходила от Rabon, в сопровождении лакея, нагруженного свёртками, перевязанными розовыми ленточками, и направлялась к своей коляске.

– Здравствуйте, ma tante[27]. Вы знаете, что Мурановы уехали? – сообщил Мишель.

– Ах, пассия-то твоя? То-то ты приуныл. Ну, что же, друг мой! Назад приедут.

– Да, приедут! А до тех-то пор сколько ждать? И что им там делать в деревне?

– Как, что делать? Софи хозяйничает, отец балконы строит. Ну, а старая Пашетта, конечно, недолго наживёт: недели через три вернётся. Она всегда так, или в Эмс укатит, или в Павловске будет блистать на музыке. Вот увидишь! А ты куда? Хочешь, довезу? – предложила баронесса.

– Нет, merci. Я лучше пешком пойду. У меня что-то голова болит.

– Ну, как хочешь. До свидания, мой милый. Не забывай меня!

Мишель пошёл блуждать по улицам в совершенно подавленном состоянии и поздно ночью вернулся домой, помышляя о самоубийстве.

---

[27] тётушка - фр.

# VII

Мурановы жили в деревне и наслаждались наступающей весной.

В первые дни Сонечка не могла понять, куда девается её время? Столько надо было переделать дела, столько мест осмотреть! Во-первых, надо было разобраться после приезда и устроиться так, чтобы всё имело уютный и жилой вид. Сам по себе большой Петровский дом был очень удобно расположен и так загромождён старинной мебелью, что там и без того было уютно. Но Сонечке нужно было расставить по местам книги, ноты и разные мелочи, а главное, лишний раз велеть всё вычистить. Она находила, что никогда не умеют это хорошо сделать без её надзора. Пётр Александрович уверял всегда, что всё прекрасно, и не стоит поднимать такой возни. Платон вполне разделял это мнение; но Сонечка была неумолима. Сколько бы ни топили, ни проветривали дом к их приезду, какая бы ни была погода, она неизменно приказывала, тотчас по водворении, отворять все окна и протапливать все печи в доме для того, чтобы в комнатах не было "нежилого запаха". Затем поднималась отчаянная возня. Пётр Александрович со вздохом покорялся этому, зная по опыту, что вся эта церемония неизбежна с тех пор, как его дочь выросла.

— Папа, ступай в диванную. Я тебе там газеты положила! — объявляла Сонечка решительным тоном. — Твой кабинет будем убирать.

И папа уходил в диванную и читал газеты. А в доме происходила генеральная уборка, несмотря на протесты ключницы Елены Варфоломеевны, которую вся прислуга называла "Охромевной".

Когда всё было основательно отодвинуто, выколочено, вымыто, снова придвинуто и утверждено на месте, Сонечка с жаром принималась разбирать привезённые вещи. Из сундуков появлялись рабочие корзинки, разные начатые работы (которые обыкновенно увозились в Петербург неоконченными и в том же виде потом снова возвращались в деревню), бесчисленные ящики, шкатулки, горы книг, "без которых нельзя же обойтись", и масса всяких вещей, которыми мгновенно наводнялись комнаты.

Прасковья Александровна не могла понять, что за охота её племяннице так страшно возиться.

— На что же у тебя Даша? — говорила она неизменно каждый год и неизменно получала в ответ:

— Я люблю сама!"

И вот мало-помалу из хаоса начинало выходить нечто похожее на порядок и уютность. Книги заманчиво располагались на полках, ноты — на этажерке в зале, по соседству с роялем; альбомы и эстампы рассыпались по столам; здесь изящная корзина с вышиванием, там ваза или статуэтка украшали столы и придавали жилой, уютный вид комнате. Сонечка стремительно носилась по всему дому, уставляя то тут, то там: в одном месте поправляя скатерть, в другом придвигая кресло в какой-нибудь особенно удобный уголок, всё время напевая и по временам останавливаясь перед окнами, чтобы восхититься лёгким зелёным кружевом сада и бело-розовыми цветами плодовых дерев, или смотрела, как садовник уставлял в жардиньерки растения и устраивал горки зелени в комнатах.

После двух-трёх дней такой лихорадочной возни, Сонечка приступала к распоряжениям вне дома. Экономка являлась со счетами, а управляющий – с отчётами. У Мурановых не было настоящего управляющего, то есть не было немца, не было и учёного агронома. Всем заведовал и распоряжался простой мужик Максим, правда, грамотный и носивший звание "управителя", имевший дочь в "пенксионе" и занимавший очень красивый и удобный домик; но всё же мужик, не расстававшийся со своим мужицким одеянием и со многими чисто-мужицкими привычками и пристрастиями. В числе последних не последнее место занимала страсть к дёгтю и верёвкам, так что Сонечке каждый год приходилось удивляться, какое количество этих ингредиентов выходило в имении, судя по "ведомостям", представляемым Максимом. Все счета и отчёты принимала она всегда сама и сама ведалась с управителем, с которым её отец вступал в сношения только по поводу своих "пристроек".

Сонечка деятельно вела хозяйственные книги, объезжала поля в шарабане вместе с Максимом и постоянно воевала с ним за деревья, которые он всегда покушался срубить в самых неожиданных местах, то для простора, то для воздуха, то на поделки. Максим любил барышню "до страсти", как он сам выражался, и часто говорил про неё, что она смыслит больше иного мужика. Это, однако же, не мешало ему считать многие из её приказаний за женские капризы или за плоды господского бестолковия. Иногда он тщился действовать независимо; но молодая хозяйка твёрдо стояла на своём, и Максим покорялся. Воровал он не особенно много и сам очень откровенно объяснял причину своего бескорыстия.

– Мне что воровать? Я и так возьму, – говорил он благодушно. – Нешто у барина мало? Небось, хватит на всех.

По возвращении в Петровское, Сонечка недосчитывалась обыкновенно множества хозяйственных предметов, исчезновения которых она бы и не заметила, если бы сами потребители не докладывали, что вот, мол, то-то было, да сплыло: надо купить. Для обозначения такого таинственного исчезновения предметов в селе Петровском употреблялся особый глагол: "сопреть". То оказывалось, что "сопрели" молочные кринки и маслобойки на скотном дворе, то лопаты и заступы; садовник просил доложить, что "ни горшков, ни леек – ничего почесть нет. За зиму всё сопрело. Опять же и тесины, которыми ранжереи закрывали для солнца, и четыре парниковые рамы, как есть все сопрели и даже окончательно", и проч., и проч.

То, что процесс "сопрения" делал для неодушевлённых предметов, то же творил мороз для одушевлённых. Многие гуси и индейки отмораживали себе ноги зимою и оттого околевали. Иной раз корова "пухла" от мороза, так что приходилось её продавать за бесценок.

Все эти известия с невозмутимою серьёзностью выслушивала Сонечка в наказание за то, что раз навсегда приказала докладывать себе обо всём и без себя ничего не покупать и не предпринимать. Мало-помалу, количество рогож, верёвок, кринок, телег и прочих предметов, уцелевших от сопрения, приводилось в известность, недостающее прикупалось, сводились счета, и Сонечка, удовлетворив всем требованиям, могла спокойно приняться за обычные занятия и хозяйничать уже по издавна заведённому порядку. Кстати и весна быстро наступала; уже в начале апреля всё зазеленело, и Сонечка могла обходить и осматривать всё, что ей хотелось.

В середине апреля наступила особенно тёплая, но серая погода. На всём лежал мягкий колорит, ничего резкого не было в природе. Молодая листва ещё не приняла ярких изумрудных оттенков; густой цвет чернозёма едва туманился нежною зеленью; небо было окрашено тёплыми, серыми тонами; даль тонула в мягкой голубой мгле; вода, отражавшая только бледные оттенки, казалась как бы подёрнутою туманом. Всё будто нежилось и ленилось. Солнце было где-то близко, потому что его тепло давало сильно себя чувствовать; но его не было видно. Оно спало в мягких пуховых облаках... По всем признакам, следовало идти дождю: он бы и пошёл, да очевидно, ему было лень. Наконец-таки он решился и сначала закапал редкими каплями, а потом разошёлся и полил.

И долго лил этот дождь, частый и сильный. Сквозь его сетку видно было, как всё зеленело и подымалось; все почки запасались соком, все цветы собирались распускаться; земля вбирала в себя воду, чтобы поить семечки, которые лежали в её тёмной глубине и ждали питья, чтобы пустить ростки.

Сонечка наслаждалась сознанием того, как всё разрастётся и зацветёт после дождя; как уютно и удобно теперь в старом Петровском доме, с его большими, немного тёмными комнатами. Несмотря на дождь и на уединение, она не унывала. По утрам навещала школу, занималась хозяйственными счетами, толковала с Максимом, вместе с ним рассчитывала, сколько понадобится лесу на новый павильон, который Пётр Александрович собирался пристраивать к оранжерее, или вела переговоры с ключницею. Книги и фортепиано наполняли остальное время до обеда, а к обеду являлся толстый, добродушный доктор, развлекавший её своими рассказами.

По воскресеньям, кроме доктора, у них обедали священник и сельский учитель, что было очень скучно. Кроме этих обычных посетителей, в эту раннюю пору весны, у них ещё никто не бывал: многие из деревенских соседей ещё не приезжали в свои поместья, а постоянные жители были слишком заняты весенним хозяйством. Один доктор приходил каждый день и был в большой дружбе с Мурановыми, хотя постоянно слегка злил Петра Александровича уверениями, что никогда не видывал более крепких и здоровых субъектов, чем он да Платон.

После нескольких дней тихой дождливой погоды с утра поднялся сильный ветер. Сплошная масса облаков стала разрываться, местами образуя плотные, тёмные тучи, местами обнажая голубое небо. Быстро погнал ветер клочки серых облаков; дождь из прямого превратился в косой, но продолжал идти. К вечеру ветер разбушевался до такой степени, что во всех трубах Петровского дома слышались его свист и завывание. Ночь наступала тёмная как осенью, и Сонечке было как-то страшно. Она с невольным содроганием прислушивалась к вою ветра, к стуку дождя, колотившего в закрытые ставни окон. Только очень поздно решилась она оставить свою удобную кушетку и интересную книгу и лечь в постель. Долго она не могла заснуть. Было так темно, что первую минуту, когда она потушила свечу и широко раскрыла глаза, ей показалось, что она ослепла; только через несколько времени стали слегка выделяться и белеть предметы в комнате. И эта страшная темнота казалась ещё гуще и мрачнее от завывания ветра. Казалось, что вокруг дома кто-то ужасный, крылатый, носился с быстротою молнии, стучался во все окна, выл у всех дверей, стонал в глубине сада и снова порывался в дом, пробуя войти в закрытые окна и двери и яростно потрясая ставнями; потом с глухим рёвом уносился дальше, а то устремлялся вниз, точно желая подкопаться под дом, и с диким воем сотрясал его до основания, то опять подымался в вышину, и, находя свободный доступ в трубы, с чудовищным взвизгом радости врывался в их ходы и переходы, и бушевал там, производя зловещие звуки. А дождь реже и реже колотился в ставни и, наконец, стал стучать мерно и крепко как звук то приближающихся, то удаляющихся шагов невидимого существа. Под этот равномерный звук дождевых капель Сонечка, наконец, уснула, и во сне пригрезился ей петербургский великопостный концерт.

Проснулась она от яркого света, который вдруг ударил ей в лицо: Даша отворила ставни. Сначала Сонечка отвернулась от этого яркого, горячего луча и крепче закрыла глаза; но почему-то передумала и села на постели. В окно она увидела массу зелени, пронизанной солнцем. "Кажется, хорошая погода? И так уж было хорошо, а теперь — какая прелесть, какое наслаждение жить!" Она радостно улыбнулась этой мысли и решилась поскорее вставать. На часах стояло восемь. Даша вошла в комнату с веткой полураспустившейся сирени, и это обстоятельство значительно задержало барышню: она в восхищении замерла над этой свежей, бледно-лиловой веткой и решительно не хотела причёсываться, несмотря на все увещания Даши.

— Скорее, барышня! Вы посмотрите, какой день-то: рай! — говорила Даша.

И действительно, Даша была права. Господи, что это был за день! Весь воздух наполнялся пением, светом и благоуханием. Аромат мокрой зелени, пригреваемой солнцем, миндальный запах распустившейся сирени и лёгкий медовый запах акаций разлились по всему саду. Пронизанная светом листва сквозила на солнце: между ветвями старых лип и клёнов проглядывало изумительно-яркое синее небо, кое-где смягчённое плывущими круглыми облаками с серебряными краями. Всё точно торопилось насладиться жизнью, расцвесть, пропеть, пролететь. Казалось, что цветы воочию распускаются, листья трав и дерев воочию крупнеют и растут. Откуда-то налетели целые золотистые рои комаров и мушек; коричневые и зелёные жучки закопошились в траве; пчёлы, шмели зажужжали и загудели над лугами и цветущими кустами, даже две белые бабочки закружились в аллее.

Сонечка долго стояла в этой липовой аллее и смотрела то на тени листьев, играющие и дрожащие на песке, испещрённом пламенными пятнами света; то вперёд, в глубину суживающегося изумрудного свода, светящегося, дрожащего и слегка шумящего. Потом она устремилась на большую лужайку перед домом, в самую густую траву, несмотря на то, что отец громко закричал ей откуда-то, что она промочит себе ноги. Она, действительно, промочила ноги, но зато имела наслаждение уткнуться лицом в массу сиреневых цветов и ощущать их свежее, душистое прикосновение к своим щекам, пылающим от восторга.

От сиреней она пошла к дому, убедиться в том, что всё имеет уже летний вид. О, Боже, как хорошо! Все окна и двери настежь, маркизы спущены; вон папа в светлом летнем костюме читает газету на террасе; вон тётя сидит у окна и зевает... Всё-всё как летом!

Во весь день Сонечка почти не входила в дом и пребывала в каком-то восторге то в саду, то в огороде, то в цветниках, а после обеда отправилась на самый высокий балкон, обращённый к западу, смотреть, как закатится солнце, в тучку или нет? Солнце зашло удовлетворительно, в ослепительном блеске оранжевых лучей, зашло и точно унесло с собой всю радость. Восторженное настроение Сонечки вдруг потухло, и она впала в глубокую задумчивость. Долго-долго стояла она неподвижно и сама не понимала, что с нею делается. Зачем всё так хорошо? Отчего это так ужасно, так горько хорошо? И зачем она одна?

Она сама удивлялась своему настроению. "Слишком много возилась и волновалась, нервы расстроились!" – решила она и отправилась вниз, намереваясь заняться чем-нибудь и не думать о пустяках.

Но вместо того, до чая она рассеянно проблуждала по комнате, перетрагивая одну за другою разные книги, а после чая очутилась в тёмной гостиной у окна, раскрытого на террасу и, положив голову на подоконник, почувствовала, как мало-помалу её охватило то же настроение, та же надрывающая сердце сладкая тоска.

Она долго сидела так, пока не раздался громкий голос отца, звавший её. Очнувшись при звуке этого голоса, она почувствовала, что всё лицо её омочено слезами. Она сердито нахмурилась, досадуя на себя за такую глупую сентиментальность, и решительными шагами пошла к Петру Александровичу. Её звали для какой-то прозаической справки по хозяйству, и она рада была, что таким образом её поневоле отвлекли от "глупых мыслей".

Эти припадки задумчивости стали повторяться довольно часто, и мало-помалу она не только перестала на себя досадовать, но даже начала оправдывать себя и находить в этом наслаждение. Кругом было всё так же мирно и хорошо, так же ярко сияло солнце, так же всё цвело, пело и радовалось. Но та маленькая птичка, что пела в её сердце, сложила свои радужные, весело трепетавшие крылышки и замолкла. Только по временам она просыпалась на несколько мгновений и потом опять замирала. Никогда прежде Сонечка не замечала своего уединения, никогда природа не действовала на неё таким щемящим душу образом. Она сама не знала, чего ей нужно, и с каким-то отчаянием повторяла в душе: "Боже, Боже мой, как всё хорошо! О, зачем всё так хорошо? Зачем я одна, и никого-никого нет, кому бы я могла всё рассказать?"

Что ей хотелось рассказать, кому и зачем – об этом она не думала. С серьёзным, задумчивым лицом и тёмными глазами, по целым часам сидела она, не трогаясь с места, в каком-нибудь прелестном уголке сада или леса и чувствовала всею душой, что ей чего-то недостаёт, и мысли её блуждали где-то далеко в пространстве, не имея ни форм, ни пределов. И эти мысли никогда не стремились туда, где день и ночь думал о ней человек, любивший её больше всего на свете, больше своей жизни. О нём она вспоминала очень редко, да и то чаще всего в таких случаях, когда отец внезапно возглашал весёлым голосом:

– А что-то наш чижик-пыжик поделывает, Соня? Как ты думаешь? Ведь он, кажется, был в тебя влюблён немножко?

– Ах, какой вздор, папа! – возражала Сонечка и весело улыбалась, потому что ей смешно было, когда отец называл Мишеля "чижик-пыжик", хотя она соглашалась, что это название ему подходит.

В один прекрасный день, в конце апреля, Пётр Александрович объявил своей дочери, что вечером будет иметь удовольствие представить ей некоего "осла", то есть господина, который, говорят, очень хорошо действовал в земстве, но имеет привычку воевать с губернатором и таки добился своего, то есть слетел с места. После последних выборов губернатор не утвердил его в звании председателя уездной управы. Посадят теперь Бог знает кого, и пойдёт каша... Осёл!

– Да кто осёл-то, папа?

– Щербинин – вот кто осёл. Да ты увидишь! – добавил папа с сердцем. – Единственный порядочный человек в здешнем земстве, да надо же было уродиться такому беспокойному!

Сонечка давно уже никого не видала, кроме двух-трёх соседей, священника да доктора, и была рада увидеть новое лицо. Щербинин должен был приехать по делам и остаться в Петровском около недели. Он приехал и сразу так понравился хозяину, что тот обошёлся с ним, как будто бы никогда и не думал ругать его "ослом".

Вследствие ли чрезвычайной любезности Муранова или чего другого, гость продолжил свой визит на неопределённое время, и, что всего удивительнее, в один прекрасный день Сонечка открыла, что у него было "лицо человека, умирающего за идею"...

Справедливость требует заметить, что с тех пор, как в Петербурге была впервые найдена эта формула идеальной мужской наружности, самый идеал значительно изменился. Сначала вряд ли это лицо было похоже на лицо Александра Александровича Щербрнина, выгнанного губернатором из председателей управы. Но к концу мая Сонечка готова была поклясться, что именно такое должно быть лицо у человека, умирающего за идею. И в конце мая этой идеей, за которую он готов был умереть, была она сама – Сонечка Муранова. Это она отлично сознавала и ничего не имела против этого. Теперь, когда она оставалась одна, она больше не плакала и не томилась неопределёнными желаниями, а тихо улыбалась совершенно определённым мыслям и взгляду серьёзных серых глаз, блестевших из-под строгих чёрных бровей, взгляду, с которым теперь всегда встречался её мысленный взор.

Впрочем, она теперь редко оставалась одна: Александр Александрович крепко держался своих убеждений и не любил расставаться со своею "идеей". А Пётр Александрович до того привязался к своему новому другу, что даже с кротостью перенёс известие, что он не играет в шахматы. Он с лукавой улыбкой следил за успехами его пристрастия к дочери; а с Сонечкой сделался особенно нежен и обращался с нею так осторожно, точно боялся её спугнуть. С какого нового пути боялся он спугнуть её? Это было ещё не совсем ясно; но Пётр Александрович чувствовал, что новый путь открывается в жизни его дочери, и был прав. Он радовался этому и часто улыбался про себя.

А май месяц цвёл и благоухал, и в сердце Сонечки расцветало и крепло новое чувство.


## VIII

Когда, на другой день после своего разочарования, Мишель очутился один у себя в комнате, он серьёзно задумался о своём горе.

"Что это я, в самом деле, раскис? – размышлял он. – Что я делаю и что делал всю эту зиму? Если бы она не уехала, что бы я ей сказал? Вот я, выгнанный из гвардии офицер, никуда не годный и ничем не замечательный, кроме скандалов, люблю вас и хочу на вас жениться... Чёрт знает, что такое! Если бы она была страшно бедна, то, может быть, вышла бы за меня, оттого что у меня есть средства. Но, во-первых, она не такая; во-вторых, я бы и не полюбил её, если бы она была такая. И к тому же, она не беднее меня. Она выйдет за меня, только если полюбит. Но за что? Разве я такой человек? Я совершенный дурак, ровно ничего не знаю, никуда не гожусь"... И проч., и проч.

Приблизительно такими рассуждениями наш герой старался встряхнуть себя и действительно встряхнулся. Он с жаром принялся действовать, искореняя в себе дурака и воспитывая человека. Для этого он начал читать множество книг, рано вставать как мальчик, желающий вести себя благонравно, и даже рано ложиться.

Насколько и почему всё это могло его сделать более желательным мужем для Сонечки, он сам хорошенько не сознавал; но делал всё, что обыкновенно ему было трудно и неприятно делать, постоянно переламывая себя в пустяках и чувствуя от этого некоторое удовлетворение и довольство собою, какую-то правоту. Он твёрдо решил, что если Сонечка полюбит его и согласится выйти за него замуж, он подаст в отставку и будет жить в деревне, занимаясь хозяйством. И к этому нужно быть готовым, на всякий случай: надо быть образованным человеком.

Он засел за книги и так усердно погрузился в свои занятия, что почти не выходил из дома. Перемена в его привычках и даже в характере удивляла всю семью; но особенно поражена была Зина, открыв в один прекрасный день, что Мишель стал религиозен. Однажды она отправилась к обедне в Исаакиевский собор и там совершенно случайно увидела своего брата: он стоял в тёмном углу, прислонившись к стене и закрыв глаза. Она не сразу поверила собственным глазам, но это был он. Он не крестился, не вставал на колени и всё время стоял с закрытыми глазами, но с таким лицом, что Зина была уверена, что он молился. Она инстинктивно почувствовала, что ему неприятно было бы встретиться с кем-нибудь из своих, неприятно, чтобы его здесь видели, а потому она не подошла к нему и даже поспешила уйти на другой конец собора. Но через несколько времени ей ужасно захотелось посмотреть, тут ли ещё Миша, не ошиблась ли она? Она осторожно подошла опять поближе и, остановившись так, чтобы он не мог её увидеть, взглянула на него. Её поразила его бледность и страдальческое выражение лица: она видела, как он вдруг сжал брови, закрыл лицо рукою и наклонил голову.

"О, мой бедный мальчик, как ему гадко!" – подумала Зина со вздохом и с того дня стала ещё вдвое нежнее к нему.

В конце апреля он решился взять отпуск на лето и ехать в Калужскую губернию к себе в имение, в котором с незапамятных времён распоряжался управляющий, и куда никто из семьи не заглядывал за последние десять лет.

"Там я буду совершенно один, – думал он, – узнаю здоровую, естественную жизнь, как она её называет. Попробую что-нибудь делать. Отец вечно жалуется на воровство управляющего, а сам ничего не предпринимает. Может быть, я могу что-нибудь сделать, может быть, сумею помочь!.. А главное, я буду один".

Когда это решение окончательно созрело в его голове, всё пошло ему наперекор. Бедному Мишелю решительно ничто не удавалось. Дело в том, что Зинаида Сергеевна с некоторого времени начала часто прикладывать руку к сердцу, вздыхать, охать, и нюхала столько спиртов и ароматических уксусов, что, по уверению Зины, совсем пропиталась ими. Однажды, утром, она так усиленно культивировала свои болезненные симптомы, что обратила на себя внимание мужа: он устремил на неё саркастический взгляд, встал и, по обыкновению, ушёл из комнаты. Но вечером того же дня он сделался свидетелем другого болезненного припадка, не выдержал и отправился в клуб.

Тогда Зинаида Сергеевна заказала себе новый капот и медлительную лихорадку. Она купила ужасающих размеров меховое одеяло, поместилась на кушетке перед камином и, устремив томный взор на горящие уголья, приказала готовить для себя куриный бульон. Дело приняло серьёзный оборот. Закутанная в меховое одеяло, окружённая флакончиками и пастилями, она вздыхала, зевала, кашляла и непреклонно кушала один куриный бульон, пока, наконец, не послали за тем из друзей дома, который был доктором.

После его посещения, болезненные симптомы исчезли, и расположение духа больной значительно улучшилось. Она послала просить к себе Ивана Владимировича.

Он испустил сокрушающий душу вздох, но явился. Жена встретила его с убитым видом и произнесла подавленным голосом:

– Mon ami[28], нам необходимо расстаться.

– О-о, неужели?

– Да. Le docteur ne m'a pas laissé de doutes à ce sujet[29]... Мне необходимо уехать.

Иван Владимирович отлично понял, куда гнёт его супруга; но, желая немного поломаться, спросил, зевая:

– Куда это?

– Сначала в Эмс, pour les poumons[30].

– Ну, а ещё?

– В Швейцарию, une cure de raisin. Доктор полагает, что это неизбежно, – смиренно прибавила больная.

– А ещё? – продолжал спрашивать Иван Владимирович.

– Ах, Боже мой, ничего! – заволновалась его жена.

Но Иван Владимирович ждал слова "Париж", а потому упорствовал.

– А ещё? – Подумай, Зинаида Сергеевна!

– Я и так совершенно énervée[31], а ты всё пристаёшь... Я не понимаю, чего тебе! C'est à peine si je respire[32]; доктор даже говорит, что надо поторопиться, а то в Париже будет жарко совсем...

– Давно бы так! – прервал Иван Владимирович, вставая и потягиваясь.

Зинаида Сергеевна рассердилась.

– Вы сегодня невыносимы, Иван Владимирович! Приговор доктора вам известен: je me meurs, peut être![33] – и она поднесла платок к губам. – Эмс мне необходим...

– А Париж? – прервал неугомонный муж.

– В Париж я должна заехать. Ems exige des toilettes[34], а модистки

---

[28] мой друг - фр.
[29] Доктор не оставил меня сомнений по этому поводу
[30] для начала - фр.
[31] изнервничалась - фр.
[32] Я едва дышу - фр.
[33] может я умираю - фр.
[34] Эмс требует туалета - фр.

здесь просто inabordables[35]! Я берегу ваши деньги, – с достоинством прибавила Зинаида Сергеевна.

– И прекрасно, мой друг, береги! – вздохнул Иван Владимирович. – "Уж два лета сидела на месте, дольше не усидит. Ну, и чёрт с ней!" – подумал он про себя. – С кем же ты хочешь ехать?

– Я не могу ехать без девочек, я не расстанусь с ними! Это hors de question[36]. Но я желала бы тоже немножко promener par le monde[37] и Мишеля: он стал ужасно taciturne[38]! – живо заговорила Зинаида Сергеевна.

– Всей компанией, значит? А меня одного оставите... Ну, что же, и прекрасно. Я постараюсь всё это устроить. Когда же ты хочешь выезжать?

– Я бы хотела в середине мая. Vous savez, les préparatifs[39]...

– Ну, да, ну, да! Я устрою. Деньги будут. Можешь успокоиться.

– Ах, ты меня успокоил! Отыщи мне Мишеля, мой друг, и, если он дома, пришли его ко мне. Я сейчас с ним переговорю. Слава Богу, что его можно будет развлечь: il devient inquiétant[40]!

Мишелю его участие в заграничной поездке было преподнесено не в виде предложения, а в виде ультиматума; и он, конечно, согласился. Что же ему было делать, как не согласиться, так как мамаша непременно этого хотела? Заграницу, так заграницу.

Решено было торопиться отъездом; но из Парижа писали, что там ещё очень холодно, и Зинаида Сергеевна не отважилась уехать в середине мая, как предполагала вначале. К тому же, у неё было хлопот "par dessus la tête"[41], и, в довершение бедствий, знакомые сообщали из Эмса, что больных там очень мало, и скука страшная. Но делать было нечего. В конце мая, она выехала из Петербурга с дочерьми и Мишелем, который выговорил себе право не заезжать в столицу мира, а прямо из Берлина отправиться в Эмс для приготовления помещения своей семьи.

В каком-то безучастном и апатичном состоянии, Мишель вошёл в вагон вместе с матерью и сёстрами, рассеянно пожал руки провожавших знакомых и принял от них бонбоньерки, предназначенные для услаждения дам во время путешествия. Спокойно проводил он глазами удалявшуюся платформу, со всей её вознёй, толпой и суматохой.

Когда поезд тронулся, Лена перекрестилась, Зинаида Сергеевна замахала батистовым платком под самым носом жандарма, стоявшего на платформе, а Зина со слезами на глазах высунулась из вагона и начала посылать воздушные поцелуи отцу, невзирая на двух

---

[35] недоступны - фр.
[36] здесь: это не обсуждается - фр.
[37] посмотреть мир - фр.
[38] неразговорчив - фр.
[39] Вы знаете, нужна подготовка - фр.
[40] он начинает тревожить - фр.
[41] "выше крыши" – фр.

жантильных офицеров, которые приняли её нежности на свой счёт и усердно отвечали ей тем же.

Мишель смотрел в окно вагона на удаляющийся Петербург, и ему не было жалко оставлять его. Когда город совсем скрылся из глаз, Зина окончательно расплакалась и воскликнула с пафосом:

– Что это, как мне грустно! Точно я никогда-никогда больше не увижу папы и Петербурга! Это страшная вещь!..

– Никакой вещи нет; всё вздор, Зиночка! – отозвался Мишель спокойно. – Скоро и в Петербург вернёмся. Не хочешь ли, я твои конфеты достану или книжку?

И в его голосе было столько спокойной уверенности, что Зина тотчас развеселилась и согласилась на его любезное предложение, заметив, однако же, с опасением, не рано ли приниматься за конфеты? Ведь только что отъехали.

На станции в Луге, где все выходили обедать, Зинаида Сергеевна почувствовала себя уже столь иностранной, что с величайшим пренебрежением объявила: "Как в России дурно кормят!" И с этой минуты пришла в самое радужное настроение, с каждою секундой чувствуя себя всё ближе и ближе к Парижу. Она курила пахитоски, перелистывала французскую книжку и беспрестанно пересчитывала свои мешки и дорожные несессеры.

Часы проходили, поезд мчался. Зинаида Сергеевна устала и томно объявила, что в Германии очень дурно кормят. Даже перспектива Парижа не оживляла её бодрости, и Мишель привёз мать в Берлин до такой степени раскисшею, что её пришлось чуть не ложками собирать, чтобы усадить в карету. Впрочем, в Берлине она скоро оправилась и, подкрепившись титулом Generalin[42] и вываренной говядиной с черничным вареньем, которыми её угощали в отеле, вскоре совсем приготовилась ехать далее.

Однажды утром, в последних числах мая, Мишель усадил мать и сестёр в вагон и проводил в Париж, а сам вечером того же дня выехал чрез Франкфурт в Эмс. Он добрался туда рано утром, в подавленном, апатичном настроении, и без всякой энергии принялся отыскивать будущее помещение для своей семьи. Зинаида Сергеевна ни за что не хотела жить в отеле и поручила ему нанять непременно отдельную виллу. В отеле "Четырёх башен", где остановился Мишель, его, конечно, заверили, что посетителей бездна, и ни одной свободной виллы не найдёшь. Вечером, в том же отеле, когда он выразил удивление по поводу возвышенных цен на кушанья, ему объяснили, что ввиду немноголюдного сезона и недостатка посетителей, все отели принуждены повысить цены. Мишель понял, что в этом благословенном месте он толку не добьётся, и отправился блуждать по Эмсу, с твёрдым намерением исходить весь городок до мельчайшей подробности, как по левому, так равно и по правому берегу реки.

Наконец, после нескольких дней тщетного блуждания, поиски его

---

[42] генеральша – нем.

увенчались успехом: он нашёл небольшой домик с хорошеньким садом, носивший трогательное название "Vergissmeinnicht-villa"[43] и стоявший недалеко от курзала, обстоятельство, которое должно было привести его мать в величайшее восхищение.

Вилла состояла из очень кокетливого домика с мезонином, с двумя балконами и крытой террасой. В саду были и розовые беседки, и амур с отбитым крылом, и красивая платановая аллея, и вазы с наступрциями. В ожидании приезда своих, Мишель тотчас же поселился в новой квартире и зажил спокойно, проводя время в мирной зевоте и блуждании по парку или по садику своей виллы и мечтая о возвращении в Россию и о "ней". Спалось ему плохо, и потому в шесть часов утра он с удовольствием отправлялся наслаждаться музыкой, наравне с прочими обитателями Эмса; а так как ему ничего не нужно было пить, то он и ходил по парку медленным шагом, безо всякой цели, слушая оркестр и критически оглядывая немощных и здоровых больных.

В одно прекрасное июньское утро, лениво бродя таким образом по парку, он наткнулся на двух дам, сразу обративших на себя его внимание. Они шли впереди его и громко говорили по-русски; голос одной из них показался ему очень знакомым. Где он слышал этот голос? Он поспешно прибавил шагу, обогнал их, оглянулся и в неистовом восторге воскликнул:

– Прасковья Александровна!..

Да, это была Прасковья Александровна Муранова, но значительно помолодевшая и изменившаяся. Её глаза, очерченные интересным оттенком бистра, ярко блестели на фоне удивительно лилейного лица, под защитой прехорошеньких новых бровей. На её взбитых волосах грациозно сидела маленькая шляпка, обвитая сиренью, которую игриво клевала парижская райская птица, а платье Прасковьи Александровны представляло собою восхитительное лиловое облако. Обновлённая девица очень мило вскрикнула от изумления и с энтузиазмом протянула Мишелю сиреневую ручку.

– Ах, monsieur Мишель, как я рада! У нас такой милый кружок петербургских знакомых, только вас недоставало!

У Мишеля замерло сердце.

– Вы здесь одни? – проговорил он в волнении.

– Одна, совсем одна! – жалобно заговорила Прасковья Александровна. – Кстати! Позвольте вас представить моей компаньонке, m-lle Синицыной. Анна Михайловна! Мой друг, monsieur Загребский!

Мишель позволил себя представить и раскланялся с молодой особой, чрезвычайно строгого вида, имевшей очень острый нос, тонкие губы и пронзительные глаза. Она была облечена в клетчатые одежды тёмных цветов, носила шляпку самого эмансипированного фасона и с решительным видом опиралась на коричневый зонтик.

---

[43] вилла "Незабудка" – нем.

Мишель предложил руку Прасковье Александровне и нерешительно спросил, где же её брат?

– Ах, он там в деревне киснет, оранжереи перестраивает! Но объясните мне, ради Бога, какими судьбами вы очутились здесь? Такая приятная случайность!

– Мать у меня больна... – начал было Мишель.

– Больна? Скажите, пожалуйста, какой неприятный случай! И вы приехали сюда?

– Я здесь пока один; приготовил квартиру и жду maman с сёстрами...

– Они ещё не приехали? Ну, скажите, какая жалость! Вы, должно быть, умираете от скуки, бедный молодой человек! Какое счастье, что я вас встретила... У вас здесь есть знакомые? – затараторила Прасковья Александровна.

– Нет, знакомых нет, но...

Мишель небрежно осведомился о здоровье её племянницы.

– Софи? Merci, здорова совершенно. Страшно загорела и подурнела ужас! Уж я ей сколько говорила: "Ты, душечка, окончательно испортишь цвет лица, если не будешь избегать солнца"... Надо вам сказать, что я старше её, – обязательно сообщила Прасковья Александровна, – а между тем, посмотрите, какой у меня цвет лица!

"Полтора рубля банка", – подумал Мишель с негодованием.

– А что ваша племянница не скучает? Деревня ещё не надоела ей?

– Ей? Нет, у неё самые странные вкусы; ей деревня никогда не надоест. Вот я – другое дело. У меня такая живая природа, я так привыкла к цивилизации, что решительно не могу жить в деревне: сейчас начинаю тосковать, так меня и тянет в Европу!

– А давно вы оставили ваших?

– Я здесь очень недавно, всего несколько дней, как из России. Я выехала из Петровского в последних числах мая; так мне там надоело, вы не поверите! Ну, вот я и дома: я живу в Hôtel Royal, надеюсь, что вы ко мне? Русским чаем вас угощу... Так приятно вспомнить родную землю!

Мишель принял приглашение и несколько времени ещё слушал рассказы Прасковьи Александровны. На прощанье, он должен был дать ей два обещания: во-первых, посетить её опять в скором времени, а во-вторых, помнить, что она известна в Эмсе отнюдь не в качестве девицы, но как молодая вдова, и при случае называть её сообразно этому обстоятельству "фрау", а не "фрейлейн". Она с жаром объясняла, что это необходимо ради её удобства и для сохранения приличий. Сохрани Бог, если в Германии узнают, что такая одинокая особа "ещё" девица! Мишель обещал то и другое и отправился домой в самом лучшем расположении духа, так как услыхал от Прасковьи Александровны, что в Петровском не было "ни души", и проч. Прасковья Александровна уверяла между прочим, что о нём вспоминают ежечасно и говорят ежеминутно; а это было ему очень приятно, хотя он и чувствовал, что она врёт.

Время прошло незаметно до середины июня, когда приехали его сёстры и мать. Последняя немедленно познакомилась с Прасковьей Александровной: обе дамы нашли друг друга очаровательными и заключили дружеский союз, хотя за глаза каждая отзывалась о новой приятельнице в несколько саркастическом тоне. Обе рассказывали знакомым одна про другую, что она "ужасно молодится и воображает о себе". К этому Зинаида Сергеевна прибавляла: "mais bonne fille au fond, cette vielle Pachette"; а Прасковья Александровна присовокупляла: "Передние зубы вставлены, душечка, уж я вижу... И тянется – страх!.." Это, конечно, не мешало им быть друзьями.

К несчастью, Прасковья Александровна почти не получала писем из дому; только короткие уведомления, что все здоровы. Мишель очень сожалел об этом; но и то было хорошо, что с Прасковьей Александровной можно было поговорить о предмете его страсти. Однажды он чуть было не признался ей в своей любви к её племяннице, но остановился на полдороге, заметив вовремя, что Прасковья Александровна не на шутку приняла его чувства на свой счёт и собралась упасть к нему на грудь, чуть только он выскажется яснее.

Всё это было прекрасно; но и этому прекрасному скоро суждено было кончиться. Время неумолимо шло вперёд; прошёл июнь, и Прасковья Александровна с обществом своих знакомых уехала в Интерлакен, тысячу раз обещав непременно посетить дорогую Зинаиду Сергеевну в Петербурге и выразив надежду встретиться с нею ещё раньше, в Швейцарии.

Вскоре и Зинаида Сергеевна начала находить перемену местности необходимой для своего здоровья и стремилась вон из Эмса, хотя всем там было очень хорошо. Зина находила, что довольно глупо жить в Фергиссмейн-нихт-вилле, но самую виллу очень полюбила, и ей не хотелось расставаться с Эмсом. Лена вообще предпочитала оседлую жизнь странствиям и готова была жить где угодно, лишь бы сидеть на месте. Но мать совсем заныла; эмские воды сделались ей вредны, и в двадцатых числах июля семейство переселилось в окрестности Женевы; тут предполагалось прожить до начала виноградного лечения, которое Зинаида Сергеевна намеревалась предпринять в Веве.

## IX

Мишель скучал. Ему страшно надоел Веве. Наступили двадцатые числа сентября, по новому стилю, а Зинаида Сергеевна и слышать не хотела об отъезде: она толковала что-то о тропиках, о нежности своей кожи, о "grands tableaux de la nature"[44], и из всего этого у неё выходило, что уезжать из Веве невозможно, и главное не следует. –

---

[44] живописные виды природы - фр.

"C'est imprudent"[45], – решила почему-то Зинаида Сергеевна и так прониклась этим "диктоном", что и сама уверовала.

Единственную отраду Мишеля составляли прогулки, в одиночестве или с Зиной. Особенно часто уходил Мишель на кладбище в Clarens, где проводил многие часы. Зина охотно сопутствовала ему туда, хотя всегда сердилась, что нельзя было рвать великолепных цветов, которые делают все кладбища на берегах Женевского озера похожими на колоссальные цветники, среди которых рассеяны надгробные памятники, часовни, статуи, ивы и кипарисы. Тенистое, душистое уединение кларанского кладбища, вид на озеро и горы от его каменной ограды – всё это совершенно гармонировало с настроением Мишеля.

Однажды, Мишель вернулся из столовой в свою комнату и подошёл к окну, выходившему на улицу; глазам его представилось печальное зрелище: густой туман, скрывающий дома на противоположной стороне, мокрая мостовая, мутные ручейки вдоль тротуара, и в довершение картины торжественная процессия – девять дождевых зонтиков в борьбе с непогодою, свидетельствующие о том, что семья Смитов возвращается с вечернего богослужения, отец – во главе, шестая дочь – в хвосте шествия. Мишель зевнул от всей души и решился прилечь, не спать, конечно, а так только, полежать после обеда. Но он тотчас заснул и проспал часа два, к своему величайшему удивлению.

Когда он уже пришёл в себя и рассуждал сам с собою о том, как могло случиться, что он заснул, к нему постучались, и в комнату вошёл мистер Уайз, американец, с которым он познакомился на днях. Они друг другу очень нравились и часто отправлялись вдвоём кататься в лодке. И на этот раз Уайз объяснил по-английски, что пришёл предложить прогулку по озеру.

– В такой дождь? – удивился Мишель по-французски, так как они всегда объяснялись на двух языках.

– Дождь? Nonsense[46]; посмотрите, какая светлая лунная ночь!

И действительно, дождя и помину не было; полная луна сияла на небе. Серый пейзаж, расположивший ко сну, остался за пределами сна. Когда длинный Уайз отдёрнул занавеску, спущенную Мишелем за два часа перед тем, в окно взглянул новый, таинственный пейзаж – серебряный с чернью.

Открыли окно: в комнату ворвался тёплый воздух, с запахом мокрой земли, цветов и листьев. Мишель дохнул полною грудью и невольно подумал, что это какое-то волшебство.

Он согласился, что на озере должно быть теперь хорошо, и отправился с американцем. Они прошли сквозные сени отеля, вышли в сад и направились к маленькой пристани, которая белела при луне своими каменными плитами, под навесом прибрежных деревьев. Сели в лодку: Мишель на руле, Уайз взялся за вёсла, и лёгкая лодка

---

[45] Это неблагоразумно - фр.
[46] абсурд - англ.

тихо поплыла по направлению к Кларансу и Монтрё, по серебряной дороге, которую прокладывал лунный свет по чёрной поверхности озера.

Мишель был в странном состоянии; точно в полусне видел он строгое, серьёзное лицо американца; при белом лунном свете ещё резче казались его резкие черты, ещё бледнее его бледное лицо, ещё чернее его чёрные волосы с проседью. Тень от шляпы резкою чертой рисовалась на его лбу, а коротенькая сигара, которая вспыхивала красными искорками, казалась частью его самого, точно она вырастала из стиснутых зубов. Он справлялся с вёслами лениво и небрежно, без малейшего усилия, и вся его фигура в сером пальто была ярко освещена луною. Вокруг лодки трепетали чёрные и серебряные струи; по берегу искрились огоньки в окнах; дома блестели черепичными крышами и неосвещёнными стёклами. Ярко белые стены, резкие чёрные тени, чёрные силуэты зданий, гор и деревьев – всё это двигалось, двигалось, уходило. Мишель закрыл глаза наполовину, и ему представилось, что его уносит куда-то в пространство, в воздух...

Они долго плыли, не говоря ни слова; только и слышались удары вёсел и всплёскивание воды. От берега они были близко, но оттуда не доносилось звуков: всё точно замерло. Мишель так глубоко и сладко задумался, что не понимал больше, где он, и что с ним. Женевское озеро, берега и небо – всё слилось с тем сном, который он видел наяву, и всё вместе составляло что-то прекрасное, волшебное, но неопределённое, что видела больше его душа, чем глаза. Это продолжалось долго, под аккомпанемент водного плеска; потом к звуку воды, прорезываемой вёслами, примешалась музыка. Сначала ему чудилось, что она звучит вместе с водой, в воде; потом она стала яснее и ближе. Он ясно различал знакомую мелодию итальянской народной песенки, которую пели струнные инструменты; гитара выделялась из хора и звенела короткими, серебристыми аккордами.

– Серенада, – сказал голос близко от Мишеля.

Говорил Уайз. Мишель вернулся из своей экскурсии в волшебную страну к волшебной действительности. Уайз сложил вёсла, снял шляпу и прислушивался с ясным, спокойным выражением на лице. Они были недалеко от берега, у Кларанса. В нескольких саженях от них по озеру медленно двигалась целая вереница лодок, наполненных людьми, и с одной из них доносилась музыка. Там и сям от берегов отчаливали ещё другие лодки и присоединялись к поезду. Музыка раздавалась всё громче; к инструментам присоединилось несколько голосов. На берегу стали появляться группы людей; на набережной, на балконах, всюду виднелись человеческие фигуры, белевшие при луне. Вот громкий заключительный аккорд; музыка смолкла, и с берега послышались рукоплескания. Опять зазвенели аккорды гитары, сильный мужской голос запел, вместе со скрипками, популярную итальянскую песню, и хор дружно подхватывал: "Santa Lucia! Santa Lucia!" Звуки песни разносились в воздухе, точно сливаясь с серебряным лунным светом, дополняя его своими дрожащими, задумчивыми возгласами.

Мишель слушал, очарованный; Уайз наклонил свою тёмную голову, облокотился на руку и подпевал сквозь зубы. Лодку тихо несло к берегу, всё ближе и ближе. Они очутились у самого сада вновь выстроенного пансиона, с низкими, недавно посаженными деревьями. Самый дом, двухэтажный, с большими, ярко освещёнными окнами, стоял близко у берега: можно было расслышать голоса людей, разговаривавших на балконе второго этажа.

Музыка удалялась, берег приближался. Уайз взялся за вёсла и только что хотел повернуть лодку и последовать за удаляющейся флотилией, как лодка закачалась: Мишель вскочил, перепрыгнул через лавочку, шагнул вперёд, точно собирался выйти из лодки и пуститься пешком по озеру.

– What about? Что такое? – проговорил американец.

Но Мишель решительно не мог ничего сказать: руки и ноги его дрожали; ему хотелось зачем-то взять вёсла у Уайза; сердце его страшно билось, а глаза не отрывались от освещённого фасада дома, видневшегося из-за низеньких деревьев.

– Что с вами? – переспросил Уайз.

Мишель не слышал вопроса и ничего не понимал; он видел только окно со спущенной шторой, на которой ясно рисовался тёмный силуэт. Неужели это она?.. Вот она, маленькая головка, увенчанная фригийской шапкой девы-республики; вот её тонкий профиль, с его незабвенными очертаниями...

Тёмный силуэт задвигался, исчез со шторы. В соседней комнате с открытыми окнами быстро мелькнула фигура, и на балконе показалась женщина в светлом платье. Она перегнулась через перила и громко, весело закричала, обращаясь к кому-то стоявшему внизу, под деревьями:

– Поедем за ними! Поедем, я хочу!

Это была она. Слова были произнесены по-русски, и несомненно это был её голос.

– Des connaissances... Au rivage, plus vite... Je vous prie[47]... – залепетал Мишель дрожащим голосом и сел не потому, чтобы понял, что стоять не следует, а потому, что ноги не держали его больше.

Уайз ничего не понимал, а, впрочем, послушался. Лодка подошла к берегу; Мишель прыгнул на ступеньку пристани, в одну минуту очутился под балконом и закричал прерывающимся от волнения голосом, с фанатической радостью:

– Софья Петровна, у меня лодка здесь! Хотите?

– Ай, кто там? – воскликнул голос с весёлым испугом. – Папа, кто с тобой?

– Это я, я... Загребский. Здравствуйте! Где Пётр Александрович?

---

[47] Узнал... На берег быстрее... Будьте добры... – фр.

– Здесь я, батюшка. Вы-то откуда взялись, с неба что ли упали? – возвестил Пётр Александрович под боком.

– Я из Веве... Да это всё вздор... А вы как здесь, дорогой, дорогой Пётр Александрович?

Пётр Александрович с жаром ухватил его за руку и начал трясти, объясняя что-то о своей пояснице, и о катаре, и о винограде. Мишель ничего не слыхал; он ждал, и недолго ждал. Сонечка явилась как ураган; с разбегу насилу остановилась, протянула ему обе руки и приветствовала с какою-то необузданною радостью.

"Она меня любит!" – закричал он в душе.

– Как я рада, как я рада! – воскликнула она в восторге и десять раз принималась расспрашивать и рассказывать, всё время уверяя, что рада его видеть.

Никогда он её не видал такою: она не могла успокоиться; но не лихорадочное возбуждение, а яркое, счастливое веселье точно разливалось вокруг неё. Уайз был представлен и не обнаружил ни малейшего неудовольствия, когда Мишель предложил Сонечке свою лодку. Пётр Александрович с ужасом взобрался на среднюю скамейку, а Сонечка замешкалась на берегу, успокаивая какого-то господина, который вломился в амбицию из-за того, что не воспользовались его услугами; но Мишель не обратил на это внимания. Она уселась, наконец; Уайз занял своё место, и лодка отчалила.

Мишель смотрел на Сонечку и думал, что это волшебство. Да, волшебная встреча точно в сказке.

Но всего страннее всё-таки было её лицо. Что такое было в её лице особенного? Мишель решительно не понимал её нового взгляда и выражения, но каждый раз, как она на него смотрела, из глаз её сиял восторг, счастье, и сердце его трепетало, и он повторял себе: "Она меня любит". Да, она любила его, любила Уайза, любила озеро, музыку, лодку, всё-всё любила, потому что она была счастлива.

Она должна была уехать из Петровского, когда ей всего менее хотелось уезжать; но она уехала с уверенностью в своём счастье. Ей принадлежала любовь, которая заставляла её любить весь мир; и она знала, что тот, в ком теперь сосредоточивался весь её мир, скоро будет с нею и навсегда. Когда она уезжала, он ей сам сказал, что вскоре последует за нею, что ему необходимо покончить с некоторыми делами, а потом он будет с нею, где бы она ни была. Он ей не говорил, что приедет, потому что не может жить без неё; он не просил её быть его женой, но она знала, что это так, что она скоро будет его женою. После этого как же ей не любить всего мира, не радоваться жизни? Через несколько дней "он" приедет; его лицо – лицо умирающего за идею – всегда представляется ей, и сердце её полно ликования. Она искренно обрадовалась Мишелю, но к этой радости примешался ещё весь восторг её счастливой души, и она обманула его. "Она меня любит!" – раздавалось в глубине его сердца.

И он потерял сознание действительности и окончательно погрузился в очарованный сон.

# X

Когда Мишель на другой день проснулся и вспомнил вчерашний вечер, весь мир показался ему полным новой прелести. Он повторял себе, что она его любит, доказывал себе это и приходил всё в более и более восторженное состояние. Накануне он вернулся поздно, спать не мог всю ночь, заснул только с рассветом, но дольше семи часов утра не мог проспать и в девяти был уже в пансионе "Clos du Lac", где жили Мурановы. Он застал Сонечку оживлённой и весёлой. Она собиралась с отцом и с целым обществом ехать в Саксон смотреть на рулетку. Мишеля она встретила с тем же сияющим и счастливым лицом...

"Скажу ей сегодня же", – подумал он с замирающим сердцем.

Она весело пригласила его присоединиться к "partie de Saxon"[48].

– Может быть, вы опять наследство получили, так вот вам случай от него избавиться! – сказала она, смеясь, и тотчас куда-то исчезла.

Он ещё накануне заметил, что она удивительно похорошела, хотя прежде ему казалось невозможным, чтобы она могла быть ещё лучше.

Мишель никого и ничего не видел кроме неё и готов был отнестись благодушно и даже нежно ко всем, потому что думал, что она любит его. Однако, даже и он, в своём чаду надежд и сладкого ожидания "той минуты", не мог не заметить, что среди компании, отправлявшейся в Саксон, у Сонечки было два поклонника: молодой голландец с загорелым лицом и военной осанкой и вялый, томный бельгиец лет тридцати пяти, беспрестанно лавировавший между своей толстой женой и Сонечкою, которую называл "cette blonde enfant"[49], закатывая глаза и проводя рукою по лбу и по тёмным, жидким волосам, словно приклеенным к его голове.

Поезд отходил в половине десятого. До отъезда, в те полчаса, которые Мишель провёл в отеле "Clos du Lac", ему, конечно, не удалось ни минуты побыть вдвоём с Сонечкой. Общество собралось не без затруднений. Дамы всё забывали что-нибудь, отправлялись "на одну секунду" в свои комнаты и там застревали; но всё-таки дольше всего пришлось дожидаться томного бельгийца, который, позабыв о своих нервах, с ожесточением гонялся у садовой ограды за ящерицей, так как, по его убеждению, хвост ящерицы приносил счастье на рулетке.

Наконец, все собрались и отправились пешком на станцию, до которой было минут десять ходьбы. Общество заняло чуть ли не целый вагон. Мишелю не удалось сесть возле Сонечки, но он всё время видел её со своего места и слышал, что она говорила. Впрочем, разговор был общий: Сонечка рассказывала, что видела во сне, будто она выиграла семьсот франков ровно в полдень в каком-то среднем зале.

---

[48] здесь: к поездке в Саксон - фр.
[49] этот светловолосый ребенок - фр.

– Там и есть три зала: непременно играйте в среднем! – с энтузиазмом внушал бельгиец, – je vous prêterai ma queue de lézard.

Около полудня приехали в Саксон. День был жаркий, и оказалось, что на открытом воздухе ничуть не легче, чем в вагоне. Дул довольно сильный сирокко, и в горячем воздухе стояла мелкая песчаная пыль.

– Какое гадкое место! – удивлённо воскликнула Сонечка, выходя из вагона. – Как тут неприютно!

Действительно, мрачный вид необыкновенно узкой в этом месте ронской долины, сама Рона – мутная, злобная, пенистая, обрывистые, тёмные, совершенно обнажённые горы, сердито обступившие долину, и жалкая, колючая, какая-то серая растительность очень негостеприимно смотрели на приехавшее весёлое общество, а маленькое здание станции, грязное и тесное, было уж вовсе непривлекательно. Экипажей не было да и не требовалось ввиду близости курзала, где помещается рулетка. В курзале или, как его там называют, в казино, общество прежде всего отправилось завтракать, и, очутившись в большой прохладной комнате со спущенными жалюзи, все вздохнули полегче.

– Vous me donnerez le bras pour me porter bonheur[50], – говорил бельгиец Сонечке умирающим голосом. – Знаете, ничто так не приносит счастья, как присутствие невинного существа – d'une innocente enfant! – пояснял он Петру Александровичу.

– Ah, oui, oui![51] – басом соглашался Пётр Александрович, набивая рот форелью. – Garçon[52], бутылку Иворна!

– Мы будем пить шампанское, général, не так ли? Aux premières armes de mademoiselle[53]... – убедительным тоном говорил голландец, который, неизвестно отчего, звал Петра Александровича генералом; вероятно, потому, что сам был капитаном.

Впрочем, Пётр Александрович был этим доволен. Против шампанского он тоже ничего не имел.

За десертом все встали; мужчины, роняя салфетки и перепрыгивая через дамские трены, поспешили с бокалами к дамам; все разом заговорили, оживились и, решившись выиграть множество денег, собрались идти на рулетку. Пётр Александрович вдруг начал уговаривать свою дочь не волноваться и "уж лучше не играть".

Рулетка помещалась как и ресторан в здании казино. Первый зал, небольшая странная комната с зелёными обоями и с множеством окон во всех стенах, только промелькнул в глазах Сонечки. Бельгиец повёл её в средний зал, дабы её сон, по возможности мог сбыться. В этой длинной, узкой комнате во всю длину стоял стол, в средине которого помещалась рулетка, со своим вогнутым, вделанным в стол металлическим кругом, окаймлённым желобками, по которым катался костяной шарик. Весь стол окружён был играющими:

---

[50] Дайте мне руку, это принесет мне удачу - фр.

[51] О, да, да! - фр.

[52] официант, гарсон - фр.

[53] первое оружие девушек - фр.

некоторые сидели у самого стола, другие стояли за рядом стульев; многие отмечали что-то карандашом на картонных таблетках, считали, соображали; беспрестанно протягивались руки, оставлявшие деньги на столе, в квадратах, разграниченных на сукне жёлтою краской. Банковые билеты, золотые, серебряные монеты беспрестанно рассыпались по столу то кучками, то тщательно составленными столбиками; снова протягивались руки и собирали, загребали эти монеты и билеты и опять размещали их по сукну. Чаще всего протягивалась рука толстого, бледного крупье, вооружённая лопаточкой. Он стоял у середины стола, полузакрыв свои заплывшие глаза, которые, в сущности, зорко следили и за движениями костяного шарика, и за ставками; левой рукой он часто гладил свои лоснящиеся, напомаженные усы и эспаньолку и повторял однообразным, сонным голосом: "Faites votre jeu, messieurs, faites votre jeu"[54]...

Сонечка сначала ничего не поняла. Вся эта разнородная толпа, совершенно безмолвная, не спускающая глаз с катающегося костяного шарика и с длинного стола, испещрённого цифрами и разлинованного на клетки, ошеломила её. Она оглядывалась вокруг в недоумении и с каким-то неприятным чувством. Тяжёлое молчание, среди которого раздавались скучающий голос жирного крупье и жужжащий звук костяного шарика по металлическому жёлобу, иногда глубокий вздох или осторожный кашель в разных углах зала — всё это подавляло её.

— Ну, что же, начнём? — предложил её кавалер.

— Вы сами хотите ставить?

Она как-то машинально вынула двадцатифранковый золотой, повертела его в руках и остановилась.

— Сколько вам лет? Поставьте на цифру ваших лет, — советовал голландский капитан.

Она отыскала глазами на сукне цифру 21 и протянула руку.

— Ne risquez pas sur le numéro, mettez à cheval! — торопливо шептал бельгиец над самым её ухом.

Она не поняла его слов и положила монету около цифры 21. Потом вынула другой золотой, оглянулась, увидела около себя Мишеля, улыбнулась и протянула ему монету:

— Положите за меня! — шёпотом сказала она. — На ваше счастье.

Мишель поспешил исполнить её желание. Шарик остановился, соскочил; крупье проговорил тем же голосом:

— Rien ne va plus![55]

— Вот вам и сорок франков, — сказал Мишель. — Что же, довольно? Насмотрелись?

— Да, больше сорока франков я не намерена проигрывать.

— Так, стало быть, и пойдёмте, — сказал Мишель, радуясь, что бельгиец, увлёкшись игрой, оставил свою даму.

---

[54] "Делайте ставки. господа, делайте ставки"... – фр.
[55] Больше нет! - фр.

– Сейчас, я только посмотрю, что из этого выйдет. Может быть, и выиграю, почём вы знаете?

– Выиграете? Да вы уж давно проиграли!

– Как? – удивилась она. – Когда же?

– О, это скоро делается; не успеешь оглянуться – и конец.

– А вы не будете играть?

– Я уж всё проиграл, едва на обратный билет хватит. Да у меня и было с собой немного: франков двести всего.

– Как скоро... Я просто не могу понять, как это делается. Ужасно глупая игра!

– Ну, и пойдёмте прочь, пойдёмте в сад! – убедительно просил Мишель. – Право, нечего здесь больше делать.

Она взяла его руку и согласилась идти в сад, но только ей хотелось ещё посмотреть на играющих. Её особенно поразила одна молоденькая девушка, которая сидела возле крупье и, беспрестанно протягивая худые, обнажённые руки и вытягивая шейку, быстро собирала и ставила перед собою столбики монет. Она беспрестанно выигрывала. Её хорошенькое лицо с тонкими чертами, с чуть заметным чёрным пушком над верхней губой и с чёрными блестящими глазами, всё разгорелось; завитки тёмных волос выбились на лбу и на затылке из-под китайской шляпки. Она перебирала монеты тонкими пальцами и всё озиралась кругом. За её стулом стояла в спокойной выжидательной позе старая, полная женщина в чёрном – очевидно, компаньонка. Сонечке стало ужасно жалко этой тоненькой девочки с лихорадочным румянцем на щеках, в полудетском белом наряде.

– В самом деле, лучше уйдём! – прошептала она с чувством какой-то внезапной робости.

Мишель чуть не заставил себе это повторить: сердце его забилось, ноги задрожали, он не сразу двинулся с места. Теперь самое удобное время – он знал, что вот сейчас всё решится. Ему стало страшно; уверенность в её любви вдруг поколебалась.

– Да, очень тяжёлое впечатление! – сказала она, быстро взглянув на него и истолковывая его слишком заметное волнение по своему.

Она подумала, что ему как и ей тяжело было смотреть на эту толпу у рулетки. Они вышли из главного зала, прошли первую игорную комнату, спустились с лестницы и очутились в саду. Несмотря на сирокко, Сонечка почувствовала необыкновенное облегчение, выйдя на воздух. Она взглянула на бледное небо, на свежую зелень газона, на блестящую струю фонтана, бьющего среди лужайки в саду, и в одну минуту почувствовала, как возвращается в её сердце счастье её светлой жизни, её любовь к этой жизни, сладкие надежды и блаженная перспектива будущего.

"Хорошо жить, – чувствовалось ей. – Какая счастливая! – и она взглянула на Мишеля весело и ласково. – Вы видите, как я счастлива: надеюсь, что и вам хорошо!" – говорили её глаза.

Он их не понял; он посмотрел на неё с беззаветным, фанатическим обожанием. Они шли по аллее невысоких деревьев, шли тихо, и никого не было около них. Аллея была пуста. Они дошли до скамейки.

– Сядем, – сказала она, и голос её прозвучал так мягко и нежно; прежде она так не говорила, её голос был резче.

Она села, а он остановился перед скамейкой и собирался говорить, сказать ей "всё". Он только ждал, когда сердце его перестанет так страшно биться, когда ему можно будет говорить, не задыхаясь.

"Не сказать ли ему?" – подумала она вдруг.

Она сорвала травку у скамейки и тихонько кусала её кончиком зубов.

"Он так расположен ко мне! Он будет рад... Нет, после. Теперь не хочу. Пусть всё остаётся в моём сердце, на самом дне... Это моё, моё – только моё!"

И она сладко задумалась, разглядывая золотистый песок дорожки и покусывая свою травку.

– Мне хочется сказать вам... – сказал Мишель вдруг взволнованным голосом и остановился.

Она быстро подняла голову и взглянула на него оживлённо и радостно.

– Вы влюблены? Это вы хотите сказать, да? – сказала она и вся вспыхнула ярким румянцем, а глаза её потемнели и загорелись.

– Да, да... и вы знаете это... О, Боже мой, наконец, я дожил до этой минуты... Вы знаете, я это вижу, а то бы я никогда не решился сам сказать... Неужели это может быть, неужели вы, в самом деле, рады? И вы также... Вы меня любите? – заговорил он, совершенно не помня себя.

Он сел около неё, дрожащей рукой схватился за спинку скамейки, и ему показалось, что всё затрепетало и закружилось, небо, земля, деревья; перед его глазами всё неслось, всё уходило, исчезало – осталось только её лицо, её милое, бесконечно-прекрасное лицо. И он увидел, как на этом лице вдруг потухла улыбка; как перестали сиять эти тёмные глаза и подёрнулись голубой тенью; румянец пропал, брови сдвинулись; он увидел сначала испуганное, потом скорбное выражение... Потом всё исчезло: она закрыла лицо руками, и он очнулся.

Не понимая, что с ней, он мгновенно почувствовал, что случилось что-то ужасное. Всё молчало, кроме его сердца: оно страшно билось.

– Я надеялась, что вы не меня любите! – сказала она, отнимая руки от лица.

Он увидел, что она была очень бледна.

– Вы надеялись?..

– Да, я надеялась. Я очень... – она запнулась, – расположена к вам. Я желала бы, чтобы вы были счастливы...

"Как я", – хотела она прибавить, но что-то удержало её, и она остановилась.

– Но вы не любите меня? Ведь вы меня не любите – я так понял?

И слабая надежда вспыхнула в его сердце.

– Нет, не люблю; и никогда-никогда не могу любить, – сказала она резко, с жестокой определённостью старательно выговаривая слова. – Никогда! Никогда!

Она быстро взглянула на него и замерла на месте. Никогда она не видывала такого лица и никогда не забыла потом того, что увидела. Он смотрел на неё так, как смотрит безумно-любящий человек на мёртвое лицо своего сокровища, перед тем, как его навеки закроют гробовою крышкой. Он был страшен; но он заметил, какое испуганное страдание выразилось на её лице, он увидел, что испугал её.

– Уйдите... – проговорил он с усилием. – Прощайте!

Голос его прервался, дыхание спёрлось в груди, он весь задрожал и упал на колени, на песок. Она бросилась к нему; но он отстранил её и припал лицом к земле. Она не могла выдержать дольше, и слёзы заструились по её лицу.

"Как он меня любил! – подумалось ей отчего-то в прошедшем. – Бедный, как мне его жаль! Как он меня любил!.."

Он не переменял положения. Она тихо пошла по дорожке, прочь от него, и, дойдя до самого отдалённого угла в саду, уселась в какой-то беседке и предалась слезам.

Через час её нашёл здесь Пётр Александрович, бледную, но спокойную, и, заметив, что с ней что-то неладно, с тревогою осведомился, в чём дело. Она отвечала, что от сирокко у неё разболелась голова, а рулетка произвела на неё тяжёлое впечатление.

– Экие вы все нежные! – с неудовольствием перебил Пётр Александрович. – Вот и Михаил Иванович: "Не выношу, – говорит, – сирокко!" И уж в Веве уехал. А ещё военный!.. А твой этот – как его? – бельгиец-то, всё проиграл, жена чуть не прибила. Тоже голова болит, охает. Говорил я, что дрянь этот Саксон. Поедем-ка домой.

Она рада была уехать. Обратное путешествие совершилось далеко не так весело как утреннее, и большая часть общества вернулась домой не в духе. Но Сонечку ожидала большая радость – письмо от Щербинина. Он писал Петру Александровичу, что через две недели будет с ними.

## XI

За всё время обеда Сонечка улыбалась и ничего не могла есть. Через две недели он приедет – это сознание заслонило перед нею все остальные мысли и соображения, все впечатления дня. В её сердце не было места ни для чего, кроме радости. Счастливая любовь сияла в её сердце и освещала её лицо. Она чувствовала кипучее, необузданное восхищение; в её глазах был восторг, который могли принять на свой счёт те, на кого она смотрела, но с таким же правом как и небо, и озеро, и деревья, которые она окидывала своим радостным взглядом.

После обеда Сонечка пошла удить рыбу, для чего уселась под деревьями, на низенькой каменной стенке, отделявшей сад пансиона от озера. Голландский капитан состоял при ней и любезно развлекал её разговорами. Она слушала его рассказы, и лицо её выражало оживление и ласковость, потому что она думала не о нём. Но он, к счастью для себя, не подозревал, где были её мысли, и приписывал её сияющий вид влиянию своих интересных повествований. Конечно, приятно думать, что такая хорошенькая девушка живо интересуется вашими похождениями, и потому голландец с особым удовольствием перешёл к описанию одного из самых эффектных, по его мнению, эпизодов своего путешествия в Нижний Судан. Его не смущало то обстоятельство, что собеседница всё молчала и только по временам кивала головой, в знак того, что слушает. Она часто улыбалась и совсем забыла о своей удочке. Глаза её не отрывались от грандиозной картины озера и его берегов.

Солнце садилось, и закат был великолепный, несмотря на то, что воздух не отличался прозрачностью, и туманная мгла сгустилась в стороне Женевы. Слева осветилась заходящим солнцем вершина Dent-du-Midi, гордо возвышавшая свою сияющую голову над морем белой дымки, наполнявшей ронскую долину. Прямо напротив заалелись угрюмые склоны савойских Альп. Белые домики прибрежных селений засверкали своими окошками, косые паруса мелких судов вспыхнул ярким заревом, и будто алые крылья вырезались там и сям среди мглы, стоявшей над озером.

Голландец окинул озеро одобрительным взором, поощрил природу несколькими лестными словами и продолжал свой рассказ. В самом интересном месте, как раз в ту минуту, когда капитан слез с верблюда и собрался укрыться за спиною этого добродетельного животного от приближающегося урагана, послышались тяжёлые, поспешные шаги, и, обернувшись, он увидел Петра Александровича, который шёл по дорожке. Сонечка тоже обернулась, через плечо улыбнулась отцу, но не двинулась с места, ожидая его.

– Соня! – позвал он странно взволнованным голосом.

Она сразу поняла, что случилось что-то.

– Pardon, – извинилась она перед своим собеседником, быстро встала и бросилась навстречу отцу.

Он протянул ей листок почтовой бумаги с большим синим вензелем. Эта бумага была ей знакома: в Петербурге она не раз получала от Мишеля записки на такой бумаге. На листке было несколько слов, написанных карандашом дрожащими буквами:

"Приезжайте проститься, пока не поздно. И она... ради Бога!" Внизу, вместо подписи, стояло кривое "М".

Глаза её быстро скользнули по бумаге и с ужасом поднялись на отца.

– Что это? – спросила она.

– Застрелился! – тихо сказал Пётр Александрович. – Проститься хочет. Надо ехать...

Слёзы в одно мгновение затуманили её светлые, весёлые глаза, и что-то страшною тяжестью легло на её душу. Её охватило страстное, горькое сознание какой-то ужасной виновности. Не отчаяние, не

56

острая, жгучая боль наполнила её сердце, но глубокая, нежная печаль.

– Папа, как это случилось?

– Мать пишет: вернулся из Саксона да и застрелился. Как только очнулся, просил за нами послать. До вечера, может быть, проживёт. Больше ничего не знаю. Эх, Соня, Соня!

Пётр Александрович приостановился и, помолчав, прибавил печально:

– Поедем, что ли? Кто бы мог ожидать?..

Через десять минут они уже ехали в Веве и за всю дорогу не проронили ни одного слова. Быстро темнело. Когда экипаж остановился у Hôtel d'Angleterre, было уже почти совсем темно.

Их, очевидно, ждали. Кто-то помог Сонечке выйти из коляски. Подымаясь по лестнице вслед за гарсоном, показывавшим дорогу, она чувствовала, что готова сейчас расплакаться. На первой же площадке лестницы, на повороте, отворилась дверь, и Сонечка увидела на пороге стройную и – как ей показалось – молодую даму, которая сделала шаг ей навстречу, взяла за руку, проговорила спокойным, обыденным голосом: "il vit encore!"[56], после чего вдруг закрыла глаза и замотала головой.

Сонечку так изумили этот спокойный голос и эта французская фраза, что она мгновенно овладела собою и вошла в комнату.

– Attendez[57]! – прошептала Зинаида Сергеевна, так как это была она, и исчезла в боковую дверь.

Сонечка поняла, что за этой дверью был Мишель. Ей стало страшно. Дверь опять отворилась – она вздрогнула. Вошёл пожилой господин среднего роста, с седыми усами и эспаньолкой à la Napoléon III, с тонкими, красивыми чертами лица и с красной ленточкой в петлице. Он подошёл к Петру Александровичу и быстрым шёпотом спросил:

– Вы родственник молодого больного?

– Нет, знакомый только. Я приехал по желанию больного – он посылал за мною...

– А! Monsieur de...

– Муранов, – подсказал Пётр Александрович.

– Monsieur de Mouranô, charmé[58]. Позвольте рекомендоваться: доктор Du Mondet.

– Каково ему, доктор? Неужели смертельно?

– Peuh! – доктор вытянул губы. – Не абсолютно, но мало надежды. В ночь, вероятно, умрёт.

Он взял Петра Александровича за рукав и, близко наклонившись к нему, стал рассказывать громким шёпотом, что пуля засела под левой лопаткой и вынуть её невозможно. Больного уже и теперь не было бы на свете, если б не американец, мистер Уайз. Этот monsieur

---

[56] он еще жив - фр.
[57] Ждите - фр.
[58] Очень приятно, господин де Мурано - фр.

57

Wise, рассказывал доктор, занимает комнату рядом с молодым monsieur Zagrebsky: он услыхал выстрел и тотчас прибежал. Il a trouvé le malheureux étendu sur le carreau[59]. Загребский непременно захлебнулся бы своею кровью, если бы не присутствие духа Уайза, который сейчас же поднял его и влил ему в горло полбутылки шампанского. "Вы понимаете – le sang s'est refoulé[60], и потом всё назад – и дыхание облегчилось. Да ещё что! – продолжал доктор с одушевлением. – Вы не можете себе представить, как с ним трудно было сладить – comme il a été difficile[61]! Сначала шампанского не было – Уайз принёс первое что попалось под руку – коньяк, а раненый сцепил зубы и ни за что не дал влить себе в рот ни капли. Принесли случайно шампанское – и он не сопротивлялся. Потом уж, когда мог говорить, он посмотрел на коньяк и сказал: "Я дал слово не пить его; – et puis il s'est évanoui pour tout de bon[62]!"" – заключил доктор.

Дверь растворилась; Зинаида Сергеевна вошла и пальцем поманила Сонечку с порога. Сонечка оглянулась на отца и, видя, что он идёт за нею, пошла в ту комнату. Её встретил горячий, враждебный взгляд больших тёмных глаз, которые устремила на неё очень бледная и молоденькая девушка с тёмными волосами и растрепавшейся причёской. Сонечка узнала Зину. Потом она увидела лицо Мишеля, который лежал навзничь на постели, у стены направо. Она только потому узнала его, что это не мог быть никто другой; но он страшно изменился. Она бы не узнала этого красивого лица, цветом не отличающегося от подушек, в которых бессильно утонула голова. Особенно поразили её большие, лихорадочно-блестящие глаза, удивительно красивые и странные: несмотря на весь блеск, они ничего не выражали, и на лице написана была только усталость. Она ожидала увидеть что-нибудь ужасное, ожидала прочесть страдание на этом лице; но ничего не было, кроме усталости и неподвижности. Она поняла, что он умирает, что его душа ничего не сознаёт, а тело ожидает смерти; она поняла, что этот неопределённый взгляд тоже ждёт: он уже видит смерть. В одну секунду всё стало ей ясно; она вспомнила, что он умирает из-за неё, и невольно, повинуясь безотчётному чувству, опустилась на колени.

Это движение разом дало тон всему, что происходило тут: все признали его любовь к ней и её право его оплакивать. Теперь место у постели умирающего принадлежало ей по праву; без слов и объяснений все это поняли. Зина со своего места посмотрела на неё примирённым взглядом, потом взглянула на брата и тотчас испуганно вскочила. Губы его двигались, точно он хотел что-то сказать, а лицо выражало ужасное страдание. Зина наклонилась к нему низко-низко.

---

[59] Он нашёл несчастного лежавшим на полу - фр.
[60] истекающий кровью -фр.
[61] как это было трудно - фр.
[62] И затем он потерял сознание к наилучшему - фр.

– Здесь? – проговорил он едва слышно и сделал усилие, чтобы повернуться, но не мог и слабо застонал.

Этот стон привёл Сонечку к сознанию действительности: она вздрогнула, поднялась и подошла к самой постели. Он увидел её: глаза его остановились на её лице с каким-то таинственным, глубоким выражением, и пальцы правой руки, лежавшей на одеяле, слегка шевельнулись. Она поняла и положила свою руку в его руку, сдерживая трепетание своих губ. Он улыбнулся, на секунду перевёл глаза на Зину и повторил: "Здесь".

Несколько секунд Сонечка смотрела на него, удерживая слёзы, но потом они затуманили её глаза и быстро закапали на одеяло. Его бездонный, таинственный взгляд слабо просветлел, и улыбка опять тронула его губы. Зина обвила рукою шею Сонечки, нежно отёрла её слёзы своим платком и поцеловала её.

Доктор подошёл к постели.

– Pardon, – сказал он, – я бы вас попросил удалиться, mesdemoiselles; он слишком слаб, устанет. Вы придёте потом опять.

Сонечка осторожно высвободила свою руку из руки умирающего, стремительно наклонилась, поцеловала эту горячую, сухую руку и, не оглядываясь, поспешно вышла из комнаты.

В этот вечер её больше не пустили к Мишелю. Отец решительно послал её спать, но ей и в голову не пришло ложиться. Очутившись в отведённой ей комнате, она села в кресло и, бессильно опустив руки на колени, стала ждать, сама не зная чего, прислушиваясь и вздрагивая при каждом шорохе. Около часу ночи, дверь её комнаты тихо отворилась: вошла Зина. Сонечка нисколько не удивилась её приходу, так же как и Зина не удивилась тому, что Сонечка ещё не ложилась.

– Что? – спросила Сонечка, порывисто вставая.

– Ничего, ещё жив.

Зинаида помолчала.

– Милая, милая! – воскликнула она вдруг, с внезапным порывом прижимаясь к ней. – Милая! Я ненавидела вас, а теперь я вижу...

Она заплакала. Они сели на диван и долго просидели, не говоря ни слова, крепко обнявшись. Наконец, Зина заснула, положив головку на плечо Сонечки. Та смотрела на неё с нежностью, стараясь не двигаться, чтобы не разбудить её. Но ей недолго пришлось охранять сон Зины. Раздался громкий стук в дверь. Зина вздрогнула и проснулась.

– Est-ce qu'on entre?[63] – послышался недовольный голос доктора.

Сонечка поспешила сама отворить дверь.

– Eh, je savais bien que vous ne dormiez pas![64] – сказал доктор и отчаянно зевнул. – Позвольте вас побеспокоить: больной вас звал, лихорадка усиливается; потрудитесь идти, я за вами.

Они нашли Мишеля в лихорадочном состоянии, с горячим

---

[63] Кто там еще? - фр.
[64] Э, а я знал, что вы не спите! - фр.

румянцем на щеках, блестящими глазами и страдальческим выражением губ. Он беспрестанно пытался двинуться и при каждом движении стонал. Глаза его выражали тоску, беспокойство. Зинаида Сергеевна сидела около него, с какой-то высокой, смуглой дамой в тёмном платье и чёрных кружевах на голове. Сонечка подошла к постели, с неудовольствием чувствуя на себе любопытный взгляд незнакомой дамы, и тихо сказала Зинаиде Сергеевне:

– Меня звали?

– Oui, ma chère enfant[65], – отвечала Зинаида Сергеевна любезно, – он всё вспоминает вас. Мишель, – заговорила она плаксиво, обращаясь к сыну, – mademoiselle Sophie здесь: ты звал её?

– Не бойтесь, он теперь может говорить, – сказал доктор громко.

– Могу... – тоскливо и лихорадочно заговорил больной.

Сонечка вздрогнула от жалости при звуке этого голоса.

– Могу... – он переменил положение головы, полузакрыв лихорадочно горевшие глаза и тяжело дыша. – Зачем... уходите?.. Конец скоро, конец...

Он закрыл глаза.

– Не говорите этого, не говорите! Вы выздоровеете, вы будете жить, милый, хороший! – заговорила Сонечка быстро, взяв его руку в обе свои руки.

Он открыл глаза и вперил в неё пристальный взгляд.

– Жаль? Вам жаль?.. – сказал он. – А тогда? Отчего?

"Бредит!" – подумала она и тихонько высвободила опять свою руку; но он слабо удержал её и сказал вдруг громче:

– Моя жена... тогда легче... жена – потом умереть...

– Что он, Зина? Зина, я не поняла... Бредит? – обратилась Сонечка к Зине, стоявшей около.

– Не понимаю и я. Миша милый, ты чего хочешь?

– Жена моя, она... перед смертью... Всё равно – конец... Мне легче... Пускай она...

– Что она? Чтобы была твоя жена? Чтобы она вышла за тебя замуж? Да?

– Да, да... Да!

В голосе его послышалось больше силы, но всё тоже тоскливое, страдальческое выражение не сходило с его лица.

– Софи, вы слышите?

– Слышу. О, Зина, посмотрите, какое у него лицо...

– Вы согласны? Вы согласитесь это сделать?

– Что? Ах, всё что хотите... Боже мой, Зина, разве вы не видите?..

– Allez vous en[66], – торопливо прошептал доктор, – je crains que ce ne soit l'agonie[67].

Зина расслышала только это последнее слово: она хотела что-то сказать, рванулась вперёд и упала без чувств. Её вынесли из комнаты,

---

[65] Да, милое дитя - фр.
[66] Уходите – фр
[67] боюсь, что это агония - фр.

и Сонечка поспешила к ней. Высокая дама в кружевной мантилье опустилась на колени у постели умирающего и углубилась в торжественную молитву. Лена тихо рыдала в углу. Зинаида Сергеевна сидела в кресле, откинув голову назад, и с неестественно сморщенными бровями нюхала спирт.

## XII

Сонечка не помнила, как Зина пришла в себя, не помнила, когда сама заснула и проснулась часов в 8 утра в своей комнате, совершенно одетая, на диване. Вид незнакомой обстановки сразу напомнил ей, где она и по какому поводу.

"Жив ли он?" – пронеслось в её голове. Она встала, поспешно привела в порядок свой туалет и позвонила. В ответ на звонок явилась горничная и доложила, что уже несколько раз спрашивали, не встала ли mademoiselle. Le jeune monsieur[68] ещё жив, а madame sa mère[69] приказала доложить, как только Сонечка встанет. Угодно ли Сонечке принять эту даму? Сонечка сказала, что сама пойдёт к ней, и попросила горничную указать ей дорогу.

Зинаида Сергеевна встретила её с нежностью и, значительно намекнув, что ей нужно с Сонечкой поговорить, попросила её сесть.

– Мой бедный Мишель немного спокойнее, – сказала она с чувством, – la tranquillité de la mort, vous savez[70]... Доктор говорит, qu'il ne passera pas la journée[71]. Он слабеет с каждой минутой. Mais, ma chère mademoiselle Sophie[72],– и Зинаида Сергеевна придвинулась ближе, – il tient à son idée[73], и я должна вас попросить уважить её. Vous savez, la volonté d'un mourant[74]...

– Я не понимаю, что вам угодно? – сухо сказала Сонечка тихим и серьёзным голосом.

– Он говорил вчера, чтобы вы позволили ему назвать вас своею женой, перед смертью. Мы умоляем вас согласиться на это!..

– Я совершенно готова исполнить его волю, я готова всё сделать, лишь бы успокоить вашего сына в его последние минуты. Я, к несчастью, так виновата перед ним, что не знаю, чего бы не сделала, чтобы искупить мою вину.

Так она думала и чувствовала в эту минуту, хотя ей казалось, что всё то, чем собирались облегчить умирающему его последние минуты,

---

[68] молодой господин - фр.
[69] его мать - фр.
[70] спокойствие смерти, вы знаете... - фр.
[71] он не проживет и дня - фр.
[72] Но, моя дорогая мадемуазель Софи - фр.
[73] он хотел, это его идея - фр.
[74] Вы знаете, воля умирающего - фр.

было слишком мелко и мизерно, сравнительно со смертью, его ожидавшей.

Доктор, которому сообщили об этом желании больного и о согласии Сонечки, только пожал плечами.

– Faites![75] – сказал он безучастно. – Je veux bien que vous en ayez le temps[76]; он до вечера не проживёт.

При взгляде на Мишеля, Сонечка почувствовала, что доктор прав. Смерть была уже в его глазах; но он всё повторял свои вчерашние слова и всё спрашивал, скоро ли?

Да, нечего было скрываться: смерть была близко, и никто больше не сомневался в этом. И умирающий, и все окружавшие его ждали её с минуты на минуту.

Мучительно шло время. Дыхание Мишеля становилось всё тяжелее, он часто впадал в забытьё и бредил. Сонечку не раз высылали из его комнаты, но и в соседней комнате она ясно слышала его звучное, прерывистое дыхание, и всюду ей мерещилось его лицо. Она ничего не замечала, что делалось кругом. Много что-то ходили, возились, много шептались, вздыхали, кто-то плакал, все суетились; но на неё нашло какое-то странное состояние: она сидела и ходила будто в тяжёлом сне, и сквозь этот сон чудилась ей смерть, и слышалось трудное дыхание умирающего.

– Le prêtre[77], приготовьтесь, моя милая! – сказала ей Зинаида Сергеевна.

"Разве уже его хоронят?" – подумалось ей, но она не двинулась с места.

Комната наполнялась людьми: вон её отец, вот американец Уайз, вот и сёстры Мишеля, и дама в чёрном кружеве, и другая дама с чётками, и ещё какие-то люди. Кто-то сунул ей в руку несколько живых померанцевых цветов.

– Allons[78]! – шепнула Зинаида Сергеевна, и все пошли в комнату Мишеля.

Вошла и она и встала у его постели.

Тут только она увидела высокого, ещё молодого человека, в облачении русского священника, но по причёске и по общему виду как-то непохожего на священника.

– Невеста? – спросил он у Зинаиды Сергеевны и, получив утвердительный ответ, безмолвно и серьёзно поклонился.

Сонечка никого не видела, кроме умирающего, около которого стояла. Он лежал с открытыми глазами, а дама с чётками, стоя у его изголовья, держала зажжённую свечку возле его руки. Затем произошло что-то странное. На её палец надели золотое кольцо. Незнакомый голос быстро и однообразно произносил молитвы, сокращая и проглатывая окончания; сама она повторяла вполголоса

---

[75] Что поделать! - фр.

[76] Я согласен, у вас есть еще время - фр.

[77] священник - фр.

[78] Идемте! - фр.

слова, которые шептал ей кто-то на ухо, трогая её за плечо. Читал что-то ещё и другой голос. Она была занята только тем, что смотрела на Мишеля и следила, не умирает ли он: ей всё казалось, что он сейчас умрёт, и она напряжённо ждала этого ужасного мгновения. По временам она машинально крестилась, но всё её внимание было приковано к этому умирающему лицу, с его жалким, детским выражением, мертвенною бледностью и большими, потухшими глазами. Его приподняли вместе с подушками, чтобы он мог отпить из церковной чаши; потом выпила она. Священник начал читать ещё быстрее и поспешнее, и церемония кончилась.

– Поздравляю вас с законным браком! – сказал незнакомый голос с любезной интонацией, и она очнулась.

Она была женой этого жалкого, умирающего человека: она поняла это. Теперь она имеет право не отходить от него до самой смерти, ухаживать за ним... Только это пока и сознавала она.

Пётр Александрович подошёл с заплаканным лицом и поцеловал её молча. Также безмолвно целовали её Зинаида Сергеевна, и Зина, и Лена. Кроме священника, никто не решился произнесть слово поздравления: смерть была близко, и все знали это. Кто же мог говорить о будущем счастье, когда смерть уносила будущее?

Он жил, но чувства его уже умирали. Сонечка села у его постели и тихо назвала его своим мужем. И странно – точно откуда-то издали звучали ей самой эти слова, точно не она говорила их. Она думала, что это вызовет в нём хоть искру радости, хоть на минуту оживит его. Но она ошиблась: жизнь так слабо теплилась в этом бедном исхудавшем теле, что ничто не могло разбудить её. Он лежал с закрытыми глазами, и опять, кроме усталости и страдания, ничего не выражало его лицо. Неровное, тяжёлое дыхание подымало его грудь, и свинцовые тени лежали на его закрытых веках. Счастье, которое некогда придало бы ему двойную жизнь, теперь, казалось, только приблизило минуту смерти. Ведь оно и было дано ему только с тем условием, что он, не насладившись им, умрёт. Сонечка не выдержала этого зрелища, опустилась на колени и прижалась лицом к постели. Бесконечная жалость и нежность заговорили в её сердце вместе со страстной мольбою о прощении. Она чувствовала себя бесконечно виноватой перед ним, и всё лицо её обливалось горячими слезами.

Кто-то тронул её за плечо. Голос доктора мягко проговорил:

– Allons, calmons nous, madame![79]

Она быстро встала и, не заботясь о том, что все могли видеть её пылающее лицо, омоченное слезами, нагнулась над своим мужем и в первый раз в жизни прикоснулась губами к его горячему лбу. И вдруг ей представилось в это мгновение, что завтра, может быть, она поцелует этот самый лоб, холодный и мёртвый, прощаясь с ним перед тем, как его навсегда закроют гробовою крышкой.

Она закрыла лицо обеими руками и выбежала из комнаты.

---

[79] Ну, успокойтесь, мадам - фр.

# XIII

Была ночь, но почти никто не спал. В комнате умирающего оставались только доктор и Сонечка. Остальные входили от времени до времени, и слышался торопливый шёпот: "Что, ещё жив?" И дверь опять затворялась, и всё стихало, кроме тяжкого, короткого дыхания Мишеля.

Тишина и полумрак. Сонечка смотрела на умирающего. Сухие губы его были полуоткрыты, веки опущены. Тёмные тени и пятна слабого света на подушках, на стене, на белом одеяле составляли мертвенный фон, на котором едва белело в полутьме бледное лицо с беспомощным, детски-страдальческим выражением. Полоса света падала на подушки сбоку, а за изголовьем ещё чернее сгустились тени и повисли над головой страдальца. Его бледные, исхудавшие руки бессильно лежали на одеяле. Он не стонал, не бредил и не открывал глаз. Долго-долго Сонечка сидела у постели, глядя на него, ни о чём не думая, ничего не ощущая, кроме утомления и тяжести во всём теле. Но эта тяжесть всё усиливалась; наконец, Сонечка опустилась глубже в кресло, прижалась к его мягкой спинке, голова её поникла на руку, глаза стали закрываться; обрывки неясных мыслей, бессвязные, отдельные слова промелькнули в голове, затем всё исчезло. Прошло несколько совершенно пустых мгновений, ничего не было нигде; была только она сама, но где-то далеко-далеко, в стороне, и она чувствовала про себя, что она существует как будто в третьем лице. Потом она очутилась в саду. Густой, чудный сад, и кусты роз таких удивительных, что каждый цветок величиной с её голову. Она знала, что это Петровский сад, но только он совсем был не такой как на самом деле. Потом вдруг всё переменилось, и она увидала себя в комнате, где была целая толпа людей. Она ходила, всё кого-то искала и не находила. "Кого ты ищешь?" – сказал ей вдруг голос, и она почувствовала, что вся вздрогнула от радости: это был его голос, голос того, кого она любила больше всего на свете.

– Ты уж здесь? Где ты? – спросила она, и обернулась, и стала оглядываться во все стороны. Но его нигде не было. – Где же ты, о милый, милый! Где ты? – закричала она и проснулась...

Она проснулась и посмотрела вокруг. Сердце её страшно билось. Так живо почувствовала она присутствие своего милого, так ясно слышала его голос во сне, что и теперь, оглядываясь кругом, она точно ожидала увидеть его около себя.

Она увидела своего мужа.

Мужа? Это слово вдруг представилось ей в своём настоящем значении, оно внезапно вспыхнуло ярким пламенем в её отуманенной голове.

"Мой муж... мой муж! Я жена – не его жена? О, что же это такое!" – пронеслось в её мыслях. Она взглянула на Мишеля с каким-то ужасом.

"Нет, нет – он умирает. Господи! Что это со мной!? Уж последние минуты"...

Она упрекала себя в чём-то, но вся дрожала, и грудь её волновалась. Она наклонилась над постелью, посмотреть поближе на своего мужа... "Но ведь он сейчас умрёт?" – повторялось ей мысленно.

Она наклонилась ещё ниже. Что это? Он не дышит! Ничего не слышно.

– Доктор, доктор! Он умер? Он умер?

Задремавший доктор рванулся к постели, положил свою руку на мертвенно бледную руку, лежавшую на одеяле, наклонился лицом к самому лицу умирающего и разом отшатнулся.

– Доктор?...

– Il est sauvé, ma chère, chère dame, il vivra, il est sauvé![80] – заговорил доктор с лихорадочным волнением, схватив её за обе руки.
– Вы возвратили ему желание жить, счастье сделает остальное (le bonheur fera le reste).

Она почувствовала, как вдруг похолодели её руки и ноги. Она медленно перекрестилась; потом холод поднялся к её сердцу, и она потеряла сознание...

Желание жить настолько сильно проснулось в душе умиравшего человека, что жизнь вернулась к нему. Медленно, тихо, точно нехотя возвращалась она на отчаянный призыв его души, его воли, его любви; но всё же возвращалась, и все кругом его ожили. Все, кроме той, ради которой он захотел жить.

Она была рада, что силы её оставили: это послужило ей предлогом провести несколько часов вдали от него. Но её честное сердце говорило ей, что это малодушно, и через несколько часов она вернулась к постели своего мужа.

С тех пор она не отходила от его постели. Несколько дней она провела в тяжёлом забытьи, углублённая в свою душу, ничего не понимая, кроме того, что какой-то страшный, грозный вопрос – вопрос жизни и смерти – тяготел над нею. И сердце её откладывало разрешение этого вопроса, а лицо становилось прозрачно-бледным, и глаза углублялись, блестя лихорадочным блеском.

Прошло десять дней. С каждым днём её мужу становилось лучше. Он ослабел ещё больше, так что долго совсем не мог говорить; но исхудалое лицо его просветлело, и глаза смотрели с какою-то заискивающей нежностью на любимое лицо, которое теперь всегда было тут, близко около него.

Пётр Александрович с беспокойством смотрел на свою дочь. Он был в совершенном недоумении и решительно не знал, радоваться ему или нет. Он не мог удержаться, чтобы не радоваться обещанному выздоровлению Мишеля: он его искренно любил. Но с другой стороны он боялся и недоумевал. Он смотрел на Сонечку, со дня на день ожидая какого-нибудь порывистого объяснения, слёз, истерики. Но дни проходили без истерики, и Пётр Александрович начал успокаиваться.

"Ведь вот, подите с ними: кто их разберёт!? Кажется, любила

---

[80] Он спасен, моя дорогая, дорогая леди, он будет жить, он спасен - фр.

Александра Александровича, чуть не невеста его была, а теперь вышла за Михаила Ивановича – и ничего. Как с гуся вода!" – думал Пётр Александрович.

В одно прекрасное утро Сонечка нашла своего мужа уже настолько бодрым, что его могли приподнять с подушками и посадить на постели. Когда она подошла к нему и машинально как автомат опёрлась на край кровати, он взглянул на неё улыбающимся, робким взглядом и слабо сказал:

– Вы меня простите, что я не умер?

Вместо ответа, она разразилась истерическими рыданиями, которые были непонятны ни для кого, кроме её измученного сердца.

"Он совсем-совсем не умрёт! – раздался отчаянный крик в её сердце. – Он будет жить".

Она сама испугалась того, что её сердце заговорило потом: она чувствовала, что это ужасно, что она сама ужасна, но в тоже время ей ясно представлялось, что она имеет право быть такою.

Доктор советовал ей поберечься. Больной в таком положении, что её постоянное присутствие больше не нужно, как ни хочется ему беспрестанно видеть свою молодую жену – "ce qui est très naturel[81], – улыбаясь прибавлял доктор, – тем не менее он поймёт, что ей надо же и отдохнуть".

– Soignez vous pour son bonheur; подумайте, что ведь это не только для вас, но и для вашего мужа, – убеждал доктор.

Она согласилась. Она рада была, что нашёлся предлог, чтобы не выходить из свой комнаты и побыть одной.

– Абсолютный покой! – предписал доктор.

Покой! Покой смерти – только с этим она и могла помириться. Но она не хотела умирать: она хотела жить, жить с ним, любить его и быть любимой им же. Молодость, солнце, любовь, его взгляд, его ласка... Со всем этим она не хотела расставаться. Он представлялся ей во всём блеске своей силы, с горячими речами, со страстью пылкого чувства, прорывающеюся среди серьёзных речей... Она не могла с этим расстаться, она хотела жить, жить с ним и для него...

Сердце её болезненно сжималось, рвалось куда-то, голова горела; она чувствовала, что её душит, что перед ней стала глухая стена. Стена стоит, и давит, и не пускает... Мысли её разбиваются о неё. Стена, стена – куда она ни бросится... Отчаяние росло. Ей казалось, что она сходит с ума.

Она задыхалась. Она дрожала и чувствовала, что она ненавидит того, своего мужа...

"Пускай он умрёт! Потом я... Нет, я хочу жить... О, мой милый, люблю, люблю тебя! Ты мой, мой... Я твоя. И никому... никогда"...

Слова безумно толпились и обрывались на её губах. Она бросалась на постель и лежала вниз лицом неподвижно, в каком-то тумане, прислушиваясь к буре, которая бушевала в её душе.

Прошёл ещё день, и другой, и третий.

---

[81] что очень естественно - фр.

В одно утро доктор сказал ей, что мужу её можно сегодня в первый раз встать и посидеть в кресле. Прошло ровно две недели с того дня, как он стрелялся.

Зина вошла в её комнату стремительно и с сияющим лицом бросилась к ней на шею.

– О, как ты измучилась! – нежно сказала она. – Но теперь всё будет хорошо, всё! Вот ты увидишь. Ты опять сделаешься красавицей, и мы все будем счастливы. Соня милая, пойдём, сами уберём его комнату: знаешь, чтобы всё имело праздничный вид. Ведь он сегодня в первый раз встанет... Пойдём, побежим!

И Зина потащила её за собою.

Они вошли к Мишелю. Его в первый раз одели, и Зина даже засунула ему розовый бутон в петлицу. В обычной тёмной одежде ещё заметнее было, как он изменился. Что бы там ни было, Сонечка не могла не почувствовать жалости при виде его. Но даже эту жалость отравляла та радость, которая засветилась в его глазах. Он сидел в кресле, окружённый подушками, хотел подняться, когда она вошла, но не мог и только привстал, держась правой рукой за ручку кресла. Зато вся его душа устремилась к ней навстречу и засияла в его глазах.

Она подошла с мёртвой улыбкой на лице. Он поцеловал её руку, и дрожь пробежала по этой руке. Она села около него и что-то заговорила, удивляясь звуку своего голоса, странного, точно чужого голоса.

Зина возилась в комнате, что-то переставляла, убирала, вертелась.

– Зина, ты так вертишься, что у него голова закружится, – сказала Сонечка, чувствуя особенное облегчение от того, что могла обратиться не к нему.

– Надо же убрать, Соня, все эти противные скляночки, баночки – он скоро совсем здоров будет. Что за аптека! Я букеты везде поставлю.

– Только не душистые, Зина: ему нельзя.

– Жаль. Такие розы – прелесть! Ай, что это!?.

Зина вытащила из-за какого-то ящика на комоде револьвер.

– Не трогай, Зиночка. Он, может быть, ещё заряжен... Двуствольный... это тот... – заговорил Мишель слабым, счастливым голосом.

– Вон его отсюда! – злобно закричала Зина. – Зачем он здесь?

– Должно быть, во время болезни забыли убрать, не до того было, – сказала Сонечка безучастно.

– Это не мой, я взял в комнате Уайза. Давай его сюда, Зина.

Зина исполнила желание брата и подала ему револьвер.

– Положи тут на стол, около меня, – сказал Мишель, – а то опять забудем. Уайз придёт и возьмёт.

И он слабо улыбнулся, глядя на револьвер.

– Вот, совсем было... – начал он, переводя глаза на свою молодую жену, и не договорил.

Заискивающая, виноватая, жалобная нежность появилась в его взгляде.

Она поникла головой. Ей слишком тяжело было выносить этот взгляд.

– Соня! – сказал он тихо.

Зина быстро взглянула на них и вышла из комнаты.

"Зачем она ушла? – тоскливо подумала Сонечка. В дверь постучались. – Слава Богу!"

– Entrez![82]

– Un télégramme pour madame[83], – вошедший лакей подал ей телеграмму и исчез за дверью.

Телеграмма была не ней, а её отцу. Но это всё равно: она знала, от кого эта телеграмма. Она встала и отошла от мужа, раскрыла телеграмму и скорее почувствовала, чем прочла её.

"Retenu à Berlin. Samedi arrive à Clarens. Retenez chambre dans votre hôtel. Alexandre."[84]

Через два дня он будет здесь.

Она повернулась к своему мужу и устремила на него безумный взгляд. Лицо её покрылось мёртвою бледностью.

– Что случилось? – спросил он тревожно, и дыхание его участилось.

– Что случилось? – вскрикнула она, не помня себя, ничего не видя. – Что случилось? А то, что он будет здесь через два дня, тот, кого я люблю больше жизни, больше всего на свете! Он меня любит, и я не могу жить без него... Он приедет, а я... а теперь... всё кончено, всё! Ты...

Раздался выстрел. Облачко синего дыма... и что-то грохнулось на пол.

Она бросилась вперёд, увидела его на полу и упала на колени. Страшный крик вырвался из груди её. Она наклонилась над ним: он был мёртв. Из его виска текла тонкая струйка крови.

---

[82] Войдите - фр.
[83] телеграмма для госпожи - фр.
[84] Прибыл в Берлин. В субботу прибуду в Кларенс. Придержите номер в отеле. Александр. - фр.

# В СТАРОМ ДОМЕ

## Святочный рассказ

### I

Всё было тихо.

Тихо сиял на зимнем небе яркий месяц; тихо горели крупные звёзды.

– Постой... Пусти меня, милый... Пусти! Кто-то идёт...

– Не бойся, моя радость! Это обледеневшая веточка упала на землю... Это хрустнул снег под нашими ногами... Не бойся!

– Мне кажется, я слышу шаги! Кто-то идёт...

– Мы одни, совсем одни! Никого нет...

Никого не было. Только заяц пробирался по белоснежной поляне, бросая чёрную тень на сверкающий снег. Только волчьи глаза мелькали красными искрами далеко-далеко за рекой, скованной морозом.

Высокие деревья окутались кружевом инея; поля оделись снеговой пеленой, и всё сверкало и искрилось от лунного света. Ледяная бахрома звенела от дыхания морозного воздуха; снег хрустел под ленивыми шагами влюблённых.

Они шли, прижавшись друг к другу. Он крепко обвил её стан могучей рукою. Маленькая и воздушная, она прильнула к нему, высокому и сильному.

Над их головами сплетались хрустальные ветви, образуя сияющий белый свод. Под их ногами расстилалась серебряной скатертью широкая дорога, спускавшаяся к реке. А за рекой белела необозримая степь, поросшая кустарником, окутанная снежной пеленой.

Они идут, попирая звёзды на земле, любуясь звёздами над головой, любуясь друг другом.

Он наклоняется к ней.

– Ты не озябла? Тебе не холодно?

– О, нет, нет, мне не холодно!

– Но ты вся дрожишь... Я боюсь, что тебе холодно. Мороз так силен. Скажи правду – холодно? Тогда мы вернёмся.

– Нет, нет – право не холодно! Но мне страшно: каждую минуту нас могут хватиться... Посмотри, как мы далеко ушли: дома уже не видать за деревьями... Как хороши эти деревья! Что за ночь!

Они остановились; они забыли всё.

Нежным, серебряным звуком звенел над ними белоснежный свод, уходя фантастической аркой в глубь морозного неба. Таинственно улыбалась святочная ночь. Она окружила влюблённых блеском и молчанием; она сияла и искрилась.

Заяц выскочил из-за куста, зашумел обледенелыми прутьями

69

шиповника, увешанного красными ягодами, и промелькнул по снегу чёрной тенью...

Влюблённые встрепенулись...

– Пора, пора, милый... Вернёмся!

– Постой. Надо же придумать, как нам видеться. Так невозможно! Дом полон гостей – ни минуты не пробудешь с тобой наедине. А я не могу... Я умру!

Она засмеялась. Она крепче прижалась к нему.

– Нет, нет – живи! Мы устроим это как-нибудь...

– Одно средство – сказать всем о нашей...

– Ни за что в мире! Теперь совсем не время... Ни за что...

– Ты права; лучше подождать. Особенно пока она здесь...

– Лидия?

Она быстро подняла головку. Месяц осветил нежное личико с глазами газели, тонкие сдвинувшиеся брови и озабоченный, вопросительный взгляд.

– Ну да, Лидия... Нечего так смотреть на меня. Ведь ты знаешь, что этого хотел только мой отец. Я ему уж давно сказал, что никогда я на ней не женюсь!

– Но она сама...

– Что за дело? Тебе ли заботиться об этом, мой ангел?

Глаза газели загорелись огнём любви; горячий вздох раскрыл розовые губки... Они были слишком близко от его страстных уст. Его бледное лицо вспыхнуло под лунным светом, он наклонился, и опять жаркий поцелуй заставил их забыть холод морозной ночи.

– Довольно, довольно... милый! Нам пора! Идём скорее!

– Но мы так и не придумали ничего...

– Знаешь что? Будем встречаться в угловой комнате, наверху? Ведь она совершенно пустая?

– В самом деле! Туда никогда никто не входит. Она стоит запертою с незапамятных времён. Только одно...

– Чего же лучше? Разве это не блестящая мысль?

– Пожалуй... Хотя, может быть, лучше бы было не тревожить этой комнаты...

– Кому же она нужна?

Он не отвечал; на минуту его блестящие глаза под длинными ресницами подёрнулись задумчивостью. Но ненадолго: беспечная усмешка снова осветила молодое лицо, и он весело отряхнул серебристый иней с тёмных кудрей.

– Пусть будет по твоему! Как только выдастся удобная минута – сейчас в уго?льную комнату, и отыскивай нас, кто хочет!

– А теперь домой! Надо торопиться – уж поздно... Пусти меня... Ты меня совсем задушишь...

– На прощанье!.. Моя радость... Моя звёздочка...

– Ну, теперь идём...

Алмазы неба горели над их головой; алмазы инея сверкали у их ног и сияли в воздухе на опушённых деревьях.

Они оглянулись ещё раз на волшебное царство зимы и пошли,

обнявшись, углубляясь под своды белоснежной аллеи. А впереди, из-за осеребрённой чащи столетнего сада, старый деревенский дом сиял бесчисленными огнями.

## II

Дом был полон гостей.

С незапамятных времён этот дом славился своим широким гостеприимством. Поколения за поколениями собирались праздновать святки в его патриархальных стенах. Со всех сторон, на двадцать вёрст в окружности, спешили туда весёлые люди в погоню за весельем и находили его в старом доме.

Чудный это был дом.

Он стоял среди глухой степи со своими бесчисленными службами и со своим вековым, огромным садом. Кругом простиралась степь, и далеко-далеко ничего не было видно, кроме гладкой степи. Но усадьба сама составляла целый город, а сад составлял целый лес. Под садом протекала быстрая река; она катилась и извивалась, и уходила в голубую даль, пробираясь по золотым пескам, по разноцветным камням, среди частых кустов, обвитых летом зелёным хмелем.

Старый каменный дом со своими колоннами и бельведером, со своими террасами и крытыми подъездами, возвышался монументально и величаво между садом и обширным двором, обставленным службами и флигелями.

И внутри старого дома благодатно жилось большой семье: жилось прохладно и привольно знойным летом, тепло и уютно холодной зимой. Были там и большие, высокие залы с хрустальными люстрами в белых чехлах, с тяжёлой штофной мебелью и старинным дубовым паркетом. Были там и уютные, смеющиеся комнатки, где сладко спалось свежей молодости в бурю и в метель, и сладко мечталось ей в полные аромата весенние вечера, когда ветер приносил в открытые окна благоухание сирени и снежные лепестки вишнёвых и яблочных цветов.

Прадедовские портреты в золотых тяжёлых рамах охраняли старый дом и новые поколения, стерегли их честь и покой.

И теперь, когда глубокий снег окутал всю степь и улёгся на крышах, когда седой иней опушил и осеребрил все деревья столетнего сада, все колонны и все узорные решётки огромного дома, когда быстрая река присмирела под толстым слоем хрустального льда – уютнее и теплее, чем когда-либо, жилось внутри старого дома, и тепло и веселье сияли сквозь его окна бесчисленными огнями.

# III

– Женя! Женя! Наконец-то!

Целая толпа девушек теснится на широкой лестнице, подымающейся из сеней на второй этаж. Они перевешиваются через перила, смеются и кричат.

– Где ты была? – Куда ты девалась? – Пора гадать.

– Да откуда ты? Вся в снегу! – кричит хор весёлых голосов.

– Я гадала! – сочиняет Женя. – Я была в саду... в поле...

– Одна? Вот храбрая! Что же ты выгадала? Что тебе вышло? – раздаётся со всех сторон.

– Вышло всё хорошее... самое лучшее!.. – она звонко смеётся.

– Ты спрашивала, как зовут?

– Как его зовут?

– Кого ты встретила?

– Смотрите, как она покраснела!

Действительно, она вся раскраснелась. Её глаза сияют. Вьющиеся, каштановые волосы выбились из-под меховой шапочки и падают крупными кольцами на плечи и на нежный лоб. Волосы, мех, бархат шубки – всё осыпано блестящим инеем. Смеясь и отряхивая серебристую снежную пыль, она бежит на лестницу, лёгкая и стройная. Девушки окружают её с радостью и поцелуями, но она отбивается и хохочет.

– Как же мы будем гадать? Когда же мы начнём?

– Сними шубу сначала!

– В столовую, в столовую! Там бабушка ждёт!

– Мы будем лить воск и олово!

Только красный огонь камина освещает резные стены и дубовую мебель столовой, отражаясь в блестящем полу. Дрова ярко пылают, дробятся на красные угли, выпускают синие и жёлтые языки, распространяя смолистый запах сосны и ели. Другого освещения не должно быть при гадании.

– Так страшнее, – говорит бабушка.

Сама она сидит у камина в своём большом вольтеровском кресле. Из-под кружев её белого чепчика видны её чёрные волосы, до сих пор едва тронутые сединой и заложенные на висках колечками, по старинной моде. Строгий, красивый профиль бабушки, сохранивший своё изящество, несмотря на то, что её лицо давно покрылось морщинами, и тёмные глаза утратили свой блеск, озарён красным светом камина. В молодости бабушка была красавица, и это заметно.

Но на Женю вид её наводил страх. Это его бабушка. Что-то скажет она, когда узнает? Согласится ли быть бабушкой и ей?..

На столе стоит глубокое блюдо со снегом. Расплавленное олово клокочет в кастрюльке, которую бережно держит за деревянную ручку старая няня.

– Барышни! Барышни! Живее! Остынет... Кто первая выльет?

– Я! – Я! – Я! – кричат со всех сторон.

В столовую врывается толпа молодых людей.

– Прочь! Прочь! Идите вон! Бабушка, скажите им, чтобы они ушли! Уходите! Нельзя! Мы про женихов гадаем! – кричит весёлый хор.

– Мы тоже хотим гадать! Бабушка, мы тоже! Позвольте нам...

Страшная суматоха, крик и смех. Женя чувствует, как кто-то схватил её руку и сжимает крепко-крепко, до боли. Ай! Это он!

– Володя! – кричат его сёстры. – Удостоил! Какая честь!

Бабушка водворяет порядок со своего кресла. Наступает молчание.

Склонивши голову набок, затаивши дыхание, Нина первая выливает олово. Расплавленная струя шипит, клокочет и застывает в снегу. Бабушка и няня надевают очки и внимательно осматривают причудливую фигуру на тени, падающей на стену, освещённую отблеском камина. Все ждут.

– Сад! – объявляет няня. – Сад!.. И, как будто, деньги!.. Сноп! Богато будешь жить, матушка!

– Да, сад, – подтверждает бабушка, кивая чепцом.

– И глядите, барыня, словно как двое гуляют... Двое и под одним зонтиком! – оживляется няня.

– Двое, двое! – соглашается бабушка.

– Под одним зонтиком! – подхватывают все. – Слышишь, Нина? Поздравляю, Нина! Няня, как его зовут?

Все хохочут. Смеётся и Нина, довольная.

Девушки льют олово одна за другой. Чёрные тени принимают в разгорячённом воображении самые разнообразные формы; бабушка вещает со своего кресла о их таинственном значении. По потолку движутся другие причудливые тени, тени зимней ночи; на стене шевелятся тени молодых голов, склонившихся над столом с оживлением и любопытством.

Бабушка приказывает принести свечи, чтобы жечь бумагу и топить воск.

– Бабушка, петуха! Велите принести петуха, бабушка! Мы хотим петуха!

Няня отправляется за петухом. Кто-то идёт за овсом.

– У кого есть кольцо? Кто даст кольцо?

Один из кузенов, над которым немало смеются, оттого что он носит на мизинце бирюзовое кольцо неизвестного происхождения, предлагает свои услуги.

– Сашино кольцо! Саша даёт знаменитое кольцо! – возглашает неумолимая Соня.

Никто не замечает, как укоризненно смотрит на него Нина, как он смеётся и пожимает плечами в ответ на её взгляд. Няня является с петухом, и испуганный криком и смехом петух хлопает крыльями и мечется по комнате. Его ловят, яростно размахивая полотенцами и платками; он забивается под буфет, и оттуда его с триумфом вытаскивают, причём он клюёт руки храброму гусарскому корнету, который взял его в плен.

– Самый злющий петух! – с гордостью говорит няня. – Так и клюётся: есть хочет!

Стол с шумом и грохотом отодвигается к стене. Стулья поставлены полукругом; овёс насыпан перед каждым. Няня прячет кольцо; все садятся. Негодующий петух стоит, поджавши одну ногу, и презрительно моргает круглыми глазами. Его поощряют и бранят. Наконец, он встряхивается, вытягивает шею, склоняет голову набок и гордо двигается в путь. Вот он подбирается к овсу...

– Клюнул! Клюнул у Володи! – восторженно кричат его сёстры и кузины.

Сама бабушка в волнении приподнимается на кресле и не спускает глаз с петуха. Все-все, кроме Жени, смотрят на Лидию, и потому не замечают, как волнуется Женя.

Петух решительно идёт к Жене и клюёт у её ног. Что-то звенит под его клювом... Кольцо! Нет, каково – у Жени! Женю поздравляют и дразнят; шумный восторг наполняет столовую. Женя наклоняется, чтобы скрыть своё смущение и поднять кольцо. Она наклоняется низко-низко и почти сталкивается своей золотистой головкой с чьей-то другой тёмной кудрявой головой. Её сердце сильно бьётся; над её ухом раздаётся знакомый шёпот:

– Завтра, в это же время! Я буду ждать!


# IV

Смеркается. На западе ещё догорают пурпуровые и палевые полосы, но небо уже темнеет. Белая степь слегка зарумянилась от прощального поцелуя солнца. Прозрачен морозный воздух.

Подымая целые облака снежной пыли, звеня сбруей и колокольчиками, несутся по степи тройки одна за другой. Синие тени бегут за ними по блестящему снегу. Далеко разносятся звонкие молодые голоса и весёлый смех. Седой иней осыпал серебряными звёздочками бобровые воротники и вьющиеся кудри, убелил усы и бороды, опушил меховые полости, осыпал и сани, и лошадей. Всё бело, всё сияет и смеётся. Мчатся тройки и несут домой, в гостеприимную усадьбу, равнодушных и весёлых, отверженных и влюблённых.

Они вместе. Они не одни в санях, но никто не обращает на них внимания. Прижавшись друг к другу, они точно замерли, и им кажется, что они несутся по серебряной дороге, в серебряное царство, вместе с блестящими снежинками. Дыхание захватывает от бешеной езды, снежная пыль окружает их искристым облаком, и звенит-звенит колокольчик, и бежит из глаз, мчится белая степь...

Ах, если бы никогда не кончилась эта безумная скачка!

Они смотрят друг на друга и смеются. Его тёмные волосы и усы, его борода и бобровая шапка – всё поседело и побелело. Ещё чернее, ещё ярче блестят его проницательные глаза. Ещё краснее кажутся из-под белых усов насмешливые, гордые уста.

– Какой ты смешной! – шепчет она.

А сама она вся разгорелась от мороза; лёгкие пряди волос серебряными кольцами падают на лоб и на плечи. Глаза сияют сквозь серебристую бахрому ресниц. И странно, и весело ему смотреть на молодое разрумяненное личико, увенчанное снегом. Они смотрят друг другу в глаза, и улыбаются, и забывают всё на свете. Он наклоняется всё ниже и ниже...

– Помни, в одиннадцать часов! Я жду... – слышит она как во сне...

– С нами крестная сила! – кто-то громко вскрикивает.

– Кто? Что случилось?

Бледный как полотно старый слуга, сидевший на козлах, оборачивается и указывает вперёд дрожащей рукой.

А впереди белеет огромный сад, и виднеется старый дом на фоне потемневшего неба.

– Что с тобой, Емельян? Что случилось?

– Разве вы не видите, батюшка Владимир Николаевич? Разве вы не видите? Дым!

– Что? Горит? Пожар? – заволновались в санях.

– Из этой трубы! Ведь это камин уго?льной комнаты! О, Господи! – бормочет старик.

Влюблённые переглядываются и улыбаются.

– Что ж такое... Затопил кто-нибудь.

– Сохрани Бог!

– Да и не оттуда совсем дым! Не та труба!..

Тройка остановилась. Молодой барин первый выпрыгнул из саней и поспешно шепнул старому слуге:

– Тише! Молчи об этом! – и прибавил ещё тише, но уже в другую сторону. – Так я жду? В одиннадцать часов!

Она кивнула и засмеялась. До одиннадцати уж недолго!

# V

В спальнях барышень хаос и смятение. Барышни вздумали наряжаться. Бабушкины старинные сундуки перевёрнуты вверх дном; горничные сбились с ног. Мужчины не отстают: они также требуют маскарадных костюмов. Этого только недоставало! Положим – очень весело, но как же зато и несносно! Ведь ничего они сами не умеют; поминутно стучатся у дверей, присылают то за тем, то за другим, угрожают войти, когда... ну, невозможно, решительно невозможно! Соня только начинает одеваться, Нина и Лиза и наполовину не готовы, а тут вдруг... булавок Владимиру Николаевичу! (Ну, зачем ему булавки!) Анатолий Дмитриевич просят старого капота... Скажите на милость – гусарский корнет, и вдруг – капот!! Опять стучатся... Ещё что?

– Саша просит помады! Саша хочет вымазаться помадой! – объявляет Соня с негодованием.

– Не давать ему! – кричит Нина из-под жёлтой юбки испанского костюма, которая пока ещё у неё на голове.

– Скоро ли вы? Я сейчас войду! – угрожает кто-то из коридора, потрясая дверью.

– Нет, это невыносимо! Держите дверь, не пускайте!

– Да и так не войдёт, не беспокойся! – спокойно замечает Лидия.

Она в польском костюме. Зелёный атлас так идёт к её рыжим косам; её белые плечи и руки так картинно выделяются из собольей опушки; задорная конфедератка так грациозно сидит на её головке... Это ужасно! Женя смотрит на неё с отчаянием... Так она и знала – он непременно влюбится в Лидию в этот вечер! Это ужасно, ужасно!

Сама Женя стоит перед высоким трюмо, в облаке серебряной пудры, которою покрывают её каштановые кудри.

Скорее! Скорее! Ножки в атласных туфлях танцуют от нетерпения. Кончено! Слава Богу! Прочь батистовый пеньюар... Трюмо отражает игрушечную маркизу в розовом атласе, затканном серебром. Нежная шея тонет в старинных кружевах и сияет бриллиантами. Бриллианты на груди, на маленькой головке, – бриллианты и розы. Она готова. Только ещё мушку посадить рядом с ямочкой на левой щеке... Нет, Лидия уж не так эффектна в своём польском костюме! Скорее бы эти одиннадцать часов!..

Восклицания и восторги. Женю находят ослепительной. Какова испанка вышла из Нины! Как, эта сумасшедшая Соня оделась-таки пажом? Как не стыдно! Каково, Лиза уж готова! Вот так русская боярышня – прелесть! Всё? Скорее! Кто забыл веер? Ну, что там ещё такое? Кто стучится в дверь?

Бабушка прислала домино и маски. Вот так веселье! Кому розовое? Женя берёт голубое – прекрасно. Серое – фи, какая гадость! Лидия великодушно выбирает серое. Вниз, вниз!

Все старшие в сборе. Вся прислуга у дверей зала. Одна из тётушек уже сидит за фортепиано.

Гусар в капоте и чепце возбуждает негодование пажа. Паж предпочитает гусарский мундир; гусар в восторге от пажеского наряда. Испанка тщетно скрывается под капюшоном красного домино от взоров любопытного турка, увенчанного чалмой из бабушкиной турецкой шали.

– Я вас узнал по ногам, – шепчет турок.

Под красным капюшоном смех.

– А помада зачем понадобилась? – слышит он оттуда.

Розовую маркизу преследует монах в белой рясе; она тщетно стремится к маркизу. Она в отчаянии. Она не терпит духовенства, – особенно в такую минуту. А минута решительная: серое домино совершенно завладело маркизом, и часовая стрелка показывает половину одиннадцатого...

Неизвестно откуда, в зал врывается толпа ряженых. Тут преобладают хвосты и рога, носы и колпаки. Всё смешивается, всё кружится и хохочет. Тётушка у фортепиано выбивается из сил. Вальс грозит продолжаться до бесконечности. Часы бьют одиннадцать...

Маркиза вырывается из объятий чёрта с красными рогами и кавалерийскими сапогами, обличающими его происхождение. Она оглядывает зал. Его нет. Но и серого домино тоже нет... Она пробирается к двери, потом через толпу глазеющих слуг, и бежит по лестнице, стуча своими розовыми каблучками. Пусто, никого нет. Все внизу. Сердце её бьётся. Она бежит дальше и дальше по коридору – в самый конец, туда, где уго?льная комната. Он там, он ждёт! Розовые губки улыбаются при мысли о поцелуях, которые их ждут за этой дверью... Она добежала, она остановилась, чтобы перевести дыхание. Навстречу ей дверь отворяется; горячею, удушливою струёю вырывается оттуда воздух, и вместе с ним стремительно выскакивает что-то... Женская фигура в сером платье... Что-то неопределённое, тёмное... Серое домино! Это она, она, Лидия... И он за ней...

– Кто это? С кем ты здесь был?

Он ничего не отвечает. Его лицо бледно как полотно. Он весь дрожит, – должно быть, от волнения. Его глаза неподвижно, дико устремлены в глубь коридора – туда, где скрылась серая фигура...

– Ты не отвечаешь? Ты даже не оправдываешься? Так это была она?

В её голосе звучат слёзы.

– Не спрашивай меня... Молчи, ради самого Бога!

Она быстро откинула на плечи свой голубой капюшон. Её глаза засверкали гневом. Бриллианты переливались на груди, подымавшейся от волнения.

– Скажи мне сию минуту, кто был с тобой в этой комнате! – произнесла она, задыхаясь. – Скажи сию минуту, или...

Он схватил её в свои объятия и крепко прижал к груди, точно боялся, что её отнимут у него. Его руки были холодны как лёд. Она вырвалась и оттолкнула его.

– Ты не хочешь говорить...

– Женя, уйдём отсюда! Не спрашивай меня никогда, никогда...

– Так я и знала! Ну, и люби её... Люби! – закричала она в отчаянии. – Оставь! Не подходи, не говори со мной!.. Я не хочу больше ничего, ничего...

Голос её прервался. Она повернулась и бросилась от него по коридору, шурша атласом платья. Он рванулся за ней. И вдруг... В глубине коридора показалась серая фигура, странно закружилась на месте и устремилась к розовой беглянке. Он вскрикнул. Женя оглянулась на его крик.

– А, так она ещё подсматривала! – прозвенел её негодующий голос, и быстрые каблучки застучали, спускаясь по лестнице.

Он пошатнулся, схватился за перила; огненные круги завертелись у него перед глазами, и он лишился чувств.

# VI

Долго спал старый дом, утомлённый бессонной ночью.

Странные вести встретили его пробуждение: бабушка не ложилась совсем и провела всю ночь у постели старшего внука. Его принёс в спальню бабушки старый Емельян, который нашёл молодого барина лежащим на полу, в верхнем коридоре.

Старик не мог привести его в чувство и должен был перенести бесчувственного, с помощью других слуг. Поражённый этим печальным случаем, старый Емельян ещё постарел и сгорбился в одну ночь, хотя всё обстояло благополучно к полудню. Эти странные вести заставили приуныть всю молодёжь, собравшуюся в столовой к позднему чаю. Тут были все, кроме Жени: она не выходила из своей комнаты, у неё болела голова.

День прошёл тихо и печально в старом доме. Но молодость и святки взяли своё. За обедом все развеселились, особенно когда оказалось, что бабушка заняла своё обычное место в вольтеровском кресле, а за нею появился и молодой хозяин дома, бледный и немного томный, но совершенно похожий на самого себя. Его встретили радостью и любопытными взорами; но расспросы сами собой не сходили с любопытных уст. Со своего места он отыскал глазами Женю. Глаза их встретились. Она отвернулась.

Она не видала, как его взгляд постоянно останавливался на её бледном личике, непонятно сияя неизречённым счастьем...

# VII

Большой тёмный зал тонул в вечернем сумраке. Отблеск камина играл в хрустале люстры и зажигал золотые искры в массивных рамах прадедовских портретов. Слабо потрескивали угли, слегка подёрнутые пеплом... Чёрные тени скользили по лепному потолку и карнизам. Таинственно и жутко было в большом зале. Все оробели и притихли.

– Давайте играть в прятки! – закричал кто-то.

– Милые мои, довольно вы набегались и навозились за эти дни, – ласково промолвила бабушка. – И завтра вам опять хлопоты – ёлку будете убирать. Посидите же смирно хоть один вечерок! Я вам сказку расскажу, по святочному.

– Сказку! Сказку! Вот отлично, бабушка! Пострашнее!

– За этим дело не станет. Да нечего далеко ходить – я вам настоящую страсть расскажу, не выдуманную. Только не мешайте...

– Не будем! Не будем! Рассказывайте, бабушка! – раздалось со всех сторон.

– Сейчас, дайте срок, не торопите. Женечка, сядьте около меня, – сказала старушка.

Удивлённая Женя повиновалась. Бабушка оглянулась кругом, ласково кивнула старшему внуку, который стоял недалеко от её кресла, и начала тихим, ровным голосом:

— Надо вам сказать, что не только в сказках, но и в жизни бывают очень странные, необыкновенные вещи, – такие, что и не верится сначала. Вот так было и в той семье, в которой случилось то, что я хочу рассказать...

— А, так это в самом деле было? Это правда, бабушка?

— Не перебивай, Соня. Да, было. Я хорошо знала эту семью... Странные рассказы ходили про неё... Говорили, – и солидные люди говорили, не то что кто-нибудь, – что все члены этой семьи, а особенно старшие в роду, одарены несчастной способностью видеть страшные привидения... иногда. Являлась им серая сгорбленная старуха, с огненными глазами, с синими волосами, вся серая с головы до ног и такая страшная, что некоторые рассудка лишались или умирали, встретившись с ней...

— Бабушка! Отчего же она им виделась?

— А Бог её знает, друг мой, с чего. Виделась и говорила с некоторыми... "Милости просим, старший в роду!" – скажет – ну, и так страшно, так страшно, что выдержать нельзя. Впрочем, другие и выдерживали. Только после озирались через плечо, – такую привычку на всю жизнь имели. Да...

Бабушка задумалась и покачала головой.

— И являлась эта старуха, милые мои, не одним членам семьи, а иногда и другим. Старым преданным слугам, например. И ещё... если вступала в эту семью девушка, вступала с истинной, глубокой любовью, и она получала роковую способность видеть фамильный призрак...

Тут бабушка взглянула на Женю и, не спуская глаз с её мертвенно-бледного лица, продолжала:

— Являлось виденье, как рассказывают, и днём, и ночью. И заметили, что выходит оно всегда из одной и той же комнаты, и проследили, будто бы, что является старуха, если затопить старинный камин в этой уго?льной...

Страшный крик прервал бабушку. Откинувшись назад, дрожа всем телом, Женя устремила дикий взор в топившийся камин. Все взоры обратились по тому же направлению, но кроме углей, подёрнутых пеплом, никто ничего не увидал. Один только человек, кроме неё, видел, как поднялся пепел серой кучей, зашевелился и задвигался; как выросла из него сгорбленная фигура серой старухи, выскочила и беззвучно понеслась по комнате как лист жжёной бумаги, гонимый ветром. Синие волосы вырывались из-под серого капюшона, глаза сверкали как раскалённые угли. Простирая серые руки, точно собираясь ловить кого-то, она пронеслась и задела Женю краем пепельной одежды. Женя глубоко вздохнула и упала как подкошенная к ногам бабушки.

— Володя! – сказала бабушка дрожащим, но громким голосом. – Помоги мне привести в чувство твою невесту!

# VIII

Шире, чем когда-либо, распахнул свои гостеприимные объятия старый дом: со всех сторон собирались весёлые люди праздновать весёлую ёлку, отложенную до нового года по болезни Жени, наречённой невесты молодого хозяина. И вместе с ёлкой старый дом торжествовал другое радостное событие: помолвку влюблённых.

И радость, и веселье наполняли старый дом, и он сиял бесчисленными огнями...

# В ТЕАТРЕ

## I

Дают "Фауста". У меня очень неудобное место в креслах – в самом последнем ряду, у лож бенуара. Я с неудовольствием замечаю, что передо мной целый лес дамских громадных шляп: мне плохо будет видно. Боже мой, зачем это носят такие безобразные шляпы!? От них ещё некрасивее кажутся лица и без того некрасивых петербургских дам, уж не говоря о том, что они заслоняют сцену.

Увертюра кончилась, и я предаюсь целой гимнастике, выпрямляясь, съёживаясь, нагибаясь, отклоняясь из стороны в сторону, чтобы уловить между головами мужчин и шляпами дам пустое местечко для своего бинокля и увидать хоть бороду, хоть ногу Фауста, расхаживающего по сцене quasi-старческой походкой[85]. Но голос Фауста, бесспорно молодой и победоносный по своей силе и красоте, заставляет меня забыть всё остальное и мириться с тем, что я ничего не вижу. Является Мефистофель. Он мне очень не нравится, и я опять лавирую, потому что мне хочется убедиться в том, что он действительно противен, и разобрать его по косточкам. Я вспоминаю, какие Мефистофели подвизались бывало на этой сцене, – и вздыхаю. Вот и видение Маргариты, освещённое электрическим светом. При этом свете всякая красива, но я не разделяю восхищения Фауста. Из-за такой Маргариты не стоит продавать свою душу чёрту. Занавес закрывается, при полнейшем несочувствии с моей стороны к восторгам помолодевшего Фауста. Это ему на радостях всё представляется в таком радужном свете!

## II

От нечего делать, я забавляюсь рассматриванием мужчин, дефилирующих впереди, на пути из партера в фойе. Что за собрание некрасивых мужских лиц! Право, с некоторого времени, не увидишь интересного лица в Петербурге. Однако, должны же они где-нибудь быть; куда же они все девались?

Странная вещь: всякий, подходя к выходу, на минуту останавливается и смотрит в крайнюю ложу; некоторые слегка улыбаются. Взгляды пристальны, даже нахальны. Вот старый генерал, воображающий себя молодым, с выбритыми и отвисшими красными щеками, также останавливается и делает замечание

---

[85] quasi - псевдо (лат.)

статскому во фраке, с рябой еврейской физиономией. Оба смеются. Кто ни пройдёт, едва нагнётся, спускаясь к выходу, – сейчас остановится и обращает взгляд налево, в бенуар. Обёртываюсь и я и смотрю по направлению всех этих настойчивых, любопытных и дерзких взглядов. В ближайшей к выходу ложе бенуара сидят дамы... Нет, дама, одна только дама. Но какая объёмистая! Сначала мне кажется, что вся ложа полна женскими плечами и юбками. По внимательном рассмотрении оказывается, что у самого барьера ложи, занимая даже всего только один стул, сидит женщина, очевидно, обращающая на себя всеобщее внимание. И не даром.

В ней резко заметны два типа: рубенсовский и тициановский, соединившиеся, но не слившиеся в одно целое. Это рубенсовское громадное тело и тициановская золотая голова, которую Рубенс преследует до самого подбородка, где и кончается его творение, уступая место более изящному и тонкому созданию венецианца. Гармония тонкой, прелестной линии профиля нарушается мясистым вторым этажом подбородка. Вообще, эта женщина не так жирна, как мясиста; её лицо даже совсем не жирно. Вот она повернулась в мою сторону, и её огромные карие глаза, влажные и блестящие, нисколько не стеснены мускулами лица: как два сверкающих бриллианта, они вставлены во всей красе в бархатную оправу ресниц. Брови великолепны, но даже на некотором расстоянии заметно, что они нарисованы, что глаза обведены чёрной каймой, что белизна лица и яркость маленького, совершенной формы, рта подделаны как и масса золотисто-бледных, пушистых волос, спущенных на самые брови, Ю la chienne, Ю la diable, Ю la Аллах знает что.

Спокойно и монументально эта женщина высится на своём месте, и бюст её медленно, тяжело и равномерно поднимается, приливает и отливает, и кажется, что вот-вот волна его хлынет через кружевной борт атласного корсажа и задушит её своей массой. Она не только красива, но и миловидна, несмотря на свою громадность и подделку своего лица. В нём есть что-то нежное, пленительное. Я не могу оторвать от него глаз. Зачем она сюда попала? Зачем она в этом роскошном, но помятом атласе садит в полутьме самой укромной и незаметной ложи, где взгляду приходится отыскивать её? Всего естественнее было бы увидать эту женщину в самой видной из лож бельэтажа; сидеть бы ей там, залитой всем блеском театрального освещения, окропив росою крупных бриллиантов свои монументальные плечи кариатиды. Зачем она в этом тёмном углу? Очевидно, не для того, чтобы её видели... Десятки, сотни мужских взглядов, отыскивающих её по мере того, как мужчины проходят мимо, даже как будто смущают её. Да, положительно. Вот она отодвигается в самую глубину ложи, и оттуда, в позе толстой кошки, собирающейся прыгнуть, втянувши шею, она выглядывает исподлобья. Тело её очень неграциозно в эту минуту; это какая-то бесформенная масса, в которой приставлена восхитительная голова. Глаза её хищно впились в глубину зала: они исследуют её, осматривают, обыскивают. Она пришла, чтобы видеть.

# III

Занавес поднимается. Я обращаю всё внимание на сцену; я слушаю "тривиальные" хоры и марши, забракованные последними словами нашей музыкальной науки, и в сотый раз в жизни их тривиальность кажется мне выше и лучше всех последних слов этой науки. На сцену и смотреть пока нечего. Мефистофель мне ещё более не нравится, чем сначала; я жду Фауста. Приходит Фауст, и вместе с ним я жду Маргариту. Весь театр ждёт её. Ожидательному, нежно-напряжённому настроению, так прекрасно выраженному немецким словом Sehnsucht[86], способствуют звуки вальса, охватившие театр. Поэзией старой Германии веет от этой французской музыки. Так и мерещится старинная площадь какого-нибудь Нюренберга, с готическим фонтаном, уставленным статуями святых и кобольдов, окружённая угловатыми, высокими, почерневшими домами, с лесом диковинных флюгеров на крышах, с побегами плюща, обнимающего готические выступы, башенки и колонки!..

Но Фауст уже остановил Маргариту такими небесными звуками, что нельзя не верить, что она чиста и прекрасна как само небо. Сама Маргарита не успевает разрушить это очарование и уходит. Опять конец акта; опять движение в партере; толпа валит в фойе, и опять внимание проходящих обращено на крайний левый бенуар. Я также оглядываюсь на громадную красавицу.

# IV

Она сидит у самой рампы, не скрываясь; её глаза положительно хищны. Она впилась ими в зал. Я вижу, как румянец проступает на её лице сквозь белила. Обеими руками она крепко сжимает бинокль. Будь это в темноте – её глаза наверное светились бы как у кошки. Будь у неё хвост, – не шёлковый, мягкий, бесхарактерный трен, а живой хвост африканской львицы или пантеры, – он теперь судорожно свивался бы на полу ложи, ударяясь оземь с крепким, упругим звуком. Я не успеваю подумать это, как декорация её лица быстро меняется: оно бледнеет, точно вытягивается; вызов пропадает в глазах, они тускнеют – я их больше не вижу: она подносит к ним бинокль. Сначала она держит его обеими руками, потом одной, а другой схватывается изо всей силы за барьер ложи, точно пол внезапно раздался под её ногами. Всей массой тела она повернулась направо. Она увидала.

С непреодолимым любопытством я смотрю по направлению её бинокля и ищу глазами – кого, я сама не знаю. Я оглядываюсь на ложи; бинокль медленно передвигается со всей остальной массой: то,

---

[86] страстное желание

на что она смотрит, идёт. Я ищу между идущими. Прямо впереди меня, в проходе, среди толпы, идут двое мужчин. Один из них, ближайший, стройный, высокий господин в безукоризненном вечернем костюме, с бледным лицом и изящными, надменно-холодными чертами; его коротко остриженные чёрные волосы и небольшие усы подёрнуты проседью. Он улыбается какой-то холодно-иронической улыбкой, открывающей ослепительно-белые, мелкие зубы. Его длинный спутник идёт, сгорбившись и заложивши руки на спину под полами фрака. У него худощавое, смуглое, злое лицо южного типа, с длинным носом, низко опущенным на тонкие губы; виски обнажены, волосы резким чёрным мысом вдаются в узкий лоб. Если первый не может быть сравнён с Фаустом, то второй бесспорно похож на Мефистофеля. Они близки к выходу. Изящный господин с проседью машинально смотрит в сторону лож, и улыбка мгновенно сходит с его лица. Но он не отворачивается; только взгляд его принимает то преувеличенно-равнодушное, холодное выражение, которое бывает у человека, когда он хочет сравнять своим взглядом живое существо со стенами. Беспощадное, умышленное равнодушие ещё ожесточает этот взгляд. Он проходит. Я быстро оборачиваюсь. Она стоит в углу, спиной к залу. Я не могу видеть её лицо. Да, она смотрела на него.

# V

Третий акт "Фауста". Поэтический садик Маргариты; прялка, за которой она будет петь свою наивную, задумчивую песенку; окно, где она появится с раскрытыми объятиями. Фауст уже тут. Он выражает дивными звуками то чувство, которое всякой любившей или любящей девушке хотелось бы возбуждать в любимом человеке. Какая девушка не мечтает о том, чтобы стоять на таком пьедестале пред тем, кого она любит? Что может быть лучше любви Фауста в ту минуту, когда даже жилище Маргариты для него святая святых, dimora casta e pura!? Как чиста и прекрасна должна быть сама Маргарита! Неизвестно отчего, я вдруг оглядываюсь на крайнюю ложу и замираю от удивления. Неужели эта массивная женщина, как ни прекрасно её лицо, может что-нибудь чувствовать? По её щекам текут слёзы, выжигая белила на её лице; я оттого и замечаю их сразу, что они оставляют багровый след. Глаза тонут в слезах; губы спокойны; руки сложены на коленях. Она так глубоко задумалась, что и не сознаёт своих слёз, а то бы она не сидела так на виду. О чём она думает? Какие невинные воспоминания терзают её грешную грудь?

Но первые слова Маргариты отвлекают меня. Задумчивый речитатив, и старинная баллада, и блестящая ария с бриллиантами, выражающая первое суетное, пустое чувство, пробудившееся в груди Маргариты, сменяют друг друга. Вот и изношенная Марта, вот и Мефистофель, и снова Фауст. На сцене темнеет. Две гуляющие пары удаляются и приближаются. Темно. Голова Мефистофеля вспыхивает красным светом; голос Фауста нежнее и нежнее. Робкая Маргарита вырывает у него свою руку и скрывается. Фауст ищет её. "Маргарита!" – раздаётся в саду, и белое платье мелькает в темноте. "Маргарита!.."

Но вот они опять вместе. Они стоят на ступенях, ведущих к маленькому домику, и лунный свет обливает их. Я забываю о господине Шишко с его химическим освещением. Я вижу настоящий сад и настоящую луну; затем и он исчезает: я вижу только две фигуры, белую и тёмную, в рамке моего бинокля, и в эту минуту для меня никого и ничего не существует в мире, кроме них. Фауст обнимает Маргариту; Фауст у её ног. "Умереть за тебя!" – говорит она. Ещё бы не умереть! Кто не вспоминает в это время, что было с ним в лучшие минуты его жизни, или что могло бы быть, и потеря чего кажется раздирательнее и ужаснее, чем когда-либо?.. Воспоминания делаются так мучительно-сладки или мучительно-горьки под звуки этой влюблённой музыки, что начинаешь задыхаться; хочется, чтобы это никогда не кончилось... Нет, пусть лучше скорее кончится... Скорей! Фауст уступает мольбам Маргариты; с восторженным, безумно-нежным возгласом он бросается вон из сада и... натыкается на Мефистофеля. Вот открылось окошко; Маргарита, белая под лунным светом, простирает руки, зовёт... Фауст неудержимо устремляется к ней; они в объятиях друг у друга... Я вздыхаю с облегчением и прислоняюсь к спинке кресла, опуская бинокль на колени, и отдыхаю.


# VI

Весь антракт я лениво сижу в самой глубине своего кресла, и не двигаюсь, и ни о чём не думаю. Антракт проходит скоро; я почти его не замечаю. Начинается страшная сцена перед церковью. Орган звучит так строго-торжественно, так аскетически, неумолимо прекрасно, что мне страшно за Маргариту. А тут ещё этот красный силуэт, загорающийся багровым светом, эта пламенная тень, наступающая всё ближе и ближе. Она жжёт её, подавляет; её страшный голос теснит бедную душу. Отчаянными, смятенными звуками разражается Маргарита; она молит, терзается, простирается в прах; встаёт, оборачивается, встречается лицом к лицу с огненным духом – и со страшным криком падает навзничь. Я невольно вздрагиваю и отвёртываюсь. Мой взгляд падает на крайнюю ложу бенуара. Там никого не видно; стулья все пусты – красавицы нет там больше. Нет, она здесь: она лежит на полу, и в полумраке ложи виднеется гора её тела, целый водоворот атласа и кружев – больше ничего не видно.

Первое моё движение – вскочить и бежать – куда? Бог знает! Не пойду же я в эту ложу; да и с моими ли силами поднять эту женщину?

Мефистофель хохочет. Хоть бы кто-нибудь вошёл в эту ложу! Валентин выскакивает как бешеный из дома и вызывает Фауста на смертельный бой. Собираюсь каждую минуту обернуться, встать, что-то предпринять, но не отрываюсь от сцены. Валентин упал. "Горе! Горе!" – раздаются вопли скрипок и виолончелей. Вот и Маргарита наклоняется над умирающим. Она проклята; она сошла с ума. Валентин мёртв. Я оглядываюсь в страшном волнении. Господи! Да неужели же никто не войдёт в эту ложу!?

# VII

Партер снова двигается. Снова заглядывают мужчины в крайний бенуар; один, другой, третий... Вот кто-то наклоняется к капельдинеру, стоящему у входа; вот что-то говорит ему, указывая глазами на ложу. Наконец-то! Я напряжённо смотрю в глубину ложи, на дверь. Вот повёртывается ключ в замке, дверь отворяется – показывается капельдинер; за ним видно несколько любопытных лиц, но войти нельзя: она занимает всю ложу, она лежит во весь пол. По лицу капельдинера и компании я вижу, что они находят это очень забавным. Вперёд протискивается господин в чёрном сюртуке, с бакенбардами. Должно быть, доктор.

– Мёртвая, что ли? – ясно слышу я вопросительный голос.

– Мёртвая! – повторяет другой голос утвердительно.

Мороз пробегает у меня по коже.

Вот её приподняли и прислонили к стулу. Я вижу её розовое ухо и жёлтые волосы. Вот и её лицо. Если смерть бледна, то она ещё бледнее под своими белилами. Это какой-то невероятный, гипсовый, зелёно-бледный оттенок бледности. Губы так крепко сжаты, точно они срослись вместе, и всё ещё сохраняют свой неестественный, яркий пунцовый цвет. Страдание выражается в каждой черте этого безжизненного лица, и это ещё ужаснее от его разрисовки. Белила отливают сизыми тенями; чёрная дуга бровей под нахальными прядями жёлтого парика резко и грубо обрамляет потемневшие веки закрытых глаз. И всё это дерзко и равнодушно рассматривают любопытные взгляды набившихся в ложу мужчин.

Мне делается так скверно, что я встаю и собираюсь уходить. Я подхожу к самой ложе и слышу громкое восклицание: "Очнулась!", и вслед затем другой голос прибавляет, как бы с сожалением: "Живёхонька!"

# VIII

Я возвращаюсь на своё место, и просиживаю последний акт в неприятном волнении, совершенно не зависящем от того, что происходит на сцене. Я едва смотрю на неё. Опера кончилась. "Salva", – звучит хор в вышине. Декорация опускается, и безобразный апофеоз выдвигается как всегда, чтобы испортить впечатление. Я решительно ухожу, и в последний раз бросаю взгляд на крайнюю ложу. И тут я вижу её, вероятно, в последний раз в жизни. Она стоит в глубине ложи, прислонившись к стенке, и завязывает чёрную кружевную косынку у подбородка. Её бледно-золотые волосы спутались и растрепались и беспорядочно падают на смертельно-бледное, раскрашенное лицо, с его пунцовым ртом и чёрными бровями. В полуотворённую дверь видна толпа любопытных. Её ждут нахальные взгляды, дерзкое любопытство.

А она стоит и дрожащими руками завязывает своё кружево, и никак не может его завязать.

Бедная, зачем она очнулась?!

# СЧАСТЛИВАЯ ЖЕНЩИНА

## I

Все, кто её знал, считали её счастливейшей женщиной. В самом деле, трудно было представить себе более счастливые обстоятельства. Ей было двадцать четыре года; судьба наделила её здоровьем, красотой, богатством и обожающим супругом. У неё были друзья, более или менее настоящие, и было много врагов, без чего женщине не обойтись, если она не ничтожество.

Когда она – неизменно в белом, неизменно спокойная и холодная, сияющая бриллиантами – входила в бальный зал или в ложу бельэтажа, – десятки, сотни завистливых, дерзких, восхищённых и страстных взглядов обращались на неё. И самый восхищённый, самый страстный из этих взглядов принадлежал её мужу. Он сам снимал меховую порфиру с плеч своей царицы, он поклонялся ей во след, как будто собирался нести её кружевной трен, он не спускал с неё глаз, он следил за каждым её движением. Говорили, что он до глупости влюблён в свою жену; говорили, что он ей под пару, что он – "картина". Никто не имел понятия о том, что она сама об этом думала. Боже мой, что же она могла думать! Такой великолепный мужчина и такое состояние! Однажды какая-то ловкая приятельница спросила, в припадке интимности, обнявши её за талию: "Ведь вы, конечно, страшно влюблены в вашего мужа, милочка?" На что получила в ответ: "Должно быть, влюблена, если вышла за него замуж". Ответ этот сопровождался улыбкой, очень красивой, но такой, что ловкой даме стало как-то холодно. Впрочем, счастливая женщина всегда так улыбалась, что другим становилось холодно от её улыбки. Между тем у неё был прелестный маленький ротик, с губами яркими как бутон гранатного цветка, и короткая верхняя губка обнажала ряд самых ослепительных зубов. Но только её тёмные, черепахового цвета глаза никогда не принимали участия в улыбке, и матово-бледное лицо оставалось бледным и неподвижным, как бы ни смеялись губы.

Говорили, что она счастливая женщина, но бессердечная. Знакомые дамы находили, что её слишком избаловали и отец, и мать, пока была жива, и belle mère[87], а главное – муж. И что это был за муж! Он уже занимал видное административное место, несмотря на свою молодость, и исправлял неукоснительно служебные обязанности. По крайней мере, каждое утро пара великолепных вороных и экипаж, соответствующий сезону, увозили его на службу вместе с элегантным портфелем громадных размеров. Вскоре после полудня он возвращался, и вместе с портфелем лакей непременно доставал из экипажа какое-нибудь "тонкое внимание жене", – нежный свёрток,

---

[87] свекровь - фр.

перевязанный розовыми ленточками. Но были это обсахаренные фрукты от Балле или браслет от Фаберже – она одинаково красиво улыбалась и равнодушно откладывала свёрток на лаковую этажерку. Муж целовал её ручки, и служебная злоба дня была окончена.

Она не успевала ничего пожелать, ни о чём помечтать, как всё являлось перед ней сейчас же – всё, что можно купить за деньги. А разве есть что-нибудь, чего нельзя купить за деньги?

Итак, у неё было всё. Счастливая женщина!

## II

Никто не знал, чтобы она кого-нибудь особенно любила. Близких подруг у неё никогда не было. Когда её отец чуть не умер, простудившись зимой, и чувствительные дамы приезжали напоминать ей о Боге и бессмертии души, приготовляя её на всякий случай к "разлуке", – они были поражены ясным спокойствием её красоты и сухостью её чудных глаз.

– Милая, неужели ваша душа не скорбит о том, кто дал вам жизнь? Неужели ваше сердце не обливается кровью? – спросила одна премиленькая баронесса.

– Мне кажется, что порядочные люди никогда не должны показывать, что у них на душе, – возразила счастливая женщина, устремивши свой странный взгляд на сердобольную даму.

Дама уехала в полном убеждении, что имела дело с бессердечной женщиной. Впрочем, это пройдёт, когда у неё будут дети.

Но детей у неё не было. И, кстати, по этому поводу она ещё более утвердила всеобщее мнение о своей бессердечности. Кто-то пожелал ей на именины, чтобы Всемогущий Господь довершил её редкое счастье и наградил её ребёнком.

– Сохрани Бог! – воскликнула она с необычайным оживлением, и в её глазах блеснула точно зловещая молния.

А, впрочем, она сейчас же очень красиво и блестяще улыбнулась: муж, хотя и не ездил в этот день в должность и даже нарочно изменил служебному долгу ради 5 сентября, – входил с целой серией свёртков для своей обожаемой Лизы – и с голубыми, и с розовыми ленточками.

Под вечер того же 5 сентября баронесса случайно заехала в Исаакиевский собор. Он казался ещё темнее и суровее обыкновенного от редких свечей, мерцавших перед иконами. Небольшая кучка молящихся терялась в глубине, под сводами, как в катакомбах. Густой бас священнослужителя доносился из алтаря ровным гулом; мрак таинственно поглощал его, и святые слова, не услышанные и не прочувствованные, уносились в пространство.

Баронесса озябла в своём открытом экипаже и хотела погреться. Но на неё неприятно подействовала темнота и запах ладана. Молиться она не собиралась; везде дуло – негде сосредоточиться, и на полу слишком грязно, чтобы становиться на колени. Нет, лучше домой. Она поспешила мимо иконостаса к боковой двери, но вдруг остановилась. Она увидала знакомый плюшевый плащ. Ах, у кого это был такой плащ, цвета feuille morte[88], на атласной подкладке? Где это она его видела? Она никак не могла вспомнить. Ах, как странно! И ещё страннее, что обладательница такого изящного плаща лежала, приникнув лицом к полу, на который баронесса не считала возможным преклонить колена. И как долго она лежала! Баронессе непременно хотелось дождаться, когда она поднимется, чтобы увидать, чей же это, наконец, плащ. Она была уверена, что он ей знаком.

– Голубушка, должно быть, грех велик на душе, или несчастная уж очень, – прошептала около сморщенная старушонка в ватном капоре, утирая нос кончиком платка, засунутого в рукав рыжей кацавейки.

Баронессу взяло нетерпение. Ей ещё предстояло обедать, потом спать, потом одеваться и ехать на бал к имениннице. Она не дождалась и уехала.

После полуночи она входила в изящную гостиную, драпированную золотисто-жёлтым брокаром, утопавшую в цветах и огнях. На пороге её встретила сама хозяйка, в облаке белых кружев. Её грациозную лебединую шейку обвивало новое бриллиантовое колье – подарок влюблённого супруга на именины. Её глаза блестели не хуже её бриллиантов и так же холодно как они. Ни тени румянца не было на её лице; её губы улыбались, и холодом веяло от её улыбки, и ей самой было холодно: на её плечи был наброшен роскошный плюшевый плащ цвета feuille morte.

Золотистые портьеры составляли чудную рамку для её стройной фигуры. Вокруг неё теснились цветы и прекрасные женщины; восхищённые взгляды следили за ней отовсюду; рядом с ней стоял великолепный мужчина, её муж – воплощение обожания и восторга; огни хрустальной люстры играли в камнях нового колье. Счастливая женщина!

В блестящей картине, служившей ей фоном, плащ из коричневого плюша составлял резкое пятно, которое целую минуту неприятно занимало баронессу. Après tout[89], разве не бывает на свете двух плащей feuille morte!?


## III

Вся Россия следила за тем, что происходило на Балканском полуострове. Почти во всякой семье было пустое место, и многим из них суждено было остаться навеки пустыми. Петербург по-своему

---

[88] цвета увядших листьев - фр.
[89] В конце концов – фр

участвовал в великом событии. Газеты проглатывались с жадностью; всему верили и во всём сомневались; служили молебны и панихиды, щипали корпию и шили бельё для солдат, пили шампанское во имя святого дела. Проливались тяжкие тайные слёзы; раздавались шумные легкомысленные рыдания.

Баронесса износила два великолепных бархатных платья, – нарочно сшитых для этого случая, – собирая по воскресеньям медные пятаки в кружку "Красного Креста", в Исаакиевском соборе. Ей было очень тяжело "тремдаллировать" эту кружку, и она должна была взять на подмогу ещё одного молодого человека, кроме того, который ей "давал руку". Шляпку она выписала прямо из Парижа и склоняла её с чисто-христианским смирением перед каждым мужиком. Она делала всё, что могла. Такое время – всякое сердце отзывается, особенно когда сама испытала горе. А как его не испытать, когда барон женат на целом кордебалете, а на своей жене очень мало... Не то что Лиза, счастливая!

Она также участвовала в "святом деле". Она шила для солдат с утра до вечера и исколола до крови свои нежные розовые пальцы от непривычки к иголке. Она ненавидела женские рукоделия и ничего никогда не шила, а потому неудивительно, что так неловко бралась за дело. Никогда тонкий батист для детского нежного тельца или изящная ненужная вещица, блестящая яркими шелками, не занимали её прекрасных рук, украшенных драгоценностями. Теперь эти руки перебирали грубый холст и серое сукно, и в глубоком раздумье она склоняла над работой свою гордую головку, украшенную роскошными чёрными волосами, вьющимися над нежным лбом.

Баронесса похвалила её за христианское усердие и с чувством поцеловала, заставши за этим занятием.

– Вот и вы за добрым делом! – воскликнула она мило.

– Я так скверно шью, что только такую грубую работу и могу делать, – отвечала подруга.

– Ну, всё ж таки доброе дело!

– Да, теперь мода. Я так рада, что не русские полотенца; они ужасно надоели. Как вы находите?

Баронесса оторопела. Боже мой, вот женщина! Ей о благотворительности, а она о русских полотенцах! Совсем не в тон. Кстати, баронесса только что собиралась прочесть ей одну французскую маленькую поэму о том, как ангелы куроннируют наших погибших героев на небесах; кузен так мило сочинил. Но поэма так и осталось не читанной. Баронесса уехала, а счастливая женщина осталась одна со своей работой.

Долго она сидела в этот вечер за непривычным занятием. Белая петербургская ночь заглядывала к ней в окна, сквозь опущенное кружево занавесок. Серый холст застилал плебейскими складками мягкую атласную мебель цвета морской воды и столики с перламутровой инкрустацией; на бархатном ковре, где сплетались морские водоросли и водяные лилии, лежало грудами солдатское сукно; красные уголья трещали в белом мраморном камине и зажигали радужные огоньки в больших бриллиантах, которые застыли в розовых ушах прекрасной женщины как капли росы на розовых лепестках. И два других таких же крупных и прозрачных бриллианта дрожали на длинных тёмных ресницах и потом тихо скатились на бледные щёки. Она не чувствовала их. Она глубоко задумалась. О чём она думала? Под какой мрачной тяжестью так низко склонялась изящная головка?

Она думала о далёкой-далёкой могиле, одиноко затерянной в жёлтых песках страшной азиатской пустыни. Она думала о погибшей молодой жизни, полной сил и надежд... И её губы шептали имя, давно забытое всеми...

## IV

Прошёл год. Победоносные войска возвращались с триумфом, и весь город принял радостный вид при ярком свете холодного осеннего солнца. Нева сверкала в гранитных берегах и тихо колыхала стройные корабли и неуклюжие пароходы, расцвеченные флагами. Триумфальные арки, яркие драпировки и флаги, гирлянды зелени испещряли весь серый город в красивом беспорядке, и голубой шатёр неба осенял человеческий праздник в безоблачном блеске.

Всё радовалось и волновалось.

На берегу Невы, у Николаевского моста собралась депутация, для приветствия одного из возвращавшихся полков.

Баронесса приехала смотреть на эту патриотическую картину из окон дома своей подруги, так как, по странному капризу, она любила Остров и жила на самой набережной. До моста было два шага, из окна всё прекрасно видно, но баронесса умоляла дорогую Лизу пойти туда, где стояла депутация, чтобы увидать командира и офицеров поближе. Это будет так торжественно, особенно вблизи. Отчего же не пойти? Дорогая Лиза согласилась. Она уступила великолепного мужа баронессе, а сама удовольствовалась кузеном, который так мило писал французские поэмы о русских ангелах; они отправились.

Толпа уже собралась; предстояло перейти только на противоположную сторону набережной, но и это было нелегко.

Войска ожидались ещё не так скоро. На набережной офицеры депутации предложили дамам войти пока в помещение одной из пароходных пристаней, – премиленький домик на барке, как нашла баронесса. Но дамы отказались. Баронесса утверждала, что вид взволнованной толпы очарователен; и она ничего не боялась.

Ещё четверть часа, и полк вступил на мост. Духовенство двинулось навстречу с крестом и иконой, за ним депутация с адресом; принесли лавровые венки, букет... Кто же передаст букет командиру? Кто же, как не счастливая женщина! Её сразу заметили, и высокий адъютант обратился к ней с почтительной просьбой взять на себя этот труд.

С удовольствием – хорошо ли только, что она вся в чёрном для такого радостного случая? О, решительно всё равно, только бы ей угодно было подать букет командующему полком, когда он остановится.

Войска приближались; вот – уже близко. Тихо, стройно двигался полк точно под зелёным навесом, так густо лавровые гирлянды обвивали штыки. Лавровые венки на обнажённых саблях офицеров, на штыках солдат; громадный лавровый венок, перевитый георгиевскими лентами опоясывал командира точно перевязью. Вот он, впереди всех, на великолепной серой лошади. Его обнажённая седая голова серебрится на солнце; бледное, строгое лицо исполнено торжественности. Ближе, ближе подвигается полк, громче звучит музыка. Всё ликует; толпа устремляется навстречу неудержимым, радостным потоком, с громкими кликами. Привет, привет возвратившимся!

Но все ли они тут, все ли те, что ушли? Что за дело, в этот радостный миг! Те, которых нет – кто их помнит теперь! Победители и побеждённые, они тлеют в недрах равнодушной земли и питают своим скорбным прахом молодую зелень, скрывшую их могилы. Слёзы и стоны не стали непроглядным туманом над кровавым полем; небо не побледнело от ужаса и сияет над ними невинной лазурью. Пусть мёртвые хоронят мёртвых; живым надо жить и забывать.

И они забывают. Гремит праздник живых.

Полк остановился. Толпа надвинулась и теснит депутацию. Поспешно произносится благословение, поспешно читается адрес. Букет! Теперь букет!

Дам притеснили совсем близко к командиру. Его серая лошадь нетерпеливо мотает гордой головой и грызёт золотые удила: полковник наклоняется с седла к прекрасной женщине, протягивающей ему букет; но лошадь рвётся вперёд, и красавица невольно отступает. На помощь ей протягивается рука в белой перчатке; букет передан, и она подымает глаза, чтобы поблагодарить своего неизвестного помощника. Она видит лицо, которое является ей давно только во сне, встречает взгляд, который не надеялась больше встретить в этом мире... С её побледневших уст срывается слабый крик, заглушённый музыкой и восторженными возгласами толпы, и она падает как мёртвая к ногам серой лошади.

# V

Каким-то чудом она уцелела. Командиру удалось осадить лошадь; бесчувственную подняли и отнесли в помещение пароходной пристани.

Здесь, пока на набережной гремело "ура!", и раздавалась музыка, пока всё ликовало и радовалось, лежала она, бледная и холодная, с побелевшими губами.

Баронесса устраивала себе истерику; кузен бегал с пустым графином; обожающий муж бесплодно хлопотал вокруг дивана, на который её положили. Она лежала как мёртвая, но она не умерла. Её душа только на время отлетела, испуганная призраком прошлых дней.

У двери толпились любопытные, хотя их было немного. Какая-то дама предлагала свои услуги с порога. Прошло несколько тяжёлых, страшных минут. Ни признака жизни на прекрасном лице. Чужая дама сняла её шляпку, начала расстёгивать ей платье; баронесса опомнилась и стала помогать. Но руки её дрожали, и испуганное белокурое личико сильно побледнело. Она совершенно растерялась и повторяла, сжимая в своих руках холодную руку бесчувственной женщины: "Лизочка! Душечка!"

Но эти ласковые имена не действовали на её подругу; правда, теперь она едва заметно дышала, но всё ещё не приходила в себя. Так прошло ещё полчаса. Страшная тишина в комнате нарушалась только взрывами радостных кликов извне. Но клики удалялись: народ провожал войска, уходившие после молебствия. Слава Богу! Теперь её можно будет перенести домой. Кузена немедленно отправили, чтобы сделать необходимые распоряжения; он поспешил к двери – она отворилась ему навстречу, и в комнату поспешно вошёл офицер, один из тех, которых присутствовавшие видели близ командира при встрече полка. Он прошёл прямо к дивану и остановился; баронесса взглянула на него с вопросительным удивлением. Затем произошло что-то совсем странное. Огорчённый муж, бледный как полотно, посторонился и дал место офицеру. Офицер опустился на колени около дивана, бережно взял маленькую руку в чёрной перчатке, свесившуюся вниз, и нагнулся к самому уху бесчувственной женщины.

– Лиля... – сказал он едва слышно.

При звуке этого голоса, при этом имени, которое, может быть, пронеслось в измученной душе эхом счастливых дней, – опущенные ресницы слегка дрогнули.

– Лиля! – повторил он.

Лёгкая краска появилась на её губах, и она открыла глаза. Несколько мгновений её взор бессознательно блуждал кругом и потом остановился на лице человека, склонившегося над нею с пламенным ожиданием. Тогда её глаза широко раскрылись; она вся затрепетала как осенний лист, и с её губ явственно сорвалось тихое восклицание:

– О, Боже мой!.. – прошептала она.

– Это я, я опять с тобой, моя Лиля! – произнёс молодой человек так тихо, что баронесса едва расслышала его слова.

Тогда она улыбнулась слабой, но светлой улыбкой, от которой уже не веяло холодом зимы, – сияющей улыбкой блаженства, и губы её произнесли имя, которое привыкли повторять втайне от всех. Потом отяжелевшие веки сомкнулись, и сознание снова оставило её.

Она очнулась уже в нервной горячке.

– Её слишком потрясло свидание с другом детства, которого она считала давно умершим, – объяснял огорчённый муж своим знакомым. – Они выросли вместе и любили друг друга как брат и сестра!

– Voyez-vous[90], значит у неё есть сердце! И так скрывать! – огорчилась баронесса...

## VI

Долго не было никакой надежды на её спасение. Наконец, её сильный молодой организм победил; она была вне опасности. Возвращение её здоровья ожидалось с восторгом, возвращение её сознания – с ужасом.

Впрочем, она так долго была в беспамятстве, что не могла ничего помнить; конечно, она ничего не помнит.

Но она помнила...

Как только она пришла в себя и в первый раз оглянулась кругом сознательными глазами, её взор стал искать того, кто всё время представлялся ей во время болезни. Но напрасно она его искала. Она увидала строгое, бледное лицо своего отца, измученного перенесёнными волнениями; она увидала мужа, приветствовавшего с непритворною радостью освобождение своей дорогой, красивой игрушки из когтей смерти. Но его не было.

– Где он? – произнесла она едва слышно.

Это были её первые слова.

– Это я, мой ангел, это я, – ты ведь узнаёшь меня!? – радостно заговорил муж, наклоняясь к ней.

– Я вижу. Я не брежу. Я спрашиваю, где он?

– Его здесь нет, моя дорогая. Он придёт. Постарайся заснуть, тебе вредно говорить.

– Он жив? Он придёт?

– Да, да, непременно. Постарайся заснуть.

Она закрыла глаза и задремала.

Но чем сильнее просыпалась в ней жизнь, тем настойчивее она цеплялась за мысль о нём. Получая всё те же успокоительные ответы, что он придёт, непременно придёт, только успокойся, – она перестала спрашивать, перестала искать его глазами. Но часто она просыпалась, взволнованная милым призраком; часто её губы шептали во сне дорогое имя.

Выздоровление медленно подвигалось. Наконец, она могла приподниматься на постели и сидеть, поддерживаемая подушками.

---

[90] Видите ли - фр.

Ей больше не запрещали говорить. И она снова вернулась к занимавшему её вопросу.

– О чём я хочу тебя просить...

Обожающий муж, который только что принёс и положил ей на колени букет свежих пармских фиалок, смеявшихся над морозным январём, глядевшим в окна, – сразу догадался, о чём она его хочет просить.

– Мой ангел, умоляю тебя, побереги себя...

– А я умоляю тебя, дай мне увидать его ещё раз, поговорить с ним в последний раз!

– Лиза, я готов сделать всё для тебя, но я боюсь, что это будет слишком много для твоих сил... Подожди немного, когда ты окрепнешь...

– Прошу тебя. Это меня только успокоит. Я день и ночь только об одном и думаю; право, так хуже.

На её лице показалась лёгкая краска. Она взяла руку мужа своей исхудалой, горячей рукой; она смотрела ему в лицо лихорадочным, блестящим взглядом.

– Мне надо видеть его, убедиться, что он жив, что это была ужасная ошибка...

Он побледнел как полотно и опустился на колени у её постели.

– Лиза, даю тебе честное слово, что я не знал... – выговорил он с усилием. – Я никогда бы не согласился на этот обман, клянусь тебе... Я до сих пор ничего не знал...

Он остановился, потому что он испугался. Не сошла ли она с ума? Отчего так смертельно побледнело её прекрасное лицо, так дико горят её глаза? Вдруг он понял, что сделал неисправимую ошибку, что она не подозревала всей правды.

– О, Боже мой! – вырвалось у неё со стоном. – О, Боже мой, зачем я не умерла!?

– Лиза, мой ангел, не говори так! Опомнись, успокойся, обожаемая моя Лиза! Клянусь тебе всем святым, клянусь моей любовью к тебе, я ничего не знал!

– А кто же знал? Так кто-нибудь знал?!

– Он думал, что так будет лучше, для твоего же счастья...

– Отец? – она побледнела ещё больше.

– Да. Фамилия такая обыкновенная, так часто встречается – ты знаешь. Он показал тебе известие в газетах; ты даже так спокойно тогда приняла после первой вспышки...

– Так спокойно! Так спокойно! Да я ни днём, ни ночью не знала покоя с тех пор! И день, и ночь я мучилась тем, что я его убила...

– Лиза! Господь с тобой! Что ты говоришь!

– Да, да, я его убила! Я! Не моя ли любовь причиной того, что его послали в эту ужасную экспедицию, послали на смерть, чтобы его не было на моей дороге! Мы могли расти вместе, могли любить друг друга, но выходить за него мне нечего было и думать! Ему нечем было заплатить за меня, а я смела его любить больше всего на свете! Вот его и похоронили заживо! И всё время меня обманывали? Всё время, с самого начала, вы знали, что вы меня обманываете?

— Повторяю тебе, я только теперь узнал. Неужели ты не веришь мне? Неужели моя великая любовь к тебе...

— О, зачем от меня скрывали, зачем оставляли меня с моим мучением!? О, зачем я не умерла!?

— Ангел мой, не говори этого: пожалей меня... Я тебе говорю, что я ни в чём не виноват!

Теперь она рыдала. Вся грудь её надрывалась от рыданий; с отчаянием она ломала нежные руки.

— Я сделаю всё, что ты хочешь, я приведу его к тебе сейчас же, только успокойся!

Наконец, она затихла и в изнеможении опустилась на подушки. Глаза её были закрыты; она лежала так неподвижно, что он думал, что она заснула, и тихо встал.

— Так ты исполнишь мою просьбу? — сказала она сейчас же, не открывая глаз.

— Да, да, только постарайся заснуть, мой ангел.

— Сегодня?

— Сейчас, — отвечал он уныло и вышел из комнаты.


# VII

Её желание было исполнено. Они увиделись. В те полчаса, что продолжалось это свидание, её мужу казалось, что ни для кого время не шло так мучительно как для него.

Но, может быть, он ошибался.

Во всяком случае, он сделал всё, что мог. Он оставил их вдвоём, оставил свою полуживую жену с человеком, которого она любила больше его, своего мужа, и который любил её, может быть, также больше мужа? Он не бросился на этого человека, когда он вышел из её комнаты с лицом осуждённого на смерть. И он не проклял его, когда нашёл жену в глубоком обмороке после этого свидания. Он мог только проклинать свою судьбу.

К вечеру у больной сделался жар; она провела ночь очень дурно, но наутро выздоровление вступило в свои права, и она начала окончательно поправляться.

Потом муж увёз её в Италию, для укрепления сил, и под южным небом её красота расцвела с новым блеском. Страшная болезнь не оставила на ней ни малейшего следа; она стала только чуть-чуть побледнее, да реже улыбалась, — так редко, что теперь почти никто не видал её красивой улыбки. Зато в её грации прибавилась прелестная томность, которая придавала ей ещё более пикантности в глазах её многочисленных поклонников. Так что, в конце концов, она ещё похорошела, на радость влюблённого супруга.

– Она счастливо отделалась, – говорила баронесса. – Да ещё похорошела! И муж – влюблённее, чем когда-либо!

Счастливая женщина!

"Друг её детства" убит на Кавказе в прошлом году.

# СОН НАЯВУ

## I

... Он стоял на высоком берегу. Сквозь гибкие ветви азалий и олеандров, отягчённых белыми и розовыми цветами, сверкало голубое озеро. Над его головой сплетались апельсинные и лимонные деревья, благоухали их цветы – ароматные жемчужины венчальной короны. Горлицы ворковали в тени исполинских магнолий; золотой фазан качался на ветке вьющихся роз, сбегавших из порфировой вазы на белые мраморные ступени. Ветер колыхал лёгкие гирлянды каприфолий и жасминов и подёргивал серебряной рябью прозрачную воду, плескавшуюся у подножия широкой лестницы...

Ему казалось, что он видит сказку наяву или волшебный сон. Но это был только маленький островок на Лаго-Маджоре, и он видел его при ярком свете полуденного солнца.

Он был молод и счастлив, он был любим, и он видел Италию в первый раз. Его любили нежно и преданно; он любил весело и беспечно. Ему нравились её милые глаза и розовые губки; ему нравилось, что она считала его лучшим и красивейшим из людей. Она ждала и любила далеко, на севере; перед ним цвёл юг.

Он был одинок в раю, но отсутствие Евы его не томило. Он знал, что она существует и любит его, и этого было довольно.

Он только что перенёс тяжёлую болезнь на родине. Его прислали в страну весны, чтобы восстановить свои силы, и он чувствовал, как они росли с каждым днём, как закипали в нём жажда жизни и самая жизнь. По деятельность ещё дремала.

Он жил на Лаго-Маджоре и весь отдавался наслаждению созерцательной жизни среди чудных островов.

## II

Ему нравился больше всего самый уединённый и самый запущенный из этих островов, – остров Мадре. Там реже всего встречались иностранцы-посетители, там реже всего жил настоящий владелец, граф Борромейский. Старый садовник привык к частым посещениям "форестьера" и не мешал ему одиноко блуждать по тенистым садам.

Однажды, в сумерках, он вышел из лодки на знакомую пристань и отворил чугунную решётку сада. Тихо-тихо, вдыхая полною грудью вечернюю прохладу, он поднялся по мраморным ступеням и повернул направо, вдоль берега, в аллею апельсинных и лимонных деревьев. Пряный аромат их цветов пропитывал воздух, и как только он очутился под их густым сводом, его охватила такая глубокая, таинственная тишина, что казалось, будто всё заснуло кругом. Удаляясь от берега, углубляясь в чащу магнолий и камелий, он шёл всё дальше и дальше и забыл весь остальной мир. Ни вздоха, ни звука, ни голоса не было слышно. Небо улыбалось в вышине последней розовой улыбкой. Отблеск заката ласкал широкие листья муз и вершины тёмных кипарисов.

Вечерние тени сгущались в роще миртов и лавров; их зелёные кущи сливались в чёрную массу. Но вот они поредели и расступились: он вышел на маленькую поляну.

Посреди высокая струя фонтана подымалась из пасти бронзового дельфина, обнявшего сирену; хрустальные брызги беззвучно падали на луг гелиотропов. Большая ваза белела на золотом пьедестале; павлин спал на краю, уткнув голову под крыло и распустив пышный хвост на белый мрамор. Весь сад точно спал волшебным сном. Казалось, что за этими воздушными араукариями стоит дворец спящей царевны.

Он остановился. Он почувствовал себя царевичем из сказки. Царевна близко; она спит за этими стенами цветов и деревьев, в беломраморном дворце, на ложе из слоновой кости, усыпанном розами. Улыбаются её уста, ожидая поцелуя; содрогаются её ресницы, предчувствуя пробуждение... Она близко, и ему суждено пробудить её среди сказочных чудес, для сказочного счастья...

Действительность исчезла, сказочный мир окружил его. Ему грезился сон наяву...

Всё молчало.

## III

И вдруг... Во сне или наяву? Он услышал тихий, мелодический звон струн. Аккорд, другой... Или это струя фонтана зазвенела в тишине, ударяясь о металлический бассейн? Ещё и ещё... Нет, это не фонтан!

Отчётливо и звонко прозвучало несколько аккордов, всё громче и громче, – и к ним присоединился звучный, прекрасный голос. Спокойно и плавно неслись могучие звуки; они точно росли, точно распускали широкие крылья и парили в воздухе, напоённом ароматом роз и лимонов. Он слушал как очарованный.

– Ave, maris stella!.. A-ve[91]... – прозвучал последний, торжественный возглас, и голос замер.

Струны звенели, удаляясь и затихая.

Он очнулся и бросился как безумный в ту сторону, откуда доносилась музыка. Он миновал густую рощу хвойных деревьев и

---

[91] Радуйся, Звезда морей. - лат. Прим. ред.

очутился на широкой лужайке. Группы статуй тонули в море цветов; за ними виднелся дворец, окутанный голубыми сумерками. Всё было пустынно и тихо, только струны звенели где-то в вышине.

## IV

Он долго стоял на одном месте, прислушиваясь к их таинственному звону. Притягиваемый этим тихим звуком как магнитом, он приблизился к самому дворцу и остановился перед колоннадой входа. На круглой площадке веерная пальма широко раскинула свой венец. Огромный фонтан посылал в воздух целый сноп могучих струй, которые уже начинала серебрить луна.

Высоко улетали бриллиантовые брызги.

Он поднял голову, любуясь ими. Он взглянул на небо, просиявшее редкими звёздами, на тёмный дворец, на ряд высоких окон, отражавших лунный свет, – и вдруг ясно увидел, как одно окно открылось.

Оно открылось тихо, беззвучно, само собою; темнота скрывала ту невидимую руку, которая его отворила. И в ту же минуту из окна послышались знакомые, тихие аккорды, и чудный голос вырвался на волю, вдыхая жизнь в спящие сады.

Не гимн путеводной звезде, но упоительную песнь любви, страстный призыв к наслаждению услыхали влюблённые сады. Нежно журчали фонтаны; мраморные нимфы улыбались среди миллионов роз, открывавшихся на встречу весенней ночи...

– Morir d'amor!⁹².. – неслось из окна.

Он не выдержал. Он распахнул стеклянные двери и очутился в высоких сенях. По стенам висело гигантское оружие; широкая лестница, уходившая наверх, белела в полумраке; пение доносилось сверху. Он устремился наверх.

## V

Он шёл, точно его несли крылья. Он видел точно во сне ряд пустынных залов, по которым он проходил. Лунный свет, врываясь в огромные окна, ложился белыми полосами на мозаичном полу; шаги глухо звучали. Белели статуи, отделяясь от стен; вазы из порфира и ляпис-лазури сторожили двери. Чернел балдахин над старинным ложем; тускло мерцали гигантские зеркала. Убранство залов неясно выделялось из темноты; страшно становилось в этом полумраке.

Вдруг, в глубине, блеснула полоска света. Музыка, которая всё

---

⁹² Умереть от любви!.. - итал.

время звучала в отдалении, стихла. Но зато загорелся свет, к которому его влекло как бабочку к огню.

Он миновал ещё два пустых тёмных зала и очутился перед высокой полуоткрытой дверью, из-за которой струилась слабая полоса света.

Сердце его страшно забилось. Он слегка толкнул дверь и остановился на пороге.


# VI


Перед ним был небольшой круглый зал, увенчанный куполом. Стены его скрывали опущенные драпировки; статуи, бюсты, старинное оружие, дорогая мебель, огромные вазы, наполненные цветами, загромождали его совершенно в странном, живописном беспорядке. На мраморном полу, среди цветов и помпейских ваз, лежала только что оставленная гитара, палитра и разбросанные кисти. Неподалёку стоял мольберт.

Но он едва заметил это необыкновенное убранство. Ему прямо бросилась в глаза странная фигура в пёстром восточном костюме, стоявшая у самого входа. Высоко поднявши над головой обнажённые чёрные руки, украшенные сверкающими браслетами, она держала роскошный букет, из которого точно вырастали прозрачные восковые свечи. Это был венецианский канделябр, освещавший комнату, – хрустальный принц из "Тысячи и одной ночи". Его медно-красное лицо увенчивала зелёная чалма, и резко выделялись на нём белки чёрных глаз. Их неподвижный стеклянный взгляд прямо встретил неожиданного гостя. Но не один этот стеклянный взгляд.

Прямо против входа, из глубины ниши, слегка завешенной золотистой драпировкой, на него смотрели пронзительно-живые, огненные глаза чудно-прекрасной женщины.

Она стояла неподвижно как статуя. Её страстное, южное лицо, пылавшее пламенным румянцем, её тяжёлые, чёрные как ночь, волосы, увенчанные красными цветами, вся её стройная фигура в ослепительно белой одежде, выступала на тёмном фоне, озарённая ярким светом, исходившим неизвестно откуда. Её красота сияла из глубокой ниши.

Хрустальный принц, сверкая белками стеклянных глаз, сторожил вход в её убежище и высоко держал над головой букет цветов и огней.

Она стояла и улыбалась. Её глаза впивались в душу, пронизывали насквозь, жгли и ласкали...

Прошло всего несколько мгновений, но ему показалось, что целый век отделил его от прошлой жизни. Поток новых, неудержимых ощущений нахлынул и закипел в его груди. Он слышал биение своего сердца.

Уж он готов был перешагнуть через заветный порог навстречу

красавице, уже ему казалось, что вот-вот она сама выступит из-за золотой драпировки...

Внезапно около него раздался гневный мужской голос.

Ему показалось, что хрустальный индиец свирепо засверкал стеклянными зрачками. Дверь с шумом захлопнулась, и он снова очутился в полумраке пустынного зала, освещённого луной.

## VII

Несколько минут он бродил по тёмным залам и опять очутился в саду.

Он тихо провёл рукою по лицу. Ему казалось, что он просыпается после долгого сна, исполненного чудных сновидений.

Но музыка? Но красавица?.. Во сне или наяву?

Южная ночь наступила.

Всё тихо; только сад дышит и перешёптывается. Всё темно; только луна льёт серебряный свет на цветы и на плечи мраморных богинь...

Нет, нет – это был не сон! Он ещё чувствовал на себе огненный взгляд. Прекрасный образ ещё стоял перед ним как живой.

Он смотрел на дворец; он жаждал пронизать его взглядом, увидать её ещё раз. Но непроницаемо и мрачно было великолепное жилище; безмолвно хранило оно дивную тайну.

Он спустился к озеру среди гранатовых деревьев с пламенными цветами, убранными бриллиантами росы.

Заснувший баркайол встрепенулся при его приближении и отвязал лодку. Они поплыли.

## VIII

Всю ночь он не мог заснуть. Он просидел у открытого окна, всматриваясь в серебряную даль, – туда, где темнели острова на лоне сверкающей воды.

Он прислушивался к шуму волн, набегавших на песчаный берег. Вдали тихо звенели колокольчики, привязанные к сетям, заброшенным на ночь рыбаками. Всё спало.

Он думал. Мысли его витали в новом, очарованном мире, и центром этого мира была она – красавица с огненными глазами...

Где вы, нежные голубые глаза северной девушки? Вы так часто, с такой глубокой любовью останавливались на нём и никогда не волновали его, не пробуждали в нём страсти. Ты спишь, бедная милая девушка, и видишь его во сне... Родные липы, под которыми вы гуляли рука об руку, заглядывают к тебе в окно из старого, запущенного сада, где цветут первые ландыши.

Спи спокойно, пока он не спит под кровом южной ночи и видит свой сон наяву!..


# IX

Солнце было высоко, когда он проснулся.

Сон не успокоил и не охладил его. Сердце его переродилось и узнало жгучую тоску страсти. Все его помыслы и желания сосредоточились на таинственной красавице. Ему казалось, что он умрёт, если не увидит её снова.

Он вернулся на свой любимый остров при ярком свете полуденного солнца. Сады изнывали от зноя; безмолвнее, чем когда-либо, казался дворец.

Старый, глухой садовник ничего не понял из его взволнованных расспросов.

Во дворце никто не жил. Кто мог там жить? В конце мая уже начинается "мёртвый сезон"; графское семейство теперь не приедет раньше сентября.

Он в нерешительности стоял на пристани.

В саду захрустел песок под лёгкими шагами.

Он вздрогнул. Неужели?..

Из аллеи вышел красивый молодой человек, обыкновенного итальянского типа. У него было одно из тех лиц, которые всегда нравятся женщинам севера.

Он не спеша спустился к пристани и фамильярно осмотрел иностранца, не подозревая, как антипатична показалась ему вся его фигура, живописная, несмотря на костюм денди.

Садовник привычным жестом приподнял края своей соломенной шляпы; итальянец улыбнулся ему и прыгнул в ожидавшую лодку. Она отчалила.

— Может быть, синьор спрашивал про этого?

Старик кивнул вслед удалявшейся лодке.

— Этого? Да разве это не был посетитель, осматривавший сады?

— Нет, какой посетитель! Это так себе, никто особенный — художник, из приятелей молодого графа. Он вчера приехал. Как же, как же, — синьор Риккардо. Верно про него и спрашивал синьор?

— Нет, совсем не про него. Синьор желал знать, кто была дама.

— Дама? Какая дама? — садовник посмотрел на него с недоумением и пошёл прочь.

Где же она? Когда же увидит он её?

# X

Время шло; остров молчал как немой. Сады цвели и благоухали, но ароматы их душили влюблённого. Тоска разгоралась в его сердце. Он ждал, и ждал напрасно.

Однажды ночью, когда за ним уже затворилась калитка сада, когда лодка уже готова была отчалить от острова – до него донеслись ещё раз звуки знакомой гитары и чудного, могучего голоса. Но он пел задумчиво и печально; он умолял об отдыхе в тёмной могиле, где успокоилось бы отверженное сердце. Грустно звучала песнь за стеною высоких деревьев, за высокой железной решёткой; а калитка была заперта изнутри!

Он прислушивался с тоской и унынием, и до зари в его ушах раздавались печальные слова:

> In questa tomba oscura
> Lascia mi riposar[93]...

# XI

Утром он встретил синьора Риккардо на пароходной пристани местечка Стреза. Итальянец хлопотал среди небольшой группы рабочих. Они жестикулировали, волновались и, наконец, направились к большой лодке с тяжёлым ящиком, окрашенным чёрной краской. Ящик поместили в лодке; художник вошёл в неё вместе с рабочими; лодка отчалила и поплыла к Борромейским островам.

Было жарко и душно. К вечеру разразилась гроза, и небо покрылось облаками. Озеро заволновалось и приняло стальной оттенок. Но как только замолкли последние раскаты грома, лодка унесла его на остров Мадре.

Вечер быстро наступал. При облачном небе быстрее сгущались сумерки. Он прошёл прямо к дворцу и нашёл стеклянную дверь входа открытой.

Машинально он переступил через порог и уже собирался подняться по лестнице, когда странный звук долетел до него сверху. Он прислушался. То были мерные, частые удары молотка: так стучат гробовщики, заколачивая гробовую крышку. Затем послышались глухие голоса, шаги – они приблизились и стали спускаться по лестнице.

Он едва успел стать за высокие перила и прижаться к стене.

---

[93] "В этой тёмной могиле оставь меня отдыхать"... (Слова романса, положенного на музыку Бетховеном).

Четверо рабочих несли продолговатый чёрный ящик, напоминавший большой гроб. С ними шёл синьор Риккардо, не спускавший внимательных глаз с ящика, который он поддерживал одною рукою. Они удалились по направлению к пристани.

Он вышел из своей засады, взбежал по лестнице и устремился в глубину длинной анфилады, по которой уже проходил однажды. Он достиг знакомой двери – она была полуотворена. Он вошёл.

Хрустальная фигура по прежнему сторожила вход; но свечи не горели над её головой, статуи и драгоценные вазы теснились во мраке и безмолвии. В зале было совершенно темно – ни признака окна; он не мог даже найти ниши, из которой красавица на него смотрела.

Он сделал несколько шагов; под его ногой что-то слабо зазвенело. Это была гитара.

Прорвавшись сквозь облако, яркий одинокий луч месяца заглянул в дверь, скользнул по мозаичному полу и задел хрустальную фигуру. Холодно блеснули её стеклянные глаза.

И вдруг ему вспомнились печальная песнь, глухой стук молотка и мрачный чёрный гроб... Страх объял его среди этого мёртвого уединения.

Он поспешил на свежий воздух, на лоно ласковых садов, туда, где тихо плескалась вода...

Небо очистилось и засияло серебряными огнями.

Чёрная туча омрачила его душу.

## XII

Синьор Риккардо исчез, и с ним исчезли все признаки жизни на острове Мадре.

Нимфы и горлицы, розы и фавны царили в пустынных садах.

Зачем приезжал этот Риккардо? Отчего никогда не было слышно чудного голоса после его исчезновения, и отчего он так печально звучал в последний раз? Какое отношение красавица имела к художнику? Очевидно, он увёз её... А этот чёрный гроб? Что было в нём? Боже!.. Итальянец должен знать, где прекрасная певица? Тут скрывается какая-то тайна, а синьор Риккардо не чужд этой тайне.

Он решился отыскать синьора Риккардо.

Ему сказали, что художник уехал в Венецию.

Он отправился вслед за ним.

## XIII

Была тёплая лунная ночь. Венеция пробудилась от тяжёлой дремоты под знойным солнцем; её ночная жизнь закипела.

Он стоял на площади св. Марка.

Освещённая луною сверху и газом с боков, вымощенная мраморными плитами, обставленная колоннадами прокураторий, – великолепная площадь казалась громадным бальным залом. Всё довершало эту иллюзию.

Сквозь зеркальные стёкла кафе лились потоки газового света; посреди площади гремел военный оркестр. Пёстрая, нарядная толпа двигалась сплошной массой от королевского дворца к собору св. Марка, от старых Прокураторий к Палаццо дожей. Изящные, щёголеватые венецианцы, красавицы-венецианки в чёрных кружевных мантильях, бедуины в белых бурнусах, турки и нубийцы в белых и зелёных чалмах, рыбаки в красных колпаках, офицеры в блестящих мундирах теснились на площади и сидели весёлыми группами за столиками перед кафе. Кокетливые фиорайи с корзинками цветов, продавцы газет и карамелей сновали всюду.

Всё пело, смеялось и радовалось жизни.

Он стоял одинокий и печальный среди радостной толпы. Ему страстно хотелось уединения и тишины.

Он прошёл сквозь весёлую толпу, взял гондолу у Пьяцетты и приказал вести себя на Лидо.

Грациозно покачивая своим стальным гребнем, стройная чёрная гондола взрезала зеркальную воду, позолоченную отражением огней Пьяцетты, и устремилась на простор, в тихие лагуны. За колокольней Сан-Джорджо Маджоре сиял круглый диск луны.

Скоро Венеция осталась позади со своими огнями. Гондола неслась по лагуне, осеребрённой луной, мимо чёрных свай, одиноко выступавших из воды. На одной из них приютилась остроконечная часовенка Мадонны, и красный огонь лампадки мерцал у подножия статуи св. Девы, державшей на руках Младенца Христа. Отражение дрожало в море.

Он лежал на чёрных подушках и смотрел на звёздное небо. Лёгкий, тёплый ветер ласкал его разгорячённую голову. Он смотрел на горизонт, туда, где сияла яркая, крупная звезда Венеры...

Ave, maris stella!

Он вздохнул и глубоко задумался.

Гондольеры точно замерли на своих местах. Вёсла с тихим плеском погружались в воду; гондола скользила плавно и беззвучно.

Лунный свет целовал море. Лучи рассыпались по водяной поверхности, сверкали дрожащими искрами, протягивались серебряными струнами...

Они ожили, они зазвенели тихими аккордами... В тишине поднялся чудный молодой голос и разбудил сонные лагуны величавым возгласом: "Ave, maris stella!"

# XIV

Навстречу быстро приближалась другая гондола; из неё доносилось пение... Она приблизилась, поравнялась – один взгляд, и он чуть не вскрикнул: он узнал синьора Риккардо, сидевшего у ног молодой женщины. В его руках была гитара. Он пел.

Луна ярко освещала его лицо, сиявшее задумчивым вдохновением, и обливала белым светом нежный профиль его спутницы и золото её волос под чёрным кружевом мантильи.

Молитва к путеводной звезде торжественно уносилась в вышину, туда, где сияли её светлые лучи.

Он пел! Синьор Риккардо!

Как мог он принять этот голос за голос женщины!?

Но она? Где скрывалась она?..

Один синьор Риккардо мог знать, где она. Он решился следовать за ним.

Всю ночь, до рассвета, они провели в лагунах. Солнце вставало за Лидо, когда они вернулись в Венецию и через Джудекку, по целому лабиринту узких каналов, проникли в сердце старого города. Здесь остановилась гондола, у подножия почерневшего палаццо. Художник и его спутница поднялись вверх по мраморным ступеням, поросшим мхом, и скрылись под портиком монументальной двери, которая затворилась за ними.

Он остался один перед безмолвным дворцом, освещённым первыми лучами солнца, и решился ждать в гондоле, когда разгорится день.

# XV

Движение воды, колыхавшей гондолу, укачало его как ребёнка в колыбели. Он заснул тяжёлым сном и спал долго. Зной южного утра разбудил его.

Сурово глянуло на него своим мрачным фасадом мраморное палаццо. Он позвонил.

Молоденькая привратница в деревянных сандалиях, с веером в руке, отворила ему. Он спросил, можно ли видеть художника. Она отвечала утвердительно и пошла вперёд, указывая дорогу. Они прошли квадратный двор, мощённый плитами, вошли в сени и поднялись на второй этаж по широкой лестнице с истёртыми скульптурными украшениями. Девушка отворила дверь и посторонилась. Через этот зал дверь направо. Там студия синьора Риккардо. Она присела и удалилась.

Он пошёл по указанному направлению к двери направо. Около этой двери, прислонённый к стене, стоял большой чёрный ящик. Дверь была отворена.

Он вошёл в большую комнату, беспорядочно заставленную разнообразными предметами искусства, освещённую ослепительным оранжевым светом южного солнца. Он вошёл, он отступил назад и остолбенел.

Прямо против входа, выделяясь белоснежной одеждой на тёмном фоне, стояла красавица под навесом золотой драпировки. Её страстное, южное лицо пылало пламенным румянцем; её чёрные как ночь, тяжёлые волосы увенчивались красными цветами, её пронзительно живые, огненные глаза смотрели прямо на него. Её уста улыбались...

Беспощадное, правдивое солнце – враг сновидений, разрушитель призраков, освещало её...

Это была картина.

# ЁЛКА ПОД НОВЫЙ ГОД

## I

Старый год приходит к концу и собирается в далёкий путь, на молодую планету, где ему суждено снова ожить и быть молодым годом.

Мороз крепнет и растёт. Он сковал могучую реку; он покрыл сединами молодые деревья и молодые головы; он чувствует свою силу, и высоко простирает ледяные руки, и смело заглядывает серебряными очами в окна самых великолепных домов, и рисует причудливые узоры на зеркальных стёклах, на величавых колоннах.

И смотрит он, старается разглядеть роскошные залы и людей, которые в них обитают. Но кружева занавесок и листья чужеземных растений, зеленеющих ему в насмешку, не дают проникнуть в глубину великолепных жилищ, заморозить их пронзительными взглядами. В досаде трясёт мороз седой головой, осыпает искристым инеем балконы и решётки и идёт гулять по узким улицам, где накопляется без помехи блестящий снег, где низенькие дома приветливо подставляют ему маленькие окошки. Нагибается мороз, ползёт и заглядывает в подвальные этажи.

И серо, и темно, и бедно, и тесно. Не на что смотреть. И вдруг блеснуло морозу что-то светлое и сияющее. Испугался он, съёжился... Не светлый ли луч проник в тёмное царство, – светлый луч горячего солнца, который прогонит его, растопит бесследно?.. Но это был не светлый луч: то было светлое детское личико, маленький розовый цветочек, распустившийся за тусклым стеклом в тёмном подвале. Ребёнок сидел у окна и, прижавшись к стеклу, смотрел на суровую улицу и смеялся. Смеялись голубые глазки, и влажный ротик, и ямочки на щёчках.

Наклонился старый мороз и поцеловал окно, и от его поцелуя чудные листья и цветы из блестящего льда покрыли тусклое стекло. И смеющееся личико скрылось за их сверкающим узором.

## II

В тёмной комнате мрачно и печально. Но ребёнок освещает её, оживляет и наполняет своим нежным весенним щебетаньем. Мать сидит тут же. Часто она отрывает глаза от работы, обращает взгляд на своё маленькое солнышко, и её истомлённое лицо озаряется его отблеском. И долго-долго она сидит и шьёт, пока последний луч короткого зимнего дня не уходит из глухой улицы. Огонь зажигать ещё рано. Она берёт ребёнка на колени, крепко-крепко прижимает его к себе, и сама прижимается губами к его тёплой золотой головке, покрытой пушистым шёлком младенческих кудрей.

Что бы ни случилось, эти щёчки останутся розовыми, эта головка будет всегда тепла, и маленькое тельце сохранит свою полноту и нежность. Скорее она умрёт от непосильной работы, чем... Умрёт! А что тогда? Что тогда будет с её крошечным родным мальчиком? При одной мысли об этом слёзы капают на детскую головку.

– Мама, не плачь, – моя мама! Мама, расскажи мне про ёлку!

И она в сотый раз рассказывает сказку про ёлку, – про сказочную ёлку, что бывает только за горами, за долами, у богатых детей, и сияет бесчисленными свечами...

– Сколько свечей? – спрашивает ребёнок. – Много? Пять? Две?

– Да, две, и ещё больше... Много-много...

Сгущаются чёрные тени; темнее и темнее в маленькой комнате; детские глазки закрываются, и, убаюканный сказкой о чудесной ёлке, ребёнок засыпает и видит ангельские сны... И спит он спокойно как птенчик в родном гнезде...

Грудь у матери ноет и болит, но она ничего не чувствует, кроме воспоминаний, которые впились в её бедное сердце, и терзают, и гложут его...

Темно. Она не видит своего мальчика; она слышит только его ровное дыхание и ощущает его мягкие волоски под своей рукой... И у него были волосы мягкие как шёлк, но только не золотые, а темные-тёмные... Он был сильный и стройный; на его могучую руку она опиралась с гордостью и верой; на его груди покоилась её голова как птенчик в гнезде... И лежит он холодный в мёрзлой земле, и лежит на его груди земля, всё та же земля, и глубокий снег... Ничего он не слышит, ничего не видит... Нет его! – Нет и никогда не будет...

Давно ли? Всего три года тому назад... Он был молод, он любил так горячо и так смело! Он верил, что всё удастся и устроится; он целовал её, и она верила... Только быть вместе, и всё будет хорошо! Но нет его, нет и никогда не будет...

О, эти несчастные, слабые руки! Вы бессильны защитить маленького мальчика, если придёт беда; вы годны только на жалкую, ничтожную работу... О, если б быть не здесь, в этом огромном, чужом городе, в этом страшном океане, где заблудилась она со своим ребёнком, где надеялась когда-то завоевать будущность вместе с ним...

Но нет его, нет и никогда не будет...


# III


Солнце сияло так роскошно, что уделило один блестящий луч и для тёмного подвала. Устремился блестящий луч, пронизал тусклое окно, проник в унылую комнату, отыскал там детскую золотую головку и остановился на ней, лаская пуховые волоски.

Ребёнок смеётся за окном; у окна, на улице воркуют голуби. И, пригретые одним горячим лучом, они радуются вместе – розовый мальчик и сизые птички.

Матери нет, она ушла. Но она никогда не уходила надолго. Она брала работу только на дом. Но много ли она могла сделать? Она не готовилась к труду и ничего не умела.

Свет её жизни, маленький ребёнок, связывал её по рукам и по ногам. Но без него не стоило бы и жить...

Никого она не знала в огромном городе, не к кому было обратиться, не на кого надеяться. И она брала жалкую подённую работу и убивалась над нею день и ночь. Ребёнок расцветал, мать умирала.

Иногда она сознавала, что умирает. Но нет, не может быть! Бог не допустит этого. И она старалась об этом не думать.

Теперь она думала больше всего о ёлке. Безумное, бессмысленное, хотя и естественное желание! Вот и видно, что не простая женщина, а барышня... И как это ещё уцелело в ней? Едва-едва можно жить – а ёлка не выходит из головы. Вот, если бы он был...

Но его нет! Нет...

Она шла быстрою походкой, как могла скорее. Но вдруг остановилась как вкопанная. Перед ней, за огромным зеркальным стеклом, благоухал целый сад.

Посреди белели жемчужные цветы ландышей, целый лес ландышей; за ними кивали своими колокольчиками ряды розовых и голубых гиацинтов. Нежные розы, удручённые тяжестью и красотой своих душистых лепестков, склоняли царственные головки на гибкие стебли. Дальше подымался целый лес перистых и разрезных пальм, широколистной и кудрявой зелени. И всё это сверкало каплями воды, дышало свежестью, залитое ярким светом газовых ламп. Праздничная выставка цветочного магазина приковала к себе молодую женщину. Она приникла бескровным исхудалым лицом к зеркальному стеклу и жадно любовалась цветами, и ей казалось, что воздух, которым дышали эти цветы, окружает её своей мягкой атмосферой.

Принести бы сюда его, её маленького мальчика. Что бы она дала, чтобы пустить его на это поле ландышей! Пусть бы он ходил по этому выхоленному газону своими быстрыми ножками, обрывал цветы своими розовыми ручками! Хоть показать ему...

В тот же вечер она принесла ребёнка к окну цветочного магазина. Мороз немного спал, и она тепло закутала мальчика во всё, что у неё было... Сама она дрожала от холода, но крепко прижимала к себе тёплое детское тельце и улыбалась посиневшими губами, приближая детское личико к ландышам, благоухавшим за стеклом.

Но ребёнок тянулся в другую сторону.

– Мама! – закричал звонкий голосок. – Ёлка! Это ёлка! Ёлка!

# IV

Да, это была ёлка. Рядом с цветочным магазином красовалась большая кондитерская, и сквозь стёкла её ближайшего окна сияла небольшая ёлка, увешанная бонбоньерками и блестящими украшениями, разноцветными фонариками и восковыми свечами.

– Мама, я хочу ёлку! Пойдём, где ёлка! – повторял ребёнок.

Она подошла. Войти в эту кондитерскую нечего было и думать. У неё не было ни одного гроша в кармане. Дома оставалось только несколько жалких серебряных монеток, – молоко и хлеб маленького мальчика.

Он плакал и тянулся к ёлке. Она вошла.

– С Богом, матушка! С Богом, не взыщи! – встретил её грубый голос.

Так и следовало ожидать.

Она прижала к себе покрепче плачущего ребёнка и почти бегом воротилась в свою глухую улицу, в свой тёмный подвал. Её начинала пробирать страшная дрожь. Она удерживалась, чтобы не дрожать слишком сильно.

– Мама, ёлку! Я хочу ёлку! Моя милая мама!

– Подожди, моё сокровище, не плачь, мой ангелок. Будет тебе ёлка, мой родной мальчик!

# V

Она непременно сделает ёлку; больше ни о чём она не могла думать. И случай помог ей. Святки почти кончились; рождественские ёлки отжили свой век и, лишённые своих огней и украшений, валялись в тёмных углах, на занесённых снегом дворах и сорных кучах. Одну такую маленькую ёлку она нашла где-то у забора и принесла её в свой подвал.

Ёлка есть! Остаётся только украсить её и достать свечек... Только!.. Но как это сделать?

Она скоро нашла средство. Молоко и хлеб, иногда яичко для крошки, несколько поленьев, чтобы согреть маленькую железную печку – это необходимо. Остальное не нужно! Она проработала целую ночь, а днём и не вспомнила о куске хлеба, который для себя оставила. Но зато вечером она купила десяток маленьких восковых свечек, всех цветов: и розовых, и голубых, и жёлтых. Она любовалась ими как ребёнок и спрятала их как сокровище.

Маленький мальчик спал.

– Будет у тебя ёлка, мой родной сыночек!

На другой день она съела свой чёрствый кусок. И чего ей ещё? Совершенно довольно! Зато она принесла домой горсть золотых орехов и три румяных, блестящих яблочка. "Я сделаю ему ёлку под новый год!" – радостно думала она. И опять не ложилась всю ночь, и проработала весь день, а вечером, когда отнесла работу, вернулась с целым свёрточком пёстрых пряников и конфеток.

Последний день старого года погас. Наступил вечер.

Опять разыгрался мороз крепче прежнего, и пошёл гулять по огромному городу, и заглянул в глухую улицу, в тёмный подвал, и увидел чудную картинку.

В тесной комнате горел яркий свет. Посреди стояла маленькая кудрявая ёлка и бросала на потолок узорную тень своими стрельчатыми ветвями. Золочёные орехи и красные яблочки, пёстрые конфетки и восковые свечки блестели и горели в тёмной зелени. Хорошенькая была ёлочка, хотя бедная и убогая. Но как хорош был маленький розовый мальчик, который бегал вокруг ёлки, и щебетал как крошечная милая птичка в весенней роще, и хлопал крошечными ручками! Огоньки свечей отражались в светлых глазках; щёчки разгорелись.

– Мама, моя мама! Это моя ёлочка, моя милая ёлочка!

Она целовала его золотую головку. Грудь её ныла и болела. В глазах у неё всё темнело, голова всё кружилась...

– Мой мальчик! Мой родной маленький мальчик... Ты любишь свою маму?..

О, Боже мой! Отчего так дрожат её руки и ноги? От радости или оттого, что она сегодня ничего не ела?

– Моя крошка! О, что будет, если я умру?!

Но не крошке отвечать на этот вопрос. Он бегает и щебечет, щебечет и бегает, пока не догорает последняя свечка. И тогда, утомлённый радостью и волнением, он засыпает на руках у своей мамы.

Она бережно кладёт его на мягкую подушку в корзинку, которая заменяет ему постель. Она зажигает крохотный огарок, чтобы посмотреть ещё на спящего ребёнка, и становится около него на колени.

Тяжело-тяжело дышит бедная грудь. Болит и ноет сердце, но не от воспоминаний. Нет никаких воспоминаний, никаких мыслей нет больше... Всё уходит, голова кружится; она низко-низко склоняется над сыном и только тихо повторяет:

– Мой мальчик! Мой крошечный родной мальчик!

Тихо-тихо. Пахнет смолистой ёлкой. Маленький мальчик спит. Разгорелись круглые щёчки, спокойно лежат на них золотые ресницы; розовый ротик полуоткрыт и дышит спокойно. Пристально, не отрываясь, смотрит на него молодая женщина.

Молодая!.. Где же молодость на этом увядшем лице, в этих потухших, страшно углублённых глазах?

Острая, жгучая боль внезапно наполняет её грудь. Она хватается рукою за сердце, точно думает удержать этою исхудалою, горячею рукою разрывающееся сердце, спасти его для жизни...

– Боже мой! Что же это такое? Моё бедное, родное дитя!

Она склоняется вперёд, дрожит всем телом; тяжёлая голова

бессильно опускается на изголовье ребёнка... Но спит, не просыпается маленький мальчик, и не чувствует, что остался один на свете, что нет у него больше мамы.

Она ушла и поручила его новому году...

# VI

Старый год канул в вечность и унёс с собою измученную душу. Поднялась ли она, облегчённая, прямо к небесам, или замерла на светлых крыльях и рыдает в безграничном пространстве, простирая бесплотные объятия к своему маленькому мальчику?

Кто знает!..

# НОЧЬ НАКАНУНЕ ИВАНА КУПАЛА

## I

Старый, большой деревенский сад стоит неподвижно, залитый лунным светом. Чёрные тени лежат под деревьями, в глубине сиреневых клумб, на луговинах и на дорожках.

В цветниках, около небольшого деревянного дома, белеют цветы светлыми пятнами; в густой траве сверкают капли росы, отливая зелёными огнями. Все окна в доме и стеклянная дверь на террасу отворены настежь. Из этой двери, ведущей в единственную освещённую теперь комнату, несутся звуки фортепиано. Всё остальное темно; оконные стёкла блестят от лунного света, и совсем белым кажется серый дом. Лучи месяца врываются в тёмные комнаты, скользят по стенам, бросают узорчатые тени на пол и убеждаются, что дом пуст. Всё население разбрелось по саду в тёплую июньскую ночь, – ночь накануне Ивана Купала.

Только одна пожилая девица, которая боится росы и лягушек, играет мендельсоновскую фантазию в опустелом доме. Воздух полон благоуханием жасминов, которые разрослись огромными кустами у самого дома и теснятся у широкой лестницы, покрытые бесчисленными белыми цветами.

На площадке, отделяющей дом от группы старых лип и сосен, с которых начинается большая аллея, стоит молодой человек, одиноко размышляя. Сигара почти потухла в его руке.

– Куда это они все девались? – спрашивает он себя лениво.

Да, куда все девались, в самом деле?

Он сворачивает в аллею направо; его шаги тихо скрипят по песку; крупные листья шелестят над его головой, колеблемые тёплым ночным ветром. Под липами совсем темно; зелёный огонёк светляка блестит в густой траве, налево от дорожки. Что это, как будто, женский голос? Он явственно расслышал своё имя и остановился.

## II

В аллее, в двух шагах, горячо разговаривают. Должно быть, они сидят на скамейке; только одна большая липа отделяет его от них.

Да, он узнаёт оба голоса, особенно один – нежный, но звонкий и серебристый, который звенит как струна в ночном воздухе. Он-то и произнёс его имя, и произнёс с такой страстной нежностью, что трудно, очень трудно не броситься вперёд, за липу, к этой скамейке... Но они там вдвоём. Теперь слышится другой голос, спокойный, низкий, грудной голос.

– Да что говорить о нём! Всё дело в тебе. И я, право, не знаю, что мне с тобой делать! – произносит он с ленивой укоризной.

– А я разве знаю? Я сама не знаю! И ты думаешь, мне легко?.. – раздаётся пылкий, быстрый ответ.

– Сначала ты всё кипятилась из-за того, что никак не можешь влюбиться... Теперь, когда ты, наконец, влюблена... Да скажи ты мне на милость, влюблена ты или нет – раз навсегда?

– Раз навсегда: да! Тысячу раз, сто миллионов тысяч раз!

– Так зачем же ты делаешь всё на свете, чтобы доказать ему противное? Зачем ты его мучишь и дразнишь?

– Да разве я его мучу и дразню?

– А ты зачем же улыбаешься? Сама знаешь, что да! Как он ни влюблён...

– А он наверное влюблён? Ты думаешь?.. Честное слово?

– В который раз тебе это говорить! Разумеется, да. Право, я тебя не понимаю. На твоём месте...

– Ах, пожалуйста, не говори ты: на твоём месте! Скажешь глупость... На моём месте тоже самое сделала бы, что и я. Когда я не могу! Уж, конечно, невозможно больше любить, чем я его люблю... Ты не знаешь, как он мне нравится... Право, Маша, как он войдёт – у меня всякий раз в глазах потемнеет, сердце бьётся, бьётся... Я никого другого уж не вижу; мне вдруг до всего мира всё равно, только он один, он и я... Так я и бросилась бы ему на шею...

Тут нежный голос зазвенел; в нём прозвучала неудержимая, юная страсть, слёзы радостного волнения.

Ветви ближайшей липы подозрительно зашумели и задвигались как живые.

– Кто там? – испуганно раздалось со скамейки.

В ответ наступило глубокое молчание. Чёрная фигура неподвижно стояла за липой; светляк мирно сиял в траве, и недалеко от него догорал красный огонёк брошенной сигары.

Разговор опять возобновился.

– Всё это прекрасно, но от этого ничуть не легче. Что бы ты ни чувствовала, а говоришь ты ему одни неприятности. Кончится тем, что ты выведешь его из терпения, и он бросит тебя...

Тёмная фигура за липой не согласилась с этим: ни в каком случае.

– Но что же мне делать, Маша? – голос принял смиренный оттенок.

– Вести себя иначе, во всяком случае! Не дразни его каждую минуту...

– Не могу, не могу! Ты не знаешь, точно какой-то бесёнок сидит во мне и так и подмывает его дразнить... Но ведь я только дразню; если бы он меня любил, как следует, разве бы он стал обращать внимание на такие пустяки?

– А что же ему напролом что ли идти?

– Конечно, напролом, а то как же?

Ответ был произнесён совсем другим тоном – весёлым и решительным. Чёрная фигура приняла к сведению и с трудом удержалась оттого, чтобы не идти напролом сейчас.

Но месяц, также подслушивавший беседу, не выдержал: он заглянул сквозь густые ветви в аллею и прямо направил на скамейку свой любопытный луч; этот луч скользнул по белым платьям молодых девушек и озарил их своим бледным сиянием.

Одна была тоненькая и белокурая, другая – массивная брюнетка. Единственное, что было в них общего, это то, что они обе были хорошенькие девушки; во всём остальном они составляли полнейшую противоположность и потому были необыкновенно дружны. При лунном свете обе казались бледнее обыкновенного, но ничуть не хуже. Так, по крайней мере, казалось тёмной фигуре, смотревшей из-за липы. Она сама стояла в тени, и потому никто не узнал бы в ней теперь того самого счастливца, о котором столько говорилось в аллее, которого так любили, хотя и дразнили... Но "счастливец" ясно рассмотрел знакомые тонкие черты, лёгкие пряди волос над нежным лбом и, главное, большие, светлые, задорные глаза и насмешливый ротик, не дававший ему покоя. Ещё светлее и воздушнее казалось это видение рядом со спокойной, сильной фигурой черноволосой девушки с задумчивым взором глубоких глаз...

Набежала лёгкая тучка и скрыла любопытный месяц; аллея снова потемнела, и на скамейке остались только два белых, смутно очерченных силуэта.


## III

Теперь голоса звучали весело и беззаботно.

– Я решила, Маша. Ты знаешь, я нарвала трав.

– Каких трав?

– Ах, Господи, разве ты не знаешь? Гадание! Надо на заре, не говоря ни одного слова... Надо тебе сказать, мы пошли с Варей: это было, конечно, ужасно трудно. Мы просто помирали со смеху. Надо нарвать тринадцать разных трав, только непременно молча и всё разных, и положить к себе под подушку. Когда ляжешь – тоже не говорить ни слова... Ты не будешь меня смешить, когда мы ляжем?

– Не буду.

– Смотри же. Ну, и с вечера всё думать... о чём хочешь. Если увидишь во сне...

– Какие глупости!

– Мало ли что глупости, а я так хочу. Я загадала. Увижу его, тогда...

– Ну, что тогда? Сама объяснишься ему в любви?

– Вот ещё! Ни за что на свете! Но только тогда я сейчас же... – тут голос понизился до шёпота, и, как ни старались за липой, конец интересной фразы так и не удалось расслышать.

Потом на скамейке ещё долго шептались и смеялись.

– Пора! – раздалось, наконец, громче.

– Что же мы так вдвоём и пойдём?

– Непременно вдвоём! И главное, чтобы никто не знал.

– К глухому пруду?

– Да. Мы пройдём в нижнюю калитку и оставим её отворённой; если увидят, то наверное подумают, что мы пошли к колодцу, а мы обойдём кругом, за садом, и к пруду.

– Только там мокро ужасно, Оля, и две канавы по дороге.

– Три. Что ж такое! Уж ты не боишься ли?

– Чего там бояться! Но зачем же мы пойдём?

Несмотря на сомнение, выраженное этим вопросом, послышались лёгкие удаляющиеся шаги и шорох платьев.

– Там самые лучшие папоротники, и потом этот пруд такой особенный! Мне всегда кажется, что там русалки. Хотя я и не верю...

Далее уже ничего нельзя было расслышать. Белые платья мелькнули по дорожке, спускавшейся к калитке; калитка хлопнула; зашуршали кусты за садом, и всё стихло.

Тогда в липовой аллее раздались более решительные и твёрдые шаги: от липы отделилась тёмная фигура и направилась к дому. При выходе из аллеи ей встретилась другая чёрная тень; обе они остановились и, оказавшись при лунном свете двумя высокими молодыми людьми, обменялись несколькими весёлыми словами, а затем дружно зашагали вместе и исчезли под деревьями.

## IV

Большой заброшенный пруд давно заглох и зарос тростником, но в средине его ещё было много воды, в которой блестел теперь месяц. Старые развесистые берёзы росли по высокому валу, к которому подступал частый, густой лес почти со всех сторон; только в одном месте к берегу примыкала луговина, подымавшаяся в гору, к усадьбе: и пруд, и обступивший его лес лежали в глубокой лощине, над которой подымался серебристый туман в этот поздний час.

В чёрной тени больших берёз давно уже стояли две безмолвные фигуры, такие тёмные и неподвижные, что их можно было также принять за два пня или дерева по желанию.

Только огонёк неразлучной сигары выдавал несомненную принадлежность, по крайней мере, одной из них к миру людей вообще и курящих молодых людей в особенности.

– Они! Наконец-то!

Действительно, в лесу послышался слабый треск сухих сучьев, и на валу пруда мелькнули белые платья.

– Как здесь хорошо! Как хорошо! – закричал весёлый голос.

– Сыро уж очень! Надо платья чуть не до колен поднимать.

За берёзами раздался смех.

– Маша, ты слышала?

– Что?

– Кто-то засмеялся?

– Вздор!

– Нет, ты послушай?

Они прислушались. Всё было тихо, только лес шумел кругом, и маленькая птичка чирикала где-то в чаще.

– Тебе показалось. Ну, куда же мы?

– В лес, на ту сторону. Постой, только светляка достану. Смотри, как он красиво блестит в тростнике.

Она спустилась с вала и нагнулась над прудом. Светляка было трудно достать; он забрался глубоко в росистую траву.

Молодая девушка так занялась им, что и не заметила, что произошло на валу. Слышала она шаги, лёгкий крик...

"Маша на лягушку наступила!" – подумала она, улыбаясь.

Но затем слишком уже тихо стало кругом...

– Маша!

Где-то далеко впереди отозвалась Маша.

– Куда же ты? Подожди меня!

Серебристый туман вился над прудом. Таинственно и странно белел он между деревьями, принимая смутные, непонятные формы. Точно чудные тени сплелись в одну большую гирлянду, и вьются, и подымаются, стараясь разъединиться и разлететься в разные стороны... Казалось, что из этих сонных вод, в которых отражался месяц, выйдет страшная белая русалка и засверкает своими водяными зелёными очами, отряхая блестящие брызги с длинных волос... А на чёрных сучьях сухой берёзы притаится мохнатый леший и закричит дивим голосом...

Странный, протяжный крик прозвучал и замер в чаще...


## V


С бьющимся сердцем молодая девушка взбежала на вал и осмотрелась кругом.

Она была одна.

Правда, ей показалось, что какая-то чёрная фигура мелькнула и спряталась за деревом, но это, верно, только показалось. Однако, она невольно вздрогнула и поспешила вперёд, в лес. Маша, конечно, по ту сторону пруда, там, где растут папоротники. Скорее к ней, а то как-то страшно одной...

Сыро и темно было в лесу; сухой лист шуршал под ногами; тёмное небо со своими редкими звёздами едва сквозило в вышине. Всё гуще и гуще становился лес.

– Маша! Маша-а!

Звонкий голос прозвучал в ночной тишине и оборвался...

Вместо ответа раздался опять тот же странный, дикий крик и ещё – с другой стороны...

От этого крика сердце замерло у неё в груди, и, ничего не помня, сама не зная зачем, она побежала как встревоженная лань, задевая краями белого платья за низкие ветки и за кусты густого папоротника...

Она бежала вперёд, в лесную чащу...

Что это такое? Что за страшная чёрная фигура с уродливой головой? Да это просто старый пень, обросший мхом... Но там, впереди, уже не пень... Кто-то стоит...

Длинное белое что-то стоит и не движется... Чем ближе, тем длиннее... Это не может быть Маша!

Она останавливается и всматривается с бьющимся сердцем, задыхаясь от быстрого бега. Господи! Можно ли быть такой трусихой!? Это просто просвечивает поляна между двух старых осин!

Сырой луг тонет под ногами; кочки, заросшие жёстким брусничником и кустами папоротника, поднимаются там и сям. Болото!

Месяц, должно быть, зашёл. Небо совсем черно над головой; ярко горят звёзды. Лес вздымается кругом чёрной стеной; густой туман клубится над поляной, и плывёт в лес белыми полосами, и тает между деревьями. Светляки горят целыми десятками на мшистых кочках...

– Да я, однако, заблудилась! – сказала девушка громко.

И ей стало страшно-страшно...

Вдруг в лесной тишине прозвучал колокол... Звуки его пронеслись среди ночи из отдалённого села; тихо и стройно прозвенел металлический голос, возвещая наступление полночи...

Вот она полночь – таинственный час, когда подымаются русалки из забытых вод, когда расцветает огненный цветок в непроходимой чаще, когда бродит лукавый леший...

Она невольно озирается кругом и слабо вскрикивает...


# VI

По поляне движется высокая чёрная фигура; вот она идёт ближе и ближе, прямо к ней... И в ту же минуту у ног её, в кусте папоротника, вспыхивает яркая красная искра...

Неужели в самом деле папоротник цветёт?.. Боясь оглянуться, вся дрожа, она наклоняется и протягивает руку...

– Не трогайте, обожжётесь! – кричит голос прямо за ней.

Если это и леший, то леший знакомый; она тотчас узнаёт его голос, который заставляет её сердце забиться с новою силой, но уже не от страха...

– Так это вы? Не более того! – произносит она немедленно с таким ироническим пренебрежением, которое делает честь её уменью притворяться, особенно в эту минуту, когда бурная радость охватывает всё её существо.

Ответ следует далеко не прямой и до того неожиданный, что,

прежде чем она успевает опомниться, уже не остаётся никакого сомнения ни в её, ни в его взаимных чувствах. Как это вышло – Бог знает, но в лесу неизвестно почему раздаётся звук нежного поцелуя.

– Я иду напролом, – объясняет дерзкий леший.


# VII

Долго объясняться, впрочем, не пришлось. Пруд оказался очень близко, и не только пруд, но и Маша, и её неизбежный спутник-кузен тоже явились неизвестно откуда... Всё происходило неизвестно как и почему в эту чудную ночь...

– Маша, и тебе не стыдно?

– Отчего бы это? Ты скажи лучше, где ты пропадала?

– Вот уж не тебе бы спрашивать!

– Её леший водил...

– Молчите, милостивый государь. Разве это не ужасно с вашей стороны пугать меня и этак кричать... Ведь это вы кричали?

– Я.

– Нарочно?

– Конечно, не нечаянно.

– И вы уронили вашу гадкую сигару в папоротник?

– Я! Я! Всё я!

– И всё нарочно, разумеется. Спрашивается зачем?

– А чтоб вас дразнить, милостивая государыня!

– Меня дразнить!! Можно бы, кажется, не дразнить...

– Не могу, не могу. Ты не знаешь, точно какой-то бесёнок сидит во мне и так и подмывает дразнить...

– И это вы называете любовью?

– Но ведь я только дразню; если б вы любили меня как следует, вы не стали бы обращать внимание на такие пустяки...

– Вот как! Нет, это уж ни на что не похоже!

– А потому вы уж идите напролом – как я сделал!

– Маша! Нет, ты слышишь?

– Что?

– Ты послушай, чем занимаются наши молодые люди: они подслушивают!!

– А тринадцать трав положите под подушку?

– Это ещё что? Да он всё слышал, решительно всё!

– Нет, не всё: я так и не знаю, что вы сделаете завтра, если увидите меня во сне.

– Проплачу целый день. Нет, как вам не стыдно было подслушивать и потом пугать меня так ужасно?

– Я шёл напролом; что же мне оставалось больше? А напугать вас было тоже совершенно необходимо: на то и ночь накануне Ивана Купала.

# ЖИВОЕ ПРИВИДЕНИЕ

## I

То была полуразрушенная, запущенная барская усадьба. Множество старых строений, обвалившихся, ветхих, свидетельствовало о прежнем величии. Сохранился только дом, большой деревянный дом на каменном фундаменте, с крышей, пестревшей заплатами, с широкой террасой под холщовым навесом, заплетённым растениями. Оранжерея давно рухнула; конюшни стояли запертыми; сараи опустели. Вся жизнь сосредоточивалась в большом доме. На широком зелёном дворе перед домом пестрели клумбы; в глубине огромного сада, не расчищенного с незапамятных времён, деревья разрослись, распростёрли всюду свои пышные ветви, отягчённые листвою, и взяли под свою защиту старую усадьбу. Они закрыли ветхие строения, заслонили от насмешливого взора провалившиеся крыши и покривившиеся стены; они обступили старый дом, широкий двор. Сирень и шиповник образовали целый лес у обвалившегося забора: некому было их расчищать и подрезать, и они переросли ветхие столбы, стеснились, спутались и росли чудной сплошной массой зелени, которая вся сияла теперь розовыми звёздами шиповника и серебристо-лиловыми кистями сирени. Благоухание разносилось далеко по всей усадьбе, по всему лугу, усеянному маргаритками, которые из большой клумбы давно распространились всюду. В его густой траве цвели и голубые барвинки, и яркие гвоздики – всё остатки когда-то пестревших цветников. За домом высилась стена старого сада, переходившего в берёзовую рощу; а роща поднималась на вал огромного четырёхугольного пруда и здесь обступала его, отражаясь в светлой, зеркальной поверхности. Этот пруд уцелел в усадьбе, оттого что так высоко выкопали его в старые времена. Редели деревья по его берегам; то тут, то там обрушивалась огромная седая берёза или ель с чёрными от старости иглами; то буря сломит, то само упадёт от старости величавое дерево, и так и оставались они на высоком валу, купая в глубокой воде мёртвые ветки, приминая зелёную траву огромными стволами, одетыми косматыми лишайниками...

Бесчисленные стаи птиц гнездились в роще и саду, оживляли всё кругом и наполняли воздух радостным пением и щебетанием...

Но дом стоял, таинственный и молчаливый, среди зелени и цветов... Казалось, там никто не жил...

# II

Так думалось двум молодым людям, проходившим мимо запущенной усадьбы в чудное майское утро.

— Неужели там никто не живёт? Какая досада! — воскликнул один из них, остановившись на дороге, против дома.

— Да, тут хорошо жить, — отозвался его товарищ задумчиво. — Удивительная поэзия в этой старой усадьбе. Так и просится на полотно этот серый дом с пятнами солнечного света на холсте террасы, с этой тяжёлой массой обступившей его зелени, с резкими тенями в глубине кустов и деревьев...

— Ну, ещё бы ты этого не нашёл! Художник!

— Разве ты не находишь, что этот дом — чудная картинка?

— Ты пейзажист, мой милый, а я пейзажей без фигур не люблю. Я нахожу, что этот пейзаж — прекрасный фон для прекрасной фигуры...

— Женской?

— Разумеется. Я нахожу, что на этой террасе, в этих запущенных клумбах, в этом тёмном саду недостаёт белого платья... Конечно, с тем условием, что личико и фигура будут достойны этого традиционного белого платья, в которое романисты обыкновенно одевают своих хорошеньких героинь летом... Ты не находишь?

— Да... — рассеянно отозвался художник, но видно было, что он думал о другом.

Его умное нервное лицо, в котором красота взгляда и высокого лба заставляла забывать об отсутствии другой, общепонятной красоты, выражало задумчивую усталость.

— Мне, напротив, хотелось бы, чтоб там никто не жил, — сказал он вдруг. — Пожить в таком уединении самому, отдохнуть — вот чего бы мне хотелось.

— Отдохнуть? От чего бы это? От шатания с утра до вечера по полям и лесам вместе с твоими красками, зонтиком и прочими принадлежностями? Да ещё и со мной в виде аксессуара?

Художник улыбнулся.

— Ведь я тебя нисколько не заставляю ходить со мной. Чего ж ты? — сказал он.

— Что же мне ещё остаётся, скажи на милость? Охоты никакой нет, делать совершенно нечего. Уехать не могу. Умираю с тоски в этой "зелёной глуши", как тебе угодно это называть; зову друга усладить моё одиночество; друг приезжает, схватывает кисти и палитру и удирает от меня в лес... Ведь, согласись, что это именно так случилось...

— Соглашаюсь...

— Что ж мне делать? Вот я и бегаю за тобой, и помогаю тебе таскать твои ящики.

— Однако, не затем же я вырвался из Петербурга весной, чтобы просидеть в четырёх стенах, когда кругом чудная природа!

– Чёрт бы её побрал! Тебе хорошо – ты малюешь. А мне что делать?

– Ты можешь курить, – и художник протянул ему папиросу.

– Да, это, конечно, утешение, – вздохнул приятель. – Только одна беда: я влюблён.

– Ты! В кого?

– В том-то и дело, что ни в кого. Так вообще влюблён. И стражду, что нет достойного предмета, к которому можно было бы устремить свои...

– Вздохи.

– Именно!

– Мало ли тут женского населения по деревням – чего тебе лучше!?

– Благодарю покорно! Нашёл героинь романа!

– Такого, как тебе нужно.

– Извини. Мне нужно героиню... настоящую героиню...

– В белом платье?

– О, да! В белом платье. С лазурными очами, милый друг, с небом во взорах, с рекой золотистых кудрей, с...

– Постой. Вот тебе героиня, пока не в белом, а в красном платье, и не с золотистой рекой кудрей, а с чёрной... если я не ошибаюсь!..


### III


Они проходили мимо покривившейся, расшатанной избы с зияющими окнами, давно лишёнными рам и стёкол. Высокая зелёная крапива, огромные репейники и широкие, гигантские лопухи разрослись под окнами и окружали ветхое строение сплошною стеною. Одна из оконниц, украшенная грубой почерневшей резьбой, служила рамкой яркой, живой фигуре. У окна стояла молодая девушка.

Её смуглое овальное лицо оживлял нежный, но горячий румянец брюнеток. Большие блестящие светло-зелёные глаза, обрамлённые чёрными ресницами, казались чёрными от огромных чёрных зрачков, заставлявших их сверкать как два живых бриллианта. Тонкие черты, яркие губки, две ямочки на смуглых щеках придавали всему лицу милое и нежное выражение, смягчавшее строгость чёрных бровей и серьёзность блестящего взгляда. Чёрные, очень густые, вьющиеся волосы вырывались из-под яркого красного платка и падали беспорядочными кольцами и прядями на лоб, сбегали на плечи, на смуглую открытую шею и полуобнажённые руки, перепутываясь с ярким шёлком бахромы, пестреющей золотыми нитями. На ней был странный костюм – нечто вроде русской рубашки с вырезанным воротом и рукавами, поднятыми выше локтя; рубашка эта из палевой шёлковой материи, вся расшитая пёстрыми шелками, почти сливалась своим оттенком с бледно-смуглой шеей и руками девушки. Целый каскад янтарей, кораллов, золотых монет и пёстрых бус блестящей струёй обвивал её шею и спускался на грудь. Ярко-красный передник с лифом точно большим красным шарфом опоясывал её стан и довершал этот пёстрый, яркий наряд. Её обнажённая левая рука, вся звенящая браслетом из золотых монет, облокотилась на подоконник, и в ней была палитра, вся перепачканная красками.

Молодые люди смотрели на незнакомку во все глаза, притаившись в кустах бузины.

– Палитра! Это по твоей части!..

Услыхавши шорох, молодая девушка высунулась из окна и, звеня и сверкая своими браслетами и ожерельем, вся залитая майским солнцем, склонилась головкой над зарослью крупных сочных трав, разросшихся у дороги. В левой руке она продолжала держать палитру, а правой заслонила от солнца свои блестящие глаза.

– Сеня, Даша, это вы? – закричала она звонким, весёлым голосом.

Художник не успел оглянуться, как его друг уже стоял под окном.

– Это не Сеня и не Даша, а – Костя и Саша! – закричал он с разбега и вдруг, снявши шляпу, низко поклонился и прибавил с некоторым замешательством, – с вашего позволения...

Молодая девушка отскочила от окна и вспыхнула; брови её гневно сжались. Но через несколько секунд она как будто передумала и, облокотившись на подоконник, слегка улыбнулась.

Может быть, её художественный взгляд – а судя по палитре, это, конечно, была художница – с удовольствием остановился на стройной фигуре молодого человека, который стоял на дороге в почтительной позе, предоставляя солнцу золотить свои красивые каштановые волосы и освещать самым выгодным светом не менее красивое, интересное лицо, пленявшее стольких петербургских дам. Он сам сконфузился от своей неожиданной выходки и теперь не знал, что начать.

Незнакомка сама вывела его из затруднительного положения:

– Ну, а если я не позволю? – спросила она насмешливо.

– Тогда... я умру на месте, – отвечал он, не задумываясь. – Перед смертью позвольте вам представиться: ваш сосед, Константин Бартенев, а это мой приятель – Александр Иванович Волков, художник.

– Если хотите знакомиться, – сказала девушка, улыбаясь, – идите в дом. Там мама. Она гостеприимная женщина и ничего не имеет против соседей. А здесь моя мастерская – сюда я никого не пускаю.

И с этими словами она окинула обоих друзей смеющимся, блестящим взглядом и исчезла.

# IV

Друзья переглянулись и засмеялись.

– Какова художница! – сказал Волков. – Прелесть что за головка!

– Предупреждаю тебя, что я влюблён.

– Уже? Я тебе мешать не стану. Я только с точки зрения искусства...

– Знаем мы ваше искусство. Однако идём к "маме"!

– Как? Куда?

– Знакомиться, чёрт возьми! Сказано: "Идите к маме". Неужели же пропустить такой случай? Я ж тебе говорю, что я влюблён.

– Однако, как же так, прямо? Ведь мы даже и не знаем, кто такая эта барыня. Хоть разузнать сначала.

– Не всё ли равно? Да вот какие-то ребятишки идут, спросим. Мальчик, послушай, как тебя звать?

– А Сенькой, – отвечал быстроглазый курносый мальчик лет одиннадцати, за которым застенчиво пряталась крошечная беловолосая девочка.

– Вот как! А сестру твою Дашей зовут?

– Дашкой.

– Вот они, Сеня и Даша! – воскликнул Бартенев, чему-то обрадовавшись. – Ну, Сенька, ты мне скажи, кто тут живёт – я тебе гривенник дам.

– Гривенник?

– Двугривенный. Говори живее!

– А что говорить-то?

– Кто здесь живёт, в этом доме?

– В этом доме? Известно, наша барыня.

– Ты что же, к ней идёшь?

– К барыне-то? Нету. Мы к барышне.

– Как её зовут, барышню?

– А Варварой, Варварой Михайловной. Мы к ней.

– Зачем же? В гости, что ли?

– А она посадит Дашутку, а я стоять буду, и картину с нас рисует. И потом пятачок даст – мне пятачок и Дашутке пятачок. Таки махоньки пятаки, светлые. Серебряные, стало быть.

– Ну, вот тебе двугривенный. Спасибо, что сказал. Ну, а барыня теперь где?

– Кто? Марья Николавна? Где же ей быть? Чай дома сидит.

– Как её фамилия? Как её зовут?

– Так и звать Марьей Николавной. Барыня!

– Довольно тебе к нему приставать, – вмешался Волков. – Будет с тебя. Пойдём.

– Пойдём. Да куда ты?

– Как куда? Домой.

– Что-о? Идём знакомиться к Марье Николаевне.

– Ни за что! Можешь идти один, если хочешь.

– Один я идти не хочу, а знакомиться хочу, и потому ты пойдёшь со мной.

Художник вздохнул и покорился.


# V

Друзья обманулись в своих ожиданиях. С Марьей Николаевной они познакомились, – она оказалась действительно гостеприимной женщиной, – но дочь её им так и не удалось увидеть, несмотря на то, что просидели они у новой знакомой целый час. Их появлению соседка даже нисколько не удивилась. Это была простая добродушная женщина, которая держалась как пожилая домовитая мать семейства, нисколько не занимаясь собой, хотя была ещё очень моложава и даже красива.

– Приходите, когда вам вздумается, без церемонии, – говорила она. – Только живём мы очень тихо – дочь да я. Не очень-то у нас весело вам покажется.

Разумеется, молодые люди протестовали. Могло ли быть невесело в таком прелестном уголке, с такими интересными обитателями и т. д.?

– Вы же не скучаете, Марья Николаевна, – сказал Бартенев.

– Я-то? Мне некогда скучать, – сказала она с улыбкой. – Хозяйство небольшое, – вы видите, что у меня вся усадьба запущена, – а всё-таки есть... Да, с тех пор, как скончался покойный муж, всё пришло в упадок, – прибавила она со вздохом. – Хорошо ещё, что Варя моя такая покладистая, что в деревне не скучает.

– А вы всегда в деревне – и зиму, и лето?

– Круглый год. И здесь нам хорошо живётся. Прежде, бывало, в Москве жили, а теперь всегда здесь... И, право, довольны. Варя чудачка у меня; ей нравится такая жизнь. Ну, а мне только и нужно, чтобы она была довольна. Занята она с утра до вечера. Днём я её редко и вижу. Сидит в своей мастерской или в лесу пропадает.

Новые знакомые не могли не пожалеть об этом и ушли, обещая любезной хозяйке "надоесть" своими посещениями.

Они отправились домой в прекрасном расположении духа. Бартенев даже запел было: "Благословляю вас, поля, леса, долины, нивы"[94]..., но ненадолго. От этого христианского романса он сейчас же перешёл к другому, более современному произведению, и принялся насвистывать вальс из "Боккаччо"[95].

– Так-то лучше, – заметил Волков, усмехнувшись. – Это тебе больше идёт!

---

94 романс П. И. Чайковского на слова А. К. Толстого
95 оперы Франца фон Зуппе

# VI

На следующий день было воскресенье.

Посмотревши издали, как пёстрая толпа расходилась из приходской церкви, – ибо начало обедни оба проспали, просидевши чуть не целую ночь на террасе, – друзья отправились бродить. И как-то так вышло, само собой, что они очутились в Колосово, т. е. в старой усадьбе своей новой знакомой, Марьи Николаевны Колосовой.

На этот раз по какому-то необъяснимому инстинкту они пришли прямо к большому пруду, и инстинкт не обманул их. Между деревьями, у воды, белела женское платье.

– Вот тебе и белое платье! – воскликнул художник.

– В белом она должно быть ещё лучше, – сказал Бартенев, бросая закуренную папироску.

Это была действительно она, т. е. Варя.

На ней было белое платье, только совсем не такое, как обыкновенно бывает у героинь французских романов, где непременно фигурируют шумящие трены и облака кружев. По-видимому, молодая девушка не любила одеваться "как все", и костюм её отзывался именно тем чудачеством, о котором говорила мать. Её белое платье было похоже на какой-то халат с широкими рукавами, стянутый золотым шнурком вместо пояса. Хорошенькую головку обвивал платок, на этот раз не красный, а золотисто-жёлтый, накинутый на её чёрные кудри небрежно, но необыкновенно живописно. Поза её тоже не лишена была живописности. Она поместилась на низкой толстой ветке берёзы, свесившейся над водой так, что концы ветвей купались в воде, и читала, опираясь головкой на руку. Большой букет свежей сирени лежал у неё на коленях.

Самая утончённая кокетка не могла бы выбрать более грациозной позы и наряда, чтобы предстать перед глазами того, кому она желала нравиться. Но в позе Вари не было ничего преднамеренного, и друзьям пришлось в этом совершенно убедиться. Она, очевидно, искала уединения и была до такой степени погружена в своё чтение, что совсем не слыхала, как они подошли.

А потому они подошли так близко, что она увидела их почти у самого того дерева, на котором уселась. Бартенев задел какую-то ветку, ветка хрустнула. Девушка подняла голову и от неожиданности, встретив пристальный взор, устремлённый на неё, вздрогнула и уронила книгу.

Волков поспешил поднять её, и при этом ему нечаянно бросилось в глаза заглавие. То было сочинение Аллана Кардека.

– Извините, мы кажется испугали вас? – сказал он, подавая ей книгу.

Она вдруг покраснела и поспешно спрыгнула со своей ветки. Книгу она взяла и сейчас же сунула в карман.

– Вы всегда появляетесь как-то неожиданно, – сказала она.

– Вы так углубились в ваше чтение, что не слыхали, как мы

подошли, – оправдывался Бартенев. – Должно быть, очень интересная книга?

– Для меня интересная.

– А нам вы её не покажете, Варвара Михайловна?

– Вы знаете моё имя? – удивилась она, раскрывая свои зелёные глаза.

– Нам вчера Сеня сказал. Кроме того, мы имели удовольствие быть у вашей мамаши... – начал Бартенев.

– Да, я знаю.

– Так что теперь мы можем считаться знакомыми. Не правда ли?

– Да, – отвечала она серьёзно и протянула ему руку. Потом она обернулась к Волкову и, посмотревши на него несколько секунд пристальным взглядом, сказала ещё серьёзнее. – Вы мне нравитесь.

Художник поклонился, немножко смущённый.

– А я? – воскликнул Бартенев, жалобно-комическим голосом.

– Ещё не знаю, – отвечала она спокойно.

"Чудачка!" – подумал он с досадой.

И все трое отправились через рощу в дом.


# VII

С этого дня молодые люди стали бывать в Колосово каждый день. У художника скоро установились с Варей самые дружеские, конфиденциальные отношения. Она даже пустила его в свою мастерскую, чего не делала ни для кого, и чего Бартенев от неё так и не мог добиться. Молодая девушка вечно имела что-нибудь сообщить своему новому другу, показывала ему свои работы и отправлялась с ним в лес – писать этюды с натуры.

Бартенев влюбился не на шутку и начал ревновать приятеля к Варе.

– На твоём месте я бы не стал ревновать, – сказал однажды Волков. – Как ты можешь ревновать её ко мне?

– Отчего же не к тебе, когда ты за нею ухаживаешь, а она оказывает тебе предпочтение?

– Я и не думаю за ней ухаживать, и она мне никакого предпочтения не оказывает. Мы с ней просто хорошие товарищи; оба любим искусство... Она недурно пишет...

– Так я тебе и поверил!

– Это как тебе угодно. Вообще ты не станешь отрицать, что ты больше меня нравишься женщинам.

– Это почему?

– Да хотя бы потому, что ты красив, а я нет.

– Женщины любят безобразие!

– Покорно тебя благодарю. Но это вздор. К тому же Варенька – художница, а потому ей свойственно любить всё... прекрасное и интересоваться не художниками.

— Может быть, только не мной. Она на меня и не смотрит!

— Смотрит, когда ты этого не видишь, и даже очень смотрит. Как ты не понимаешь разницы? Со мной она дружелюбна и проста, с тобой она кокетничает.

Так оно и было; это невозможно было отрицать. Но кокетством занимались обе стороны, и потому дело решительно не шло на лад.

## VIII

Чем больше друзья узнавали молодую девушку, тем больше убеждались в том, что мать была права, называя её чудачкой. Ничего она не делала как все. Вставала она с зарёй и уходила в лес со своими красками и холстом, сунув кусок хлеба в карман. Иногда пропадала целые дни. Одевалась всегда по своему, не соображаясь ни с какими модами и принятыми обычаями, и часто наряжалась в такие фантастические костюмы, точно собиралась на маскарад. Гулять бесцельно она соглашалась только по вечерам, причём особенно любила ходить на сельское кладбище или в лес, воображая себе при этом Бог весть какие таинственные ужасы, так как боялась и кладбища, и леса. Читала с увлечением, непременно забравшись в какой-нибудь заглохший уголок сада или на пруд, и всегда при какой-нибудь особенной обстановке. Возьмёт книгу и уплывёт одна в лодке на середину пруда, там сложит вёсла и принимается за своё чтение. Или повесит где-нибудь в саду свой гамак, который она особенно любила, и целый день её никто не может разыскать. Книги она всегда носила в кармане и ни за что не показывала, что читает. Но Волкову удалось проникнуть и в эти книжные тайны. Он с удивлением увидел, что Варя читает или серьёзные философские сочинения, или фантастические сказки, спиритические и чернокнижные рассказы. Эдгар По и Аллан Кардек были её любимыми авторами.

По вечерам она часто уходила в библиотеку, мрачную комнату, наполненную старыми книгами в старинных шкафах.

— Вот вы набили себе голову всякими страстями, оттого и боитесь всего! — сказал однажды Волков, заставши её в библиотеке с одной свечкой на массивном круглом столе, стоявшем посреди комнаты.

Она вздрогнула, как пойманная на месте преступления, и, захлопнувши книгу, окинула комнату быстрым, испуганным взглядом.

— Что, и меня за привидение приняли? — сказал он, смеясь, и сел против неё.

— У меня сегодня нервы расстроены, — оправдывалась она смущённо.

— Не диво, что нервы расстроены после такого чтения. Что это у вас? "Демонология"! Ну, так и есть... Бросьте вы это!

— Оставьте, Александр Иванович. Если мне нравится!?.

— Вы себя портите этим чтением. Ну, что вы по сторонам

озираетесь? Вот до чего дочитались. Пойдёмте лучше гулять; вечер тёплый, луна сияет. Просто прелесть!

— Мне страшно двинуться, — призналась она шёпотом.

Гулять она пошла, но непременно хотела идти на кладбище.

— Я теперь так чудесно настроена, — сказала она. — Мне так страшно, что того и гляди что-нибудь померещится. Я везде готова видеть Бог знает что... Это так весело! Я люблю бояться...

— Странный у вас вкус, Варвара Михайловна! — заметил Бартенев. — Но как же вы после этого не боитесь спать одна в вашей мастерской?

— Да я там редко сплю. Это вам мама наговорила? Она ужасно не любит, когда я сплю в мастерской. Там мне не страшно. У меня есть папин револьвер, который я кладу под подушку.

— Револьвер от привидений не помогает.

— Уж не знаю отчего, но там я привидений не боюсь. В мастерской я боюсь только одного портрета... Знаете, Александр Иванович, того, что у меня висит над дверью.

— Старик в чёрном бархатном берете?

— Да. Он прежде висел в дедушкиной библиотеке. Он так пронзительно смотрит, у него такие живые глаза, что я его боюсь. Я даже всегда завешиваю его чем-нибудь на ночь, когда там сплю, — призналась она, смеясь.

— Охота вам возиться, когда в доме у вас так хорошо!

— В мастерской лучше. С тех пор, как мне пришла фантазия разобрать всякое старьё в кладовой и завесить стены разными старинными коврами и гардинами, она у меня стала похожа на какую-то фантастическую палатку. Правда, Александр Иванович?

— Правда.

— А меня вы так и не пустите в это таинственное убежище? — спросил Бартенев.

— Ни за что! Какое же оно будет таинственное, если я в него всех буду пускать? А уж вас никогда не пущу, — особенно теперь.

— Отчего же особенно теперь?

Она вдруг вся вспыхнула, хотела что-то сказать и вместо того повернулась и ушла в дом. Волков засмеялся.

— Чему ты смеёшься?

— Чудачка! — сказал он и, усевшись на нижней ступеньке террасы, закурил папиросу.


## IX


Частые посещения молодых людей не прошли бесследно. Как ни глухо было в Колосово, но всё же и там были люди. А где люди, там и сплетни.

В одно прекрасное утро к крыльцу колосовского дома подошла

кучка баб из прежней "крепостной" деревни. Они спрашивали барыню.

Марья Николаевна вышла.

Одна из баб выступила вперёд и с поклоном подала барыне деревянную чашку, наполненную яйцами, и курицу, связанную за ноги пёстрой лентой.

– Здравствуй, Матрёна! Здравствуйте, бабы. Что вам?

– Здравствуй, матушка барыня. Не погнушайся нашим подарочком. Вот тебе курочка-молодочка и яичек полсотенки. Проздравить пришли, матушка. С зачатием!

– Что такое?

– С зачатием доброго дела, сударыня. Не обессудьте, матушка. Примите подарочек!

Бабы поклонились в пояс.

Марья Николаевна ничего не понимала. На крыльце показалась Варя и остановилась в изумлении. При виде её бабы зашевелились и заговорили в один голос.

– Вот она, красавица наша! Барышня-голубушка, сердечная наша, дай тебе Бог, Царица Небесная, свадебку сыграть поскорее, зажить веселее! – Варя вспыхнула как маков цвет и вопросительно посмотрела на мать.

Марья Николаевна сама покраснела.

– Не понимаю, с чем вы меня поздравляете, – сказала она нетерпеливо. – Поздравлять не с чем, и яиц я не возьму. Возьми свою курицу, Матрёна. Идите с Богом.

Но от Матрёны не так-то легко было отделаться. Насилу она ушла со своей свитой, унося с собою подарки. Ни она, ни остальные бабы ни на минуту не сомневались в том, что "барыня таится". На селе все знали, что барышня просватана за соседа. Бабы ушли разобиженные.

Но это было только начало.

В воскресенье, после обедни, когда поповны из соседнего села пришли по обыкновению на пирог, Марья Николаевна сейчас же заметила, что они имели таинственный вид, значительно переглядывались и перешёптывались между собою. Наконец, старшая, Любовь Феодоровна, не вытерпела:

– Марья Николаевна, батюшка просвирочку прислали за здравие нашей любезной невесты, – сказала она, вся покраснев.

– Какой невесты?

– Ах, Марья Николаевна, ведь мы свои... Чего же вам скрываться? Ведь дело хорошее, – подхватила Анна Феодоровна, младшая.

– Да что вы, мои милые! В чём мне от вас скрываться?

– Бог с вами, Марья Николаевна! Будто мы не знаем, что вы просватали Варвару Михайловну за бартеневского помещика!

– С чего вы это взяли? Вот ещё известие! – с досадой воскликнула Марья Николаевна.

– С чего! Известно с чего. Когда даже бартеневский приказчик говорит, и в лавке на селе толкуют, и фельдшер Чертковский... Да что

133

фельдшер, всякая баба на деревне знает! – обиженно сказала Любовь Феодоровна.

Марья Николаевна серьёзно рассердилась:

– Всё это сплетни и больше ничего, – сказала она, нахмурившись. – Ни за кого я свою дочь и не думала сватать, и право не понимаю, с чего...

Она запнулась на полуслове и вдруг почувствовала себя очень неловко.

Поповны заметили причину её неловкости и сейчас же захихикали, поглядывая на дорожку, которая вела от клумбы к дому.

По дорожке шла Варя, необыкновенно хорошенькая и оживлённая, в палевом платье, на которое бросал алые тени её яркий китайский зонтик. Она весело болтала, опираясь на руку Бартенева, который не сводил с неё восхищённого взора. У её корсажа и в петлице его летней жакетки алели одни и те же цветы, пламенные маки, с которыми могли поспорить яркостью цвета только улыбающиеся губки и разгоревшиеся щёчки молодой девушки.

Марья Николаевна, которая могла бы привыкнуть за лето к этому зрелищу, поразилась им необыкновенно и с досадой подумала про себя: "Однако, надо положить этому конец!"

# X

В тот же вечер она заговорила об этом щекотливом предмете, но не с героем происшествия, а с его другом. Она рассказала ему о поздравлениях и сплетнях и заключила своё повествование довольно странным вопросом:

– Скажите вы мне, наконец, любит он Варю или нет?

– Почему же вы это у меня спрашиваете, Марья Николаевна? Спросите у него самого.

– С какой стати! Не стану же я навязывать ему свою дочь. Но ведь это так невозможно оставить. Как это я не замечала до сих пор!? Ведь он от неё не отходит!

– Не отходит.

– Ну, что же?.. Как вы думаете? – Марья Николаевна вдруг оробела.

Волкову стало её жаль.

– Марья Николаевна, я буду говорить с вами откровенно, хотя это и не моё дело, – сказал он. – По моему, он влюблён в Варвару Михайловну и даже очень сильно.

– Так отчего же он не объяснится?

– Он не уверен в её ответе. Ему кажется, что он ей не нравится.

– Неправда! Очень нравится. Разве я не вижу?

Марье Николаевне до сих пор это и в голову не приходило. Но в эту минуту она была уверена, что уж давно заметила, что её дочь неравнодушна к молодому человеку.

– Да наконец, – сказала она, – ведь как же узнать, нравится он ей или нет, если он не объяснится? Ведь не воображает же он, что она первая признается ему в любви?

– Вот я ему то же говорю. Самолюбив он ужасно, вот в чём беда!

Марья Николаевна заволновалась.

– Это ужасно! – повторяла она. – И ещё эти сплетни! Это ужасно, Александр Иванович!

– Успокойтесь. Ничего. Всё кончится благополучно, уверяю вас.

– Вы думаете?

– Я в этом уверен. Разумеется, если вы не будете препятствовать.

– Я? Боже меня сохрани. Всё, что угодно, только бы Варя была счастлива.


## XI


Между тем, Бартенев всюду искал своего друга с только что полученной телеграммой. В поисках он подошёл к Вариной мастерской и заглянул в окошко.

– Волков, ты здесь? – закричал он.

Ответа не было. Мастерская была пуста. Но если там не было никого, зато было нечто, что сразу приковало его внимание. Он взглянул и слегка вскрикнул от изумления...

Перескочить через ветхий плетень, через крапиву и лопухи, взбежать на расшатанное крылечко, отворить дверь и войти – было для него делом одной минуты.

Он не ошибся: на мольберте стоял его портрет. При ярком освещении заходящего солнца он не мог не узнать себя, хотя не мог не сознаться, что портрет преувеличивал красоту оригинала. Однако, он был очень похож и почти кончен. Молодой человек не знал, что ему думать? Сердце его страшно забилось... "Не есть ли это доказательство, что она"...

Он не докончил своей мысли. Дверь отворилась, и сама художница показалась на пороге.

– Как вы смели сюда войти!? – закричала она, вся вспыхнув.

Он повернулся к ней с таким взглядом, что она ещё больше покраснела. Портрет, стоявший на мольберте среди живописного беспорядка мастерской, и гневное смущение молодой девушки наводили его на такие мысли, что он готов был без всяких размышлений... расцеловать её или броситься к её ногам... И это ярко выражалось во взгляде его красивых, смелых глаз...

Сердце Вари забилось с необыкновенной силой; грудь её заволновалась. Она сделала над собой страшное усилие и проговорила небрежно:

– А, вы рассматриваете своё изображение! Этюд для моей картины "Нарцисс, или влюблённый в себя".

И она звонко расхохоталась.

Бартенев вспыхнул и сейчас же овладел собой.

— Вы не знаете, где Волков? Я заглянул сюда, думая, что он здесь.

— Я не знаю, где Волков, и нахожу, что вы ни в каком случае не имели права входить сюда без моего позволения, — сказала молодая девушка резко.

— Виноват, я сейчас уйду, — проговорил он сухим, церемонным тоном, поклонился и вышел.

Едва затворилась за ним дверь, как Варя бросилась в кресло и залилась горючими слезами.

Затем она вскочила и подбежала к окну.

— Ушёл! Боже мой, Боже мой, как я несчастна! — воскликнула она, обнаруживая таким образом величайшую непоследовательность. — Если он меня не любит, я умру, непременно умру!

— И прекрасно сделаете! — раздалось под окном.

Она вздрогнула и отшатнулась, но однако посмотрела на дорогу.

Там стоял Волков.

— Александр Иванович, идите сюда! — закричала она в порыве внезапной решимости. — Мне вас надо!


# XII


— Я получил телеграмму и ничего не понимаю. Ясно одно, что необходимо сейчас же ехать в Петербург.

— И поезжай с Богом, если нужно.

— Я вернусь как можно скорее.

— Зачем?

— Как зачем!?. Что ты, точно ты не знаешь!

— Ничего я не знаю.

— Ты не знаешь, что я люблю Варю Колосову?

— Да будто ты её любишь?

— Какое же в этом может быть сомнение!? Ужасно не хочется ехать.

— Поезжай себе. Это прекрасно, что ты уедешь на некоторое время. По крайней мере, сплетни утихнут.

— Какие сплетни?

— А ты не знал? Как же. И очень даже сильно сплетничают.

— Да кто, о чём?

— Все. Поповны, какой-то там фельдшер, в деревне... мало ли кто. Все толкуют про твою свадьбу с Варварой Михайловной.

— Это чёрт знает что такое! Да ты почему знаешь?

— Мне Марья Николаевна говорила. Её это даже очень тревожит.

— Ещё бы! Но что же она мне-то ничего не говорила?

— Ей неловко, согласись сам. Наконец что ж такое? Сплетни везде есть.

— Это очень неприятно. Надо будет это всё прекратить. Однако, теперь не до того. Завтра я уеду чем свет; надо пойти с ними проститься.

– Поздно.

– Варя поздно ложится, я знаю; да и Марья Николаевна тоже. Ты идёшь?

– Мне-то зачем? Я, слава Богу, никуда не уезжаю.

Бартенев вернулся из Колосово в очень скверном расположении духа и прямо пошёл спать.

На другое утро, уезжая, он сказал другу:

– А ведь я не видал её вчера!

– Что так?

– Не вышла. Больна. Ты мне напишешь?..

– Что мне тебе писать?

– Если что-нибудь случится.

– Что же такое может случиться! Конечно, ничего.

И друзья расстались.

## XIII

"Разумеется, ничего не случилось, – думал Бартенев, подъезжая к своему дому после двухнедельного отсутствия. – Что же могло случиться?"

Но с первого взгляда он заметил по лицу встретившего его друга, что что-то неладно.

– Что? – спросил он поспешно. – Я вижу, что что-то есть.

Волков отвернулся.

– Говори скорее!

– Она больна, – сказал он сурово. – Очень больна.

– Давно ты её видел?

– Давно. Вот уже неделя, как к ней никого не пускают.

– Никого не пускают! Ты меня пугаешь... Что с ней такое?

– Горячка, кажется. Положение очень опасно.

Бартенев побледнел как полотно.

– Что ж ты мне не написал?

– К чему? Ты всё равно не мог раньше приехать. Да и зачем? К ней тебя не пустят; ведь ты ей не брат, не муж, не жених...

– Не всё ли это равно. Если я её люблю! – и он устремился к двери.

– Куда ты? Я только что оттуда. Марья Николаевна в ужасном состоянии и, конечно, не выйдет к тебе. Вечером можно будет сходить ещё раз.

Бартенев остался, но проволновался весь день. Под вечер принесли записку от Марьи Николаевны. Она писала, что Варе лучше, и что сама она собирается отдохнуть после стольких бессонных ночей и рано ляжет, а потому просит добрейшего Александра Ивановича отложить свой визит до завтрашнего утра.

– Я непременно пойду с тобой – уж как ты хочешь!

– Пойдём! Завтра утром отчего же не пойти.

Но до завтрашнего утра оставался ещё целый вечер и целая ночь. Приятели выпили свой чай в молчании и разошлись в разные стороны. Надо было как-нибудь убить время.

Волков взял шляпу и ушёл гулять.


# XIV

Бартенев взял какую-то книгу и уселся в комнате, носившей название угловой гостиной и выходившей в сад, куда вела большая стеклянная дверь, раскрытая настежь в эту тёплую июльскую ночь.

Ночной воздух был до такой степени тих, что пламя свечи, стоявшей на столе, даже не колыхалось. В глубокой тишине слышалось только трепетание крыльев ночной бабочки, что билась об оконную раму, да издали доносился едва заметный шелест сада.

Молодой человек бросил книгу на стол, сел на низкое бамбуковое кресло и рассеянно оглядел знакомую обстановку уютной комнаты. Прямо перед нам мерцало огромное зеркало, наполнявшее простенок между окном и угловой балконной дверью; по стенам блестело золото на тиснёных старинных обоях, на рамах картин. Сад таинственно чернел сквозь открытую дверь, посылая свои ночные звуки и ароматы в комнату.

Бартенев задумался. Его мысли и мечты, какие-то неуловимые и смутные, смешались и спутались под влиянием усталости. Недаром он провёл бессонную ночь в вагоне. Головы его клонилась сама собой; несколько раз он поднимал отяжелевшие веки, стараясь для чего-то осилить овладевшую им дремоту. Потом совсем закрыл глаза и заснул...

Когда он проснулся, он явственно слышал, как старинные часы в столовой пробили полночь. Проснулся же он от странного ощущения чего-то свежего, даже влажного, что коснулось его горячего лба. Ощущение это было так живо, что он машинально протянул руку, чтобы схватить то, что дотронулось до него точно налету. Но тут он открыл глаза и заметил, что в комнате совсем темно или почти темно, потому что луна ярко светила в окно. Свеча, оставленная им на столе час тому назад, потухла. Он встал, чтобы отыскать спички при свете луны, и в эту минуту взгляд его случайно упал на зеркало напротив.

Он отшатнулся и вскрикнул.

Зеркало отражало белую женскую фигуру. Несмотря на полумрак, он узнал Варю. Она казалась лёгкой, почти прозрачной, и стояла неподвижно, точно окутанная туманом. Луна падала прямо на её лицо, бледное как смерть, с печальными глазами.

Он обернулся в страшном волнении.

За ним никого не было.

В ту же минуту где-то в саду раздался жалобный, раздирающий крик.

То был голос Вари.

Как сумасшедший бросился он к балконной двери. На полу, у его ног, что-то белело. Он нагнулся: то была белая роза, обрызганная росой. Поднимая её, он почувствовал то свежее, влажное прикосновение, которое разбудило его перед тем.

"Она здесь!" – подумал он и бросился в сад.

Навстречу ему появился Волков, точно из земли вырос.

– Я из Колосово, – сказал он. – Варя умерла ровно в полночь.

На этот раз Бартенев даже не вскрикнул. Он прямо упал и лишился чувств.

## XV

Когда он очнулся, ему снова почудился голос Вари, но только не жалобный и раздирающий душу, а тихий и нежный.

– Она умерла... – прошептал он с глубоким вздохом. – О, дайте мне... дайте мне... белую розу...

Кто-то положил ему в руку свежий, душистый цветок. Он открыл глаза и увидел... милое прелестное личико, склонившееся над ним с нежностью и тревогой в каждой черте. Не бледность смерти, а яркий румянец, вызванный волнением, покрывал нежные щёки этого существа.

– Что это? – проговорил он, боясь сойти с ума.

– Глупая, сумасшедшая девочка, вот что ты наделала! – послышался знакомый, слегка дрожащий голос Марьи Николаевны.

Этот голос окончательно возвратил его к действительности. Он открыл глаза, приподнялся и осмотрелся. Он увидел, что сидит на диване в угловой гостиной, что не одна свеча, а целая лампа ярко горит на столе и освещает взволнованные лица его друга, Волкова, Марьи Николаевны и Вари, живой и прелестной Вари, которая стояла около него вместе с другими...

– Глупая, сумасшедшая девочка! – повторила Марья Николаевна тоном глубочайшей укоризны. – Простите ли вы её когда-нибудь, милый мой Константин Платонович?

– Мама, мама, ведь я только хотела посмотреть, любит ли он меня!? Будет ли ему жалко, если я умру!? Я сама страшно испугалась себя, когда осталась одна в саду, и так закричала, что ужас! Ведь вы меня простите?

Прощение не заставило себя долго ждать! Молодой человек прямо с дивана бросился к ней, упал перед ней на колени и покрыл поцелуями её руки. Она их не отнимала и так низко наклонила к нему хорошенькую головку, что только он один мог слышать, как она прошептала:

– Милый!

– Марья Николаевна! Советую вам отдать это привидение моему другу, – сказал Волков, смеясь. – На что оно вам? – и, обратившись к Варе, он прибавил. – Разве я был не прав? Разве вы не прекрасно сделали, что умерли?

# ШАРМАНЩИК

(Сюжет заимствован)

## I

"Сын в пажеском корпусе и далеко, далеко не из последних... Милый Жорж! Муж – как шёлковый, даром что полный генерал. За дочерью ухаживает препорядочный молодой человек да ещё из министерства иностранных дел. Единственный сын – тоже немало значит. Как ни скуп старик, а "умрёт – всё сыну достанется"; вот только жаль – мать умерла: урождённая княжна была. Дорога? немножко эта дипломатическая карьера, но зато до чего она может довести! А вдруг когда-нибудь Верочка будет посланницей!? Чего доброго? И как приятно иметь зятя aux affaires étrangères! Правда, Ртищева прозвали étranger aux affaires – ну, так что ж такое – молодой человек! Ишь, ишь, как он за ней увивается!"

Так размышляла её превосходительство, Анна Сергеевна Ермолина, отдыхая на террасе своей дачи, в Павловске, и с умилением наблюдая за оживлённою сценою, происходившею на зелёной лужайке. Там играли в крокет: многие действительно увивались за многими, а в том числе и молодой человек из министерства иностранных дел увивался около дочери её превосходительства, Верочки.

Был он в самом деле преизящный молодой человек и носил pince-nez[96] только для виду, потому что обладал во всех отношениях прекрасными глазами. Его белокурые усики шли к нему просто необыкновенно – таково было мнение Верочки, за которою он увивался. Что до самой Верочки, то не даром мамаша говорила про неё: "Совершенный амур – вся в меня!" Хорошенькая, живая и грациозная, в самом идеальном дачном костюме, какой может быть создан из батиста и бретонских кружев, в воздушной шляпке, отягчённой полевыми цветами, распустившимися за витриной m-me Mathilde, на Невском, – она была неотразима.

Кроме неё было много хорошеньких девушек на лужайке, и крокет кипел оживлением. Особенно отличался юный питомец пажеского корпуса, любимец мамаши. Он ухаживал за самыми хорошенькими барышнями, а с их взрослыми кавалерами обращался с высоты своего шестнадцатилетнего величия, – строго и несправедливо. Впрочем, для молодого Ртищева, из министерства иностранных дел, он делал исключение, потому что считал его своим закадычным другом, и не даром: тот всегда предоставлял ему валяться вверх ногами на диванах своего кабинета и предлагал самые крепкие сигары как взрослому, когда он приходил к нему в гости, чтобы занять денег. А денег

---

[96] пенсне - фр.

никогда не давал, – "у самого никогда нет", – говорил он. И Жорж охотно верил.

– Когда б мамаша знала!..

Хорошо было в Павловске, на даче её превосходительства. Его превосходительство был только слегка хозяином у себя дома и то только в те минуты, когда надо было разбранить кучера: на это генерал ещё годился. Теперь же он просто храпел в столовой, на том месте, где застала его рюмка послеобеденного ликёра; а его величественная супруга с трудом поддерживала своё достоинство в глубоком кресле, на террасе, и любовалась на резвую молодёжь, стараясь не засыпать.

Светлый петербургский вечер обливал весь сад мягким светом. Из цветников доносилось благоухание резеды и левкоев; в благовоспитанном газоне трещали неблаговоспитанные кузнечики, а в большой английской клумбе, около искусственной беседки, заплетённой диким виноградом, даже защёлкал соловей, не соображая, как это было неуместно. Его могло извинить только то, что в беседке он ясно различил влюблённую пару и нашёл необходимым примениться к обстоятельствам. Что же, если не соловьиное пение, идёт к нежному дуэту, который, очевидно, собирались исполнить дочка её превосходительства и молодой человек из министерства иностранных дел?

Они довольно долго пробыли в беседке, что не скрылось от проницательного взора любящей мамаши, возвышавшейся наподобие горы на террасе, под сенью холщовых маркиз и вьющихся ипомей. Когда же они вышли из беседки, красивые глаза молодого человека блестели ещё более обыкновенного, а в петлице его летней жакетки красовалась белая роза, которую перед тем все видели у корсажа Верочки. А сама Верочка раскраснелась до невозможности, постоянно опускала глазки и ещё похорошела. На её личике появилось новое, торжественное выражение, и соловей слышал, как она шепнула на пороге беседки:

– Сегодня же поговорите с мамашей...

Конечно, это относилось к будущему дипломату, и он немедленно направился к дому, соображая, с какой стороны будет удобнее взять приступом материнскую крепость. Но тут на террасе появилось новое лицо – выездной лакей её превосходительства, с подносом в руке.

– Что там такое?..

Лицо генеральши из благодушного мгновенно превратилось в брезгливое и кислое; она отличалась особенной брезгливостью относительно прислуги, и её выездной обыкновенно проходил трудную школу, прежде чем был выдрессирован настолько, что научался надевать шубу и тёплые калоши на тучные плечи и необъятные ноги барыни, не дотрагиваясь до её превосходительства.

– Депеша, ваше превосходительство.

– Давай.

Поднос приблизился в почтительной и поместительной длани выездного.

142

– Да это совсем не ко мне, любезный. Отнеси господину Ртищеву, Павлу Александровичу Рти-ще-ву.

"Что бы это значило?" – прибавила генеральша мысленно.

Увы! Это значило, что влюблённого немедленно требовали в Петербург "по делу, не терпящему отлагательств", извещая, что родитель его скоропостижно вернулся из-за границы; "остальное лично". Телеграмма была от поверенного старика Ртищева. Что значило это "остальное"? Когда бы он мог это подозревать, то, конечно, не так весело простился бы с предметом своей страсти, бедный молодой человек! Разговор с мамашей не состоялся, но "ce qui est remis, n'est pas perdu", – нежно шепнул он кому следовало и мимоходом успел даже поцеловать дрожащую ручку, которую впрочем и не думали у него отнимать.

– Я вернусь скоро-скоро... может быть завтра, ангел!

И с этим заявлением он поспешил на железную дорогу: до поезда оставалось всего каких-нибудь десять минут, но зато вокзал был в двух шагах.

С генеральской дачи было слышно, как засвистел паровоз, предупреждая Верочку, что увозит в Петербург её наречённого жениха, ибо нужно ли говорить, что насколько зависело от неё, он уехал женихом, а зависело от неё очень многое!.. Итак, паровоз успокоительно просвистел, давая знать, что вот, дескать, едем! Не беспокойтесь, доставим благополучно! И всё стихло.

Тогда Верочка глубоко вздохнула, провожая глазами дымок, заклубившийся над деревьями парка, потом немножко подумала и улыбнулась.

Ах, совсем-совсем напрасно!


## II


Из окон просторной кухни, помещавшейся в подвальном этаже дома её превосходительства, на Конногвардейском бульваре, – виднелся мокрый тротуар, на котором отражались фонари. Деревья бульвара торчали унылыми пучками розог, простирая свои обнажённые ветки к тусклому октябрьскому небу, нависшему над Петербургом. Между небом и мостовой всё пространство заполнял не то серый туман, не то какая-то ужасная изморозь, сырая и пронизывающая до костей.

В кухне было тепло и светло: вся она сияла газовыми рожками и блеском только что вычищенной медной посуды. Посреди кухни стояла подбоченясь толстая кухарка, "кардон блю", как она сама себя величала. С интересом внимая разговорам общества, собравшегося в сотый раз на дню пить свой цикорный кофе, она сама не участвовала в прениях и только иногда обращалась к судомойке, немилосердно бренчавшей тарелками, чтобы заметить ей, что она – желтоглазая чухна и косолапая деревенщина.

– Уж изойдёт она слезьми, вся изойдёт! – уныло потрясая головою, утверждала почтенная особа в шиньоне и "панье", горничная её превосходительства. – Сердце моё изныло, на неё глядя – краше в гроб кладут!

– По ихнему званию эфтих глупостей невозможно, – возражал басистый выездной, развалившийся преважно на стуле и игравший толстою часовою цепочкою. – Как теперь женился старый хрыч на молодой, она может всё из его сделать. Может или не может?

– Уж известно! – одобрительно вставила кухарка.

– Опять же, дети у их могут пойти. Во всех случаях, причём же он останется, Ртищев-то барин молодой? Первое – мотать он даже очень способен; второе – чтобы ему наживать, этого он у себя в голове не держит. Стало быть, по всему наша генеральша в своём рассуждении справедливы выходят...

– У нашей барышни и на двоих бы хватило! – бойко перебила вторая горничная. – Очень нам нужно, что у их ничего нет!

– Это опять другой разговор. Это разговор пустой. По видимости выходит, что как старый женился, молодой нам более не жених. Кабы старик не вздумал этого, очень бы мы согласны нашу барышню за Павла Александровича отдать, а теперь нечего тут и разговаривать.

– Нечего, нечего! А зачем же барыня сами потакали? – затараторила молодая горничная, вступаясь за свою барышню. – Не надо было заводить, а ежели уж раз сами потачку дали, теперь уже поздно назад идти! Я сама слышала, как и молодой барин за сестрицу спорился, и очень даже с мамашей ругались...

– А ты лучше прималчивай об эфтом! – неожиданно раздалось из угла, где дремал генеральский камердинер.

Все расхохотались, а горничная обиделась.

– Чего мне молчать!? В нос бросается!? И как это сам енарал не вмешается, удивляюсь, ей-Богу!?

– Вот и видно, что дура, – заключил камердинер. – На что же ему вмешиваться-то? Нешто его кто слушает?

Раздался опять хохот, но старшая горничная опять заныла.

– И настроили, настроили её, голубушку барышню, – завела она жалобно, – а тут вот на, поди! Не принимать Павла Александрыча, и полно! И носится теперь это барыня, с эфтим – прости Господи! – купидоном безмозглым, и покоя бедняжке не даёт. Чем тебе не мил, чем не хорош? Уж и я давеча не вытерпела: "Что это, – говорю, – ваше превосходительство, чего вы в ём, в немце, не видали? И носище-то у его с топорище", – говорю. А она мне, барыня-то: "Ты, – говорит, – Матрёна, себя забываешь! У него, – говорит, – Матрёна, миллионы!" А что в них, в миллионах, когда рожа крива?.. Ох, доведут они её до беды, доведут!

# III

И действительно, над Верочкою стряслась беда: в её судьбе произошла ужасная перемена. Только что она размечталась о своём счастье и позволила своему сердцу утонуть в любви к тому, кого считала своим женихом, всё пошло вверх дном...

Старый Ртищев удивил всех, внезапно женившись. Красивая молодая жена, подцепившая его в Киссингене, забрала его совершенно в руки вместе со всем состоянием, и единственный его сын очутился в прескверном положении да ещё вдобавок рисковал сделаться не единственным... Вследствие всего этого, кредит молодого человека сразу понизился до нуля, а генеральша не только не допустила его изъяснить свои чувства, но даже приказала совсем не принимать, опасаясь с его стороны "дерзкой настойчивости".

– Кстати, Жорж, запрещаю тебе бывать у Ртищева.

– Ваше дело – запрещать, а моё – не слушаться, – пробормотал Жорж чрезвычайно явственно.

– Что такое?

Но Жорж уже стоял перед зеркалом и показывал свой весьма длинный и хорошо повешенный язык.

Тем дело для него и кончилось.

Но для его сестры это было только началом тяжких испытаний.

Ничего так не боялась генеральша для своей дочери как "смешного". А смешное, или лучше сказать, "ридикюль", заключалось, по её понятиям, в позднем замужестве. Между тем, Верочке уже пошёл двадцать второй год! А потому, забраковав одного кандидата на должность своего зятя, мамаша немедленно озаботилась приисканием другого и остановила своё благосклонное внимание на том господине, которого её почтенная горничная окрестила названием "безмозглого купидона". К сожалению, чуждый министерству иностранных дел, он прямо происходил из государственных имуществ и имел за себя камер-юнкерский мундир и остзейский титул. Верочка будет баронессой, и пятьдесят лет совсем уж не так много, особенно если у кого обеспеченный доход с имения. Следовательно, всё прекрасно. Оставались только сущие пустяки: чтобы барон возымел намерение, а Верочка согласилась. С бароном справиться оказалось очень нетрудно, но Верочка упрямилась. Мамаша принялась горько раскаиваться в том, что не выдержала её в институте, а пустила учиться вместе с княжнами, для которых мать-вольнодумка устроила курсы у себя на дому. "Вот вам эти хвалёные словесности и ботаники! Одно непослушание и модные идеи! И нелёгкая меня дёрнула тогда связаться с этою княгинею!" – с сердцем размышляла генеральша, обсуждая в прочувствованном монологе поведение своей дочери.

Резоны и приставания доводили Верочку до слёз; но вышло ещё хуже, когда барон сделал предложение, и приставания сменились приказаниями. Тут даже генерал попробовал вмешаться, но получил отказ и поспешно ретировался в кабинет.

Не так легко было обратить в бегство Жоржа. Мамашин любимец храбро вступился за сестру и совершенно вышел из себя, услыхавши, что мамаша дала согласие барону вопреки желанию Верочки. В какие-нибудь пять минут он пообещался переломать барону все кости, побить у мамаши зеркала, вызвать ненавистного барона на дуэль, наполучить смертельных ран и умереть в мучениях, бежать из родительского дома вместе с сестрой и "ценными бумагами", и ещё многое другое в том же духе. Мамаша замахала руками и бежала с поля сражения. Но на другой день с новым жаром возобновила нападение, вооружившись букетом, который барон осмелился прислать "своей наречённой невесте" с запиской, в которой он извещал, что непременно явится вечером, в качестве счастливейшего из смертных.

Это было уже слишком!

Расщипавши букет на мелкие части, Верочка разбросала его по полу, истоптала хорошенько своими маленькими ножками, села к окошку и стала горько плакать, усердно утирая глазки.

Нервы у неё были расстроены до последней степени, а потому неудивительно, что она расплакалась ещё пуще, когда за окном раздались заунывные звуки шарманки, затянувшей раздирающую арию из "Травиаты". Шарманка завывала довольно долго, так что Верочка совсем вышла из терпения. Желая прекратить своё мучение, она отворила форточку и бросила шарманщику несколько медных пятаков, которые рассыпались и громко звякнули о мостовую.

– Этого ещё не доставало! – трагически воскликнула её превосходительство из другой комнаты. – Ты с ума сошла, Верочка! Битый час этот негодяй раздирает мне слух своей шарманкою, а ты ещё его поощряешь!

– Да я затем, чтобы он поскорее ушёл, мамаша!

– Прекрасное средство, нечего сказать! – и мамаша с негодованием сама поспешила к форточке, и, угрожая одновременно головою и рукою, потрясавшею носовым платком, энергично закричала на улицу. – К-ш! Убирайся! Не надо, не надо!

Но ничто не помогало, и шарманщик только удваивал своё рвение, к великому негодованию барыни.

Она гневно захлопнула форточку и удалилась в свои апартаменты.

## IV

– Корней!

– Чего изволите, ваше превосходительство?

– Ступай сию минуту, скажи этому разбойнику, чтобы он убирался.

– Кому-с?

– Шарманщику!

– Да я посылал давеча Григория, ваше превосходительство, так он не уходит-с.

– Ступай сам. Скажи, чтобы он убирался сию минуту! Это ни на что не похоже – каждый день сюда таскается вот уже целый месяц.

– Шестую неделю-с.

– Скажи, что я его в полицию отправлю!

– Да он по нашему не понимает, ваше превосходительство. Должно, венгерец или итальянец какой: и борода у его кустастая, и цвету как бы не здешнего-с.

– Гони его в шею! Слышишь!?

– Слушаюсь-с. Только осмелюсь доложить...

– Ах, ты, Господи, наказание! Что я тебе говорю? Пошёл.

– Я только к тому, ваше превосходительство, что барышня Вера Петровна-с очень их приваживают, энтих шарманщиков. Потому и отогнать никак невозможно. Можно сказать, немало целковых перекидали-с. Поминутно в лавочку ходишь, энти самые деньги менять...

В соседней комнате хлопнула форточка, и целый свёрток мелочи полетел на мостовую.

– Верочка, да ты, ей-Богу, с ума сошла! – воскликнула мамаша вне себя.

– Барыня барышне говорят, что ты, мол, рехнулась; оно и точно, что, пожалуй, справедливо, – сообщал Корней в кухне.

– Рехнулись и есть; всё с этой тоски с любовной, от размышлениев, – проговорила Матрёна, вздыхая.

– Уж вы тоже, Матрёна Фёдоровна! Я чай, она и думать забыла про свою, про эту любовь, – презрительно заметила кухарка. – Теперь дело на свадьбу пошло...

Это было справедливо. Ещё в октябре Верочка и слышать не хотела про барона; но не прошло и месяца, как она весьма спокойно и развязно объявила мамаше, что согласна исполнить её желание и выйти замуж, с тем непременным условием, что свадьба будет отложена до весны, и что до самой свадьбы мамаша обещает не объявлять её невестой официально, чтобы этого никто не знал. Мамаша торжествовала, но торжество её несколько омрачалось условиями, поставленными дочкой, и тем обстоятельством, что, сделавшись невестой, Верочка продолжала обращаться с бароном как с посторонним.

В тот единственный раз, когда он осмелился поцеловать у неё руку, невеста стремительно побежала в свою комнату и вымыла эту руку как можно старательнее. Как хотите, это было странно!

Верочка утверждала, что приличия не позволяют благовоспитанной барышне допускать какие бы то ни было фамильярности со стороны жениха, особенно, задолго до свадьбы.

– К тому же, мамаша, вы знаете, как я застенчива! – прибавила она.

Мамаша прежде этого никогда не замечала; но если так... Что

прикажете на это отвечать? Оставалось утешиться приданым и совершенно зарыться в простыни и салфетки.

# V

Кто пришёл в негодование, узнавши о предстоящем событии, так это Жорж.

— О женщины, женщины! Ещё и башмаков не износили![97] — воскликнул он, возмутившись и припоминая, что где-то слышал какое-то такое выражение, применённое в каком-то таком случае, — ну, словом, вроде этого.

— Верочка, а я ведь ей-Богу верил, что ты влюблена в Ртищева! — укоризненно сказал он сестре, оставшись с ней вдвоём. — Уж если не за Ртищева, так выходила бы лучше за этого болвана Кривцова: он же так за тобой ухаживает!

В ответ на это братское увещание, Верочка заплакала горькими слезами.

— Душка, не плачь! Плюнь ты на мамашу! Пускай она сама выходит за своего барона, если он ей так нравится.

— Да ведь она уж за-а-мужем, Жорж, за па-па-шей.

— Ну, так я его отколочу, и дело с концом, и не нужно никакой свадьбы... Не плачь, не плачь, Верочка!

Верочка не только перестала плакать, но вдруг даже развеселилась и начала смеяться сквозь слёзы.

— А давно ты его видел, Жорж?

— Кого? Поля? — Третьего дня.

— А как же мамаша запретила тебе к нему ходить? — и она принялась хохотать до упаду.

— Успокойся ты, ради Бога! Что это с тобой!? — с беспокойством проговорил Жорж, совершенно сбитый с толку.

— А что он тебе говорил?

— Кто? Поль? Да ничего особенного.

— Ничего особенного?

— Конечно, ничего. Чему ты так смеёшься? Вера, выпей воды! Честное слово, выпей!

"Не сошла ли она с ума? — мысленно прибавил ошеломлённый Жорж, выходя из комнаты. — Вот поди, разбери их, этих женщин!"

Он махнул рукой и решился отправиться во французский театр, благо вечер был субботний, и время — свободное. По крайней мере, развлечение! Потом выспаться, и завтра всё ясней будет. Но вышло не так, как он предполагал...

---

[97] Неточная цитата из У. Шекспир "Гамлет" в переводе Н. А. Полевого. Прим. ред.

# VI

Во-первых, вместо того, чтобы сидеть в партере Михайловского театра и скромно созерцать добропорядочную пьесу, он переоделся в штатское платье и украсил своим присутствием Картавовский храм искусства, в котором звонили на этот раз "Корневильские колокола"[98]. А во-вторых, встретил там "взрослого" друга, обладателя собственных саней; и так как обратный путь лежал им как раз мимо Бореля, которому они оба уж и без того были много должны, то и оказалось, что мамашин любимец очутился у родительского подъезда очень поздно. При этом шляпа сидела у него совсем на затылке, в голове было немножко странно, и он не очень хорошо отличал правую руку от левой, так что даже нисколько не удивился тому, что швейцарская была ярко освещена в этот поздний час, и там стоял сам толстый Корней, в обществе дворника и околоточного.

– Э, Корней! Как ты поживаешь? – приветствовал его молодой барин из-за густого дыма крепкой сигары, от которой ему было ужас как тошно.

– Беда, Юрий Петрович! Беда у нас стряслась! – отвечал Корней, совсем невпопад.

– Что-о ты, ей-Богу? – с любопытством осведомился юный Жорж, подпирая руки в бока, чтобы стоять покрепче.

– Барышня-то наша! И вот случись же такая напасть!..

– Ну, что ты там болтаешь!?

– Чего мне болтать, своими глазами видел! Опять же и околоточный и дворник... Сами извольте спросить – вот они стоят.

– Да что мне у околоточного спрашивать!? Вот, очень нужно!

Корней нагнулся чуть не к самому уху барина и произнёс таинственно:

– Барышня пропали: уж три часа, как нет. Убежали-с!

– Как? Куда убежала?

– Совсем ушли-с из родительского дому-с. В бегство изволили обратиться.

– А свадьба-то?

– Стало быть, уж и свадьбе теперича не бывать... Какая уж тут свадьба!?

К немалому удивлению Корнея, молодой барин вдруг разразился неудержимым хохотом, замахал руками и, задыхаясь от смеха, возопил в неистовом восторге:

– Поддедюлили мамашу! Урррра!

Затем он утих и, совершенно отрезвлённый радостной вестью, спросил:

– А она не спит?

– Мамаша-то? Какое тут спать! Уж сколько спирту вынюхали: в истериках лежат. Давеча горничная с горячими салфетками побежала.

---

[98] оперетта композитора Робера Планкетта, 1877

Успокоенный таким образом, Жорж отправился наверх в мамашину спальную.

— Ах, Жорж, ах, Жорж! — закричала её превосходительство с кушетки, на которой предавалась негодованию в самом плачевном виде.

— Вы как будто чем-то расстроены, мамаша?

— Он ничего не знает! Бедное дитя! Она погубила себя и погубила всех нас, Жорж!

— Кто, мамаша?

— Сестра твоя, негодная эта девчонка! Боже мой, Боже мой, никогда мне не поднять головы после такого позора!

— И не поднимайте, потому что сами виноваты! Что вы к ней приставали как с ножом к горлу?

— Молчи, дерзкий мальчик!

— Замолчу, успокойтесь. И тоже убегу... очень скоро. А где папаша?

— Почём я знаю, где этот ужасный человек? Он, он со своей непростительной слабостью всему виной! Он, он...

"Эк куда хватила!" — подумал изумлённый Жорж и пошёл отыскивать отца.

Он сидел в кресле у своего письменного стола, подавленный событиями. Вид у него был такой жалкий, что Жоржу вдруг представилось, что сестра вовсе уж не так хорошо поступила, и что радоваться, может быть, неуместно.

— Вот так происшествие! — произнёс он совсем иным тоном.

— Да, мой друг, происшествие, — уныло отозвался генерал. — Я, впрочем, не стал бы очень винить бедную девочку, если бы только...

— Если бы что, папаша?

— Если бы она убежала с кем-нибудь другим, Жорж.

— Да, так она не одна?.. Ну, да, конечно! Так она с кем же? С Кривцовым?

— Кабы ещё с Кривцовым, куда ни шло. Всё-таки он в гвардии!

— Так не с Экземплярским же?

Жоржа начинало разбирать некоторое беспокойство. Экземплярский был его бывший репетитор, — семинарист, вздыхавший по Верочке.

— Ах, если бы с Экземплярским!

— Папаша, вы меня пугаете! С кем же, наконец? Я могу подумать, Бог знает, что: что она с приказчиком из магазина...

— Хуже, Жорж! Хуже!

— Ради Бога, скажите же, наконец! Я с ума сойду! С трубочистом, что ли?!

— С шарманщиком, мой милый! Кто бы мог этого ожидать? С шарманщиком, ты только подумай!

Жорж раскрыл было рот, но только свистнул.

— Представь себе, какой скандал! Бедная, бедная! И завтра весь Петербург об этом узнает. Нам просто никуда показаться нельзя будет!

— Чёрт знает, что такое!

— Я себя виню во всём; да, во всём... Бедная девочка была доведена до крайности, мне следовало вступиться.

— Положим, мамаша хоть святого выведет из терпения, но шарманщик!?. Согласитесь, папаша, что это слишком!

— Соглашаюсь, мой друг, соглашаюсь...

— Да вы совершенно уверены, что она... бежала? Вы её хорошо искали?

— Ещё бы! В десять часов мы её хватились... Она целый день была такая странная, и глазки заплаканы...

— Но почему же вы думаете, что она с шарманщиком?

— Все говорят, Жорж. Вся прислуга. Видели.

— Видели и не остановили?!

— То есть видела-то не прислуга, а какой-то мальчишка и, кажется, околоточный; а когда мы хватились...

— Да это ни на что не похоже! Надо хорошенько узнать, расспросить! Я бегу!

И Жорж устремился вниз в швейцарскую.


# VII


Там собралась вся домашняя прислуга, и кроме того, тут же находились околоточный, дворник и мальчишка из мелочной лавки, вокруг которого все столпились, заинтересованные его повествованием. При появлении молодого барина он замолчал.

— Корней, ты видел, как барышня... вышла? Ты, что ли, её выпускал?

— Я-с, Юрий Петрович. Около девяти часов этак вышла, одемши в пальте, и с саквояжем.

— Так ты что же её не остановил?

— Да смею ли я, барин? И как же мне их теперича останавливать? Ещё кабы я знал... Ну точно, что мне удивительно, зачем они и с саквояжем; однако же опять...

— Хорошо, хорошо. Ты говоришь в девять часов...

— В десятом часу мы их хватились, — вмешалась молодая горничная. — Пошла это я к ним в бадувар доложить, что чай подан, а их уж и след простыл.

— Кого, их? Что ты выдумываешь?

— Обнаковенно Веры Петровны. Гляжу: все комоды и ящики перевёрочены, я туды-сюды — ищу, зову, так меня вдруг и осенило! Бегу это я к Корнею Васильевичу...

— Хорошо, хорошо... Дело не в этом. Да что вы это все здесь стоите? Убирайтесь вон! — вдруг огрызнулся барин. — Мне нужно одного Корнея! Ты почему же думаешь, что барышня... не одна? А?

— Осмелюсь доложить, барин, — выступил городовой, — как вся прислуга в полном согласии насчёт того, что у здешнего дома постоянно шарманщики прохаживались, и барышня деньги ежедневно им кидали, и с другой стороны, мальчишка из лавки напротив; опять же и эту вещь у самого дома я нашёл на трохтуаре.

– Что ты городишь? Какой мальчишка? Какая вещь?

Тут прислуга расступилась, и Жорж увидел, во-первых, курносого мальчишку в вихрах и в белом переднике, а во-вторых – шарманку.

– Очень оно подозрительно выходит, – продолжал городовой уже совершенно уверенно. – Да и не то что, а прямо мальчишку извольте допросить: он всё должен знать.

– Что такое он должен знать?

– Барышню видел, и шырманщика видел; – сели в карету и поехали! – бойко и задорно объявил мальчишка.

– Что ты врёшь, дурак?

– А дурак, так я и домой пойду.

– Говори толком, болван! Вот тебе целковый! Ну, что ты видел?

– Что видел? Да то, что вышла барышня, села с шырманщиком в карету и поехали. А шырманку на трохтуаре оставили, – прибавил мальчишка, ухмыляясь.

– Рассказывай всё, по порядку! Как? Когда? Да смотри, не ври!

– Нечего и рассказывать. Вертелся он тут под вечер...

– Кто, он?

– Известно, шырманщик. Вертелся, вертелся, заиграл. Барышня окошко отворила и платком замахала. Сейчас он побежал...

– Да ты как это видел?

– Известно, как: из лавки. Против вас. Барышню тоже не со вчерашнего дня знаю. Побежал это шырманщик, а я гляжу, что будет. Вижу, подъехала карета, на углу вот противу погреба остановилась. Карета стала; он и выходит. А немного погодя и барышня вышла. Встретились на трохтуаре, говорить стали, она платочком утирается, а он её за ручку и повёл. Сели в карету и уехали. Вот и городовой видел.

– Точно, что видел. По привычке даже и номер у неё, у кареты, записал. Номер две тысячи сто семьдесят второй.

– Двадцать пять целковых тебе, если ты мне эту карету разыщешь и узнаешь, куда барышню возили! Только живо!

– Слушаю, ваше благородие!

Городовой исчез с быстротою молнии, и через три часа Жорж уже знал, что карета No 2.172 отвозила его сестру и её похитителя на варшавскую железную дорогу к одиннадцатичасовому поезду.


## VIII

– Как? Сейчас ехать? Но куда же мы поедем, Жорж?

– По Варшавской железной дороге, папаша.

– Куда? Куда, скажи мне? Почём ты знаешь, куда она уехала?

– Ах, Боже мой, узнаем как-нибудь! Будем везде расспрашивать по дороге, авось выследим. Всё лучше, чем так-то сидеть.

– А как же ты то? А классы?

– Классы, классы! Чёрт с ними, с классами! А мамаша на что? Пускай улаживает, как знает. Да вот и она сама!

– Какой скандал, какой скандал! – воскликнула мамаша, входя. – Низкая, неблагодарная девчонка!

– Вот уж нисколько, мамаша. И чего вы право; какого зятя вам ещё нужно? Если только он на ней женится...

– Ах, молчи, Жорж! Молчи!

– Такой красивый иностранец, и независимое положение имеет, не то, что бедный Поль Ртищев!

– Молчи Жорж. Ах, молчи!

– Так будет отлично на наших jour fixe'ах[99]: он будет играть, а мы – подсвистывать!

Её превосходительство упала в кресло в сильнейшей истерике, но вдруг раздумала, вскочила и поспешно удалилась.

– Ну, папаша, теперь в путь-дорогу. Собирайтесь скорее да захватите побольше денег!

– Куда же мы?

– По Варшавской дороге, всё вперёд. На первый раз хоть в Берлин. Кстати, были у Верочки деньги?

– Денег немного, но она взяла все свои драгоценности, кроме только того браслета, что этот проклятый...

– Желаю ему провалиться в преисподнюю. Значит у неё есть с чем уехать. Экая досада, что она совершеннолетняя! Уж поверьте, что она постарается махнуть подальше.

– А если они на Вену, Жорж?

– Поедем в Вену, очень просто.

– Ну, а если мы её найдём?

– Отнимем, а ему переломаем рёбра. Или нет... Её отнимем и выдадим за Ртищева, и больше ничего.

– А если...

Но тут вошёл камердинер с чемоданом. Разговор пока прекратился, а через два часа Жорж уже усаживал унылого папашу в купе первого класса, в котором им предстояло ехать в Берлин.


# IX

Одна за другой летели телеграммы из-за границы на имя её превосходительства генеральши Ермолиной, и все они гласили одно и то же: "ничего нового!" Наконец, через неделю после отъезда отца и сына, телеграф известил опечаленную мамашу, что явилась надежда отыскать её дочь. "Напали на след, едем в Берн", – стояло в телеграмме.

---

[99] в дореволюционной России определенный день недели в каком-либо доме, предназначенный для регулярного приема гостей

– Берн! Так он ещё и швейцарец! – воскликнула её превосходительство в ужасе.

Между тем, измученный и упавший духом генерал вместе с неутомимым Жоржем действительно напали на след. Расспрашивая всюду кондукторов и железнодорожных служителей и чиновников, разыскивая по всем отелям в Варшаве, в Кёнигсберге, в Берлине, они щедро расточали талеры направо и налево, повторяя на всех языках приметы беглецов: "Молодая девица среднего роста, брюнетка, волосы на лбу подстрижены бахромой, на левой щеке около губ родинка. В чёрной бархатной шубе, обшитой соболями. Господин высокого роста, окладистая чёрная борода и курчавые волосы; в толстом пальто и мягкой войлочной шляпе; на шее красный шарф". Но долго всё оставалось тщетным. Генерал приуныл и жалобно умолял Жоржа вернуться домой, но Жорж упорствовал. Наконец, в одном из берлинских отелей на их расспросы отвечали утвердительно: кельнер и портье видели даму, подходящую к описанию; она была наверное русская – дала два талера на водку. С ней был и господин, но какой – кельнер не запомнил.

– Где же они? В каком номере?

Они уехали в Берн три дня тому назад. Жорж отослал к матери успокоительную телеграмму и потащил папашу в Берн.

Но тут их ожидало горькое разочарование. Отчего-то Жоржу представлялось, что как только они приедут в Берн, так и увидят беглецов, спокойно гуляющими близ железнодорожного вокзала. Вышло совсем не то: уж несколько дней они жили в Берне и снова послали в Петербург извещение, что "ничего нового".

– Довольно, Жорж. Едем домой. Ведь ты видишь, что ничего сделать нельзя.

– Не вижу, папаша.

– Однако, мой милый...

В дверь постучались. Вошёл кельнер с газетами.

– Послушайте, – обратился к нему Жорж, осенённый внезапным вдохновением. – Видите вы этот золотой!?

– Zwanzig Frank? O ja! Excellenz.[100]

– Прекрасно. Теперь, смотрите. Вот фотографическая карточка. Возьмите её. Если вы найдёте даму, которая изображена на этом портрете и доставите мне её адрес, вы получите пять таких золотых. Идёт?

Кельнер живо замотал головой, взял карточку и юркнул в дверь.

– И ты воображаешь, что из этого что-нибудь выйдет? – спросил генерал недоверчиво.

– А вот, посмотрим, – спокойно отозвался Жорж с того дивана, на котором поместился в своей любимой позе, т. е. вверх ногами, с французским романом в руке.

На другой день он послал за своим кельнером и с удовольствием узнал, что тот отлучился на целый день.

---

[100] Двадцать франков? О, да! Великолепно! - нем.

– Вот, видите, папаша; что я вам говорил!? Эти кельнеры здесь все друг друга знают; он обойдёт отели, расспросит своих знакомых и всё разведает лучше любого сыщика. Уж если они здесь, им от него не спрятаться.

– Ну, ещё погоди радоваться.

Но Жорж был прав. Под вечер, часов в восемь его поверенный явился с таинственным самодовольным видом и объявил, что дама найдена, и что экипаж уже ждёт господ у подъезда, чтобы свезти их по требуемому адресу.

Через полчаса они уже были у цели своего странствия. К немалому изумлению Жоржа, экипаж их остановился перед красивым зданием, украшенным гербом и флагом русского государства.

– Это что за дом? – спросил Жорж у проворного кельнера, соскочившего с козел, чтобы открыть дверцы.

– Дом русского посольства, Excellenz.

– Как? Неужели в нашем посольстве согласились укрывать барышню, удравшую из родительского дома с бродягой? Не может быть! – сказал Жорж по-русски и затем уже по-немецки добавил, для кельнера. – Доннерветтер![101]

– Молодая дама находится здесь, – любезно отозвался кельнер, – и супруг с нею.

– А-а, смуглый такой господин высокого роста, с чёрной кудрявой бородой?

– Прошу извинения у господ, но господин совсем не смуглый, нет. Скорее белокурый и бороды не носит.

– Так это не они! Это совсем не они!

– Excellenz, даму я нашёл, а насчёт господина мне ничего не было приказано. Дама та самая, – настойчиво уверял кельнер.

– Ну, будь что будет! Форвертс[102], марш! – воинственно воскликнул Жорж и побежал вверх по лестнице.

Папаша поплёлся за ним, уговаривая его успокоиться.

– Уж ты ради Бога с ней не горячись, если это она! – повторил он.

– Не беспокойтесь; я с ней и разговаривать не буду. Вы её сейчас берите и везите к нам в отель. А с этим негодяем я сам справлюсь.

– Смотри, Жорж, эти итальянцы народ опасный. А вдруг у него ножик или кинжал?

– Ну, вот ещё!

– Пожалуйте, господа!

Перед ними отворилась какая-то дверь, в которую впустил новоприбывших очевидно уже предупреждённый лакей. Они миновали переднюю, ещё одну комнату, вошли в столовую, где навстречу им поднялись со своих мест господин и дама, сидевшие за очень мило убранным чайным столом. Да, они их нашли: это была Верочка и её похититель. Взглянувши мельком на сестру и

---

[101] Гром и молния! В смысле "Черт побери!" – нем.
[102] Вперед! - нем.

155

убедившись, что это действительно она, Жорж прямо бросился к шарманщику, накинулся на него как разъярённый зверь, вскрикнул, отшатнулся и принялся душить его в своих объятиях. Генерал взглянул, заморгал и начал протирать глаза...

Перед ним стоял Павел Александрович Ртищев.

Прежде чем его превосходительство мог придти в себя, Верочка уже висела у него на шее и со слезами и поцелуями просила у него прощения, восклицая, что Поль – самый лучший муж в свете, и что они, честное слово, собирались сами писать!

– Поль, как я рад! В жизни я не был так рад! Верочка, поцелуй и меня, душка! – кричал Жорж, в восторге.

Поцелуи и объятия сделались общими; в смятении генерал несколько раз поцеловал Жоржа вместо Верочки, а Поль тоже ошибся и поцеловал Верочку. Наконец, все успокоились.

– Ты ведь нас простишь, папаша? – спрашивала Верочка.

– Разумеется, мой ангел. Но как ты нас всех напугала! Я-то, мой друг, прощу – но мамаша твоя...

– Ха-ха-ха! Воображаю! Вот будет потеха! – разразился Жорж.

– Да, милые мои, я боюсь, что она будет недовольна, – содрогаясь, произнёс генерал. – Это очень вероятно. Но скажите, каким образом вы очутились в русском посольстве, – с какой стати, друзья мои?

– Поль здесь служит, – с гордостью объявила Верочка. – Он вторым секретарём!

– Давно ли?

– Уже вторая неделя!

– Поздравляю с дипломатическим назначением, господин шарманщик, – закричал неугомонный паж. – А кстати, что это тебе за фантазия пришла идти в шарманщики?

– Сам не знаю, честное слово. Совсем с ума сходил, когда меня от вас выгнали, ну в отчаянную минуту и пришло в голову. Фантазия дикая, конечно. Но ведь вышло очень хорошо! Неправда ли, Вера?

– Выгодно, не спорю. Сколько она тебе денег в форточку-то перекидала! Ты их куда же девал?

– Папироски покупал!

Это показалось забавным даже и папаше, несколько приунывшему ввиду перспективы супружеского гнева.

– В первый раз, как она меня узнала, с ней чуть обморок не сделался. А потом привыкла и премилые записочки мне писала!

– И в них деньги завёртывала? Ай-да дочка! – догадался папаша.

– Именно. А я ей писал в лавочке, что напротив вас, и отправлял с мелочью, за которой она посылала для меня же. Всё шло через мальчишку...

– Ишь, подлец, мальчишка! Мне небось этого не сказал! – заметил Жорж.

– Так мы и насчёт побега условились. Сначала Вера и слышать не хотела, а как мамаша пристала к ней с бароном...

– Поль, счастливая мысль! – перебил вдохновенный Жорж, – возьму я твою благословенную шарманку и поставлю к себе в комнату; и чуть только мамаша начнёт чудить, я сейчас из "Травиаты"!..

Затем счастливое семейство уселось вокруг чайного стола.

* * *

Жорж сохранил шарманку; но играть ему на ней не пришлось, потому что воинственный пыл её превосходительства остыл сам собой, особенно с тех пор, как её держат в повиновении дети Веры Петровны Ртищевой.

# ГРУША

(Из деревенских портретов)

## I

Если вы спросите у неё, как её зовут, она непременно потупится и ответит вполголоса:

– Уграфеной, – сильно напирая на букву "у".

У нас её зовут Грушей, в деревне больше Уграфеной или Груняшкой, а городская прислуга, среди которой она живёт, дала ей кроме того прозвище "Игрушечки". Но на игрушечку она очень мало похожа. Разве что на одну из тех дешёвых, неладно скроенных, но крепко сшитых и пёстро размалёванных игрушек, что продаются на деревенских ярмарках. Небольшого роста, крепко, но дурно сложенная, с фигурой ребёнка, несмотря на свои пятнадцать лет, Груша очень некрасива. Во всём лице у неё только и есть хорошего, что глаза – небольшие, но умные, живые, красивого, голубого цвета, с густыми, тёмными ресницами. Брови были бы тоже хороши, если бы их не спутала оспа. Груша заметно рябая. В довершение всего, летом солнце наводит тёмный лак на её лицо и шею, а её жёсткие точно конский хвост волосы при этом выгорают и отливают теми особенными, белесовато-рыжими тенями, которые только на головах крестьянских детей и увидишь. Они всегда заплетены в тощую косичку, перевязанную кумачной кромкой или тесёмкой, подобранной Бог знает где.

Несмотря на всё это, лицо у Груши приятное и симпатичное, а когда она смеётся, что случается часто, всё оно точно освещается. В своём будничном, ситцевом платье с белыми рукавами и с ниткой голубых бус на шее, она всего лучше. Но что она с собой делает в праздничные дни! Наденет ярко-красное "хранцузское" платье с жёлтыми разводами, намажет голову деревянным маслом, повяжется платком-картой своей родной московской губернии, или ещё того хуже, нарядится в "баску", позаимствованную у какой-нибудь городской горничной, и ходит целый день, шурша немилосердно накрахмаленной юбкой, наподобие гремучей змеи, стуча огромными башмаками, распространяющими запах дёгтя на всю усадьбу.

Но в праздник ли, в будни, Груша всегда поёт.

Она не может жить без песни как лесная птица, которая начинает чирикать, как только пробудит её утро на зелёной ветке. Только с наступлением осени птицы перестают петь и щебетать, а Груша и зимой, конечно, не перестаёт, я в этом уверена, хотя зимой её не вижу.

Груша – дочь старосты из ближайшей деревни. Деревня бедная, а староста чуть ли не всех беднее и потому каждое лето, когда мы приезжаем к себе в имение, с удовольствием отпускает свою дочь к нам. У нас исполняет она роль не то помощницы горничной, не то судомойки, а главным образом роль козла отпущения для всей остальной прислуги, привозимой из Петербурга. Чего только не делает Груша, куда только её не посылают! И она никогда ни от чего не отказывается, ничем не тяготится и успевает ещё каждый день сбегать домой в деревню, или в лес за орехами, или в поле за щавелем.

Но где бы она ни была, что бы она ни делала – она всегда поёт.

– Уграфена, подь доложи барышне: мол, скотница яйца принесла.

– Груша, а Груша, очисти картофель. Да растопки наколи.

– Груняшка, спросико-сь, станут брать ягоды ай нет?

– Груша, никак старостин бык у нас опять на овсе? Выгоняй скорей.

В ответ на это из высокой клумбы, разросшейся среди двора, раздаётся звонкая песня:

> На том ли поле серебристом
> Стояла дева пред луной,
> Уверяла небом чистым
> Хранить навеки свой покой...

Это Груша чистит самовар под бузиною.


## II


Груша страстно любит природу и восхищается всем, что видит в лесу и в поле.

– Уж и пахнут же эти ландуши. Рай Господень! – говорит она, уткнувши свой курносый нос в букет свежих цветов, которые мы с ней собираем в чаще молодых дубков и орешника.

Непосредственно вслед за "ландушами", Грушин восторг возбуждает гнёздышко, отысканное в густой траве её зоркими глазами.

– Матушка, каки махоньки яички. Уродит же Господь... Гляньте, Катерина Ондревна: голубенькие, чисто как небеса! И с пятнышками.

Я подхожу и любуюсь яичками. Груша на них просто не насмотрится.

– Катерина Ондревна, – спрашивает она неожиданно, – а у зайца какие яички?

– Что ты, Груша, разве заяц несёт яйца?

– То-то мне и думатца – не несёт... А у нас, в деревне, говорят, несёт...

Груша стоит в раздумье, подняв голову и прикрывши глаза рукой. Её губы раскрыты, лоб наморщился, она что-то соображает.

– А что теперь во всякой деревне солнышко так-то высоко ай нет? – спрашивает она.

– В нашем краю – во всякой, а в дальних странах – разно, где встаёт, где ложится.

– Ведь во всякой деревне своё солнушко? – говорит Груша живо.

– Как своё солнышко?

– А так, что колько деревень, только и солнушек.

С удивлением и с интересом слушает она моё объяснение. Её голубые глаза, не сморгнув, смотрят на солнце, с удвоенным восхищением.

– Стало быть, одно оно красное, на весь белый свет! – восклицает она. – Всех любит милосердное, всем-то всем православным хрестьянам[103] светит!

Груша просто растрогана этим известием.

– А "тьветов"-то, "тьветов" сколько на поле, – замечает она вслед затем. – Ишь, кукушкины слёзки (Груша произносит кукуштины слёсти) скоро тьвести (цвести) начнут!

– А вот и кукушка кукует. Слышишь, Груша?

– Это она уттаво кукует, Катерина Ондревна, что её мать прокляла! – объявляет Груша бойко.

– Что за вздор!

– Нет, правда, Катерина Ондревна, ей-Богу. Она прежде человеком была и согрешила. Её мать прокляла, вот она с тех пор и кукует, – говорит Груша с убеждением, набивая рот щавелем.

Ей неприятно, что я не верю такой всем известной вещи, и, чтобы прекратить разговор, она затягивает во всё горло, продолжая собирать щавель:

У поленницы, у дров,
Была советная любов...
Раскатилася поленница,
Рассыпались дрова,
Рассердилася милашечка
За грубые слова...


## III

Верит Груша всему, но преимущественно нелепым известиям. Однажды застаю её в горе. Она сидит на ступеньках кухонного крыльца и, медленно вытирая тарелку толстым полотенцем, перекинутым через плечо, заливается слезами.

– Груша, кто тебя обидел?

Из кухни раздаётся громкий смех, и чей-то звонкий голос кричит мне в окно:

– Это она об Амуре, Катерина Андреевна!

_____

[103] Т. е. христианам, что, к слову сказать, у Груши значит также крестьянам, так что христианин и крестьянин по её понятию одно и тоже.

– Это ещё что?

Груша кладёт тарелку на колени и рыдает неутешно.

– Груша, да что с тобой, наконец?

– Да неужто ж это правда?

– Что правда?

– Сказывают у нас в деревне-е... всех шпитонцев у отцов-матерей отымут, на Умур погонят... Умур чтобы заселять... Да неужто ж?..

– И об этом ты плачешь? – Кто это тебе наврал?

– У нас, Катерина Ондревна, шпитонцы все, у моего тяти – и Кузька, и Анютка... и во всей деревне у всех шпитонцы... и всех-то сказывают, вышел приказ на Умур, чтобы заселять...

– Никто этого не приказывал, успокойся! Всё врут.

– Врут? – переспрашивает Груша, утираясь концом кухонного полотенца. – И вправду и в ведомостях вы не читали?

– Я тебе говорю, вздор. Ни в каких ведомостях этого нет.

Груша сейчас же верит; она успокаивается совсем и отправляется на кухню с тарелкой. Её встречает дружный хохот, и через минуту в кухне уже звенит посуда, и раздаются топот пляшущих босых ног и громкая песня:

> Как пошла наша Параша
> На колодезь за водой...
> Ай, Параша! Ай, Параша!
> Ай, Па-ра-шенька моя-а!..

## IV

Недаром известие о заселении "Умура" питомцами так печалит Грушу: изо всех своих братьев и сестёр она одна уцелела, все остальные умерли, и в её семье только и есть питомцы. Не успеет обыкновенно Груша сообщить, что "маме Бог дал" – что случается почти каждый год, – как уже слышишь, что новорождённый помер, и "тятя повёз маму в Москву за питомцем". Питомцы тоже умирают, но не все, и каким-то чудом в семье старосты уцелел Иван, теперь уже взрослый парень, да Кузька и Анютка. Я говорю чудом потому, что даже в деревне считается, что у Марфы-старостихи "тяжёлая рука" на детей – не в том смысле, чтобы она их била, а потому что у неё дети не живут. По моим личным наблюдениям, эта тяжёлая рука объясняется тем, что Марфа отличается не совсем обыкновенной глупостью и таким пристрастием к грязи, какое и в деревне редкость. Между прочими спасительными взглядами на физическое воспитание она строго придерживается того правила, что до шести недель грех ребёнка мыть. Впрочем, это в деревне принято везде. Такой искус грязи выдерживают, конечно, немногие дети, но раз что выдержат, после этого на всю остальную жизнь отличаются особенной прочностью и толстокожестью. А потому и Груша, и Кузька, и Анютка очень крепкие, резвые и здоровые дети.

Груша нежно привязана к своему родимому дому и к семье. Дом её чуть не самая кривая изба во всей деревне, сарай совсем разваливается, а овин похож на огромное птичье пугало, пристроенное притом же совсем не к месту, потому что и птиц пугать не к чему: в огороде произрастает один хрен.

Отец Груши, очень умный и плутоватый мужик, несмотря на весь свой ум и изворотливость, за которую его даже прозвали в деревне "Налимом", никак не может поправиться, не то что разбогатеть.

– Счастья Бог не дал! – говорят про него мужики.

Кроме жены Марфы, Груши да двух питомцев, у старосты живёт его отец, седой, сгорбленный старик, непомерно старый, но всегда занятый какой-нибудь работой. В деревне он специально известен под названием "дедушки, который век свой доживает".

– Кто это там у вас, на гумне, сено ворошит?

– А дедушка... Век свой доживает... – говорит Груша.

– Это твой отец, Иван Сергеевич?

– Да-с... дедушка... век свой доживает.

И сам дедушка тоже:

– Здравствуй, дедушка! Как поживаешь?

– Живу, матушка, помаленьку... век свой доживаю...

Дедушку Груша любит (отчего не любить!), но тятю особенно. Его больше всех изо всей семьи.

Уж которое трёхлетие выбирают его в старосты, значит мир доволен. А между тем нет ни одного мужика на деревне, который бы не знал и не рассказывал про старосту тьму тьмущую разных скверных историй, расписывая его вором и мошенником.

– А к чему у него ваши подреза, матушка, прижились? Сроду он с подрезами не ездил, а теперь что? – говорит мне один.

– Видел я ваши книжки у старосты на прошлой неделе, – замечает другой. – На папиросы рвёт.

– Он и не курит, тятя мой! – раздаётся неожиданно негодующий голос Груши.

И, обругавши говорящего "как не надо быть хуже", она с достоинством удаляется в кухню, откуда её вызвали обличительные голоса.

На беду, у старосты есть кума среди нашей прислуги, и довольно влиятельная кума. Он постоянно проводит свои досуги в нашей усадьбе и принимает участие во многом, что здесь происходит. А потому на него беспрестанно сваливаются всякие недочёты, пропажи и провинности, к сожалению, иногда не без основания...

– Где новый хомут, ну, где? И опять же отчего прошлогодних подков половины нет?

– Вот извольте спросить у старосты! – значительно говорит кучер.

– Да что же староста? Ведь ты смотришь за лошадьми и за конюшней, а не он!

– И опять – где наши верёвки? – укоризненно продолжает мой

Яков, не обращая ни малейшего внимания на мои слова. – Прачке не на чем бельё вешать... а толстеющие были верёвки из Петербурха навезены... А с этой вон самой телеги задние колёса где? У старосты, всё у старосты!

Тут уж, если Груша слышит, она является вся дрожащая, глубоко взволнованная. Её глаза полны слёз, несвязно и сбивчиво начинает она защищать тятю, сообщая кстати, где видела верёвки, кому понадобились колёса и т. д. Она клянётся и божится, что на тятю всё врут, хотя и помнит смутно, что верёвки и колёса и в самом деле как будто у тяти. Как бы то ни было, нападки на тятю повергают её в такое неутешное состояние, что самая песня, которую она затягивает по привычке вслед за этим, звучит печально и заунывно и свидетельствует о её скорбном настроении.

> Матушка неро́дная –
> Похлёбочка холодная...
> Кабы родная была,
> Щец горячих налила...

# V

Летом первое Грушино удовольствие – купаться.

Под самой деревней, где Груша родилась и выросла, протекает небольшая, но очень хорошенькая речка, местами глубокая, местами довольно широкая, повсюду светлая и прозрачная. Течёт она, беспрестанно извиваясь, среди душистых лугов, которые совершенно заливает весной; по её берегам густо растёт ольха, заплетённая хмелем. Дно везде ровное, песчаное, речка весёлая, быстрая и кишит рыбой, которой в нашем краю не ловят ("Как ты её достанешь? Ведь она в воде", – говорят наши предприимчивые мужики, почёсываясь). Прилетают туда белые чайки с соседнего озера, качаются на воде выводки диких уток, плавают круглые, жёсткие листья и белые цветы водяной нимфы. В песчаных берегах вьют себе гнёзда полевые ласточки, над прибрежными травами кружатся блестящие стрекозки, а деревенские ребята всё лето беспрестанно копошатся в тёплой воде.

Груша с детства плавает как рыба, умеет нырять и проделывать всякие фокусы в воде, например, долго идти под водой с огромным камнем в руках, который в воде "лёгок будто пёрышко, а на волю не пущает".

Первобытный костюм Груше особенно мил и удобен. Она никогда не бывает так невозмутимо развязна и самоуверенна, как в те минуты, когда всё её платье лежит на берегу, в траве. Прикрывая рукою глаза от солнца, она безмятежно прогуливается по берегу безо всякого одеяния, кроме шнурка с крестом на шее, вся коричневая, точно загорелая с ног до головы. Такие прогулки Груша предпринимает, чтобы разглядеть, где больше распустилось "белых тьветов", или куда делись утки, которые "ровно быдто спустились неподалёчку", а иногда даже и затем, чтобы убедиться, нет ли где поблизости пастухов или косцов, присутствие которых неприятно барышне. О собственном уединении в таких случаях она не помышляет, – ей решительно всё равно.

Однажды, когда Груша сорвала большой лист водяной нимфы и, заслонившись им от солнца, бойко побежала по берегу безо всякой другой одежды, меня поразило её сходство с краснокожим дикарём, из тех, что изображают обыкновенно на картинках к романам Купера или Майна Рида. Недоставало только пучка перьев на макушке головы, а то было бы полное сходство.

В воде Грушей овладевает буйный восторг. Она плещется, взвизгивает, поминутно выходит на берег и бросается в воду со всего размаха или схватывает пригоршни песка и неистово трёт себя этим песком. Сходство её с краснокожим дикарём продолжает меня поражать.

– Груша, что ты делаешь?

– А песком моюсь, Катерина Ондревна, – говорит Груша совершенно просто и естественно и продолжает растирать себя с таким ожесточением, точно она – самовар, который ей предстоит вычистить.

И затем, вся облепленная песком, красная, буйная, она стремительно бежит в реку, расплёскивая воду во все стороны блестящими брызгами и распугивая стаи рыбок, играющих на солнце.

– Гляньте, гляньте, как я на спинке поплыву! – кричит она с азартом.

– Будет тебе. Вылезай!

– Ещё маленечко! Гляньте, гляньте, как я нырну!

Но едва она вышла из воды, как уже одета и сейчас же принимается собирать дудки или щавель, напевая вполголоса:

Бедный ры-ы-царь, всё стри-и-митца,
И а-ах, к Мальвине ма-ло-до-ой...


# VI

Какая-то сердобольная барышня, прожившая три зимы по соседству с Грушиной родной деревней, выучила Грушу читать и писать. Груша, вообще, любит читать, но всего больше правятся ей песенники и сказки. Сборник народных песен, который я ей подарила, занял её необыкновенно. Особенно обрадовалась она, когда нашла там несколько знакомых ей песен.

– Наши самые, деревенские песни! – говорила она, сияя.

Замечательно, что у Груши прекрасный музыкальный слух и память. Всякие мелодии она запоминает удивительно быстро и никогда не фальшивит. Слова ей даются также очень легко, но со словами она обращается безбожно и фразировки в пении не признаёт.

Вспомни, Со-ни-чка, дру-ужо...

Раздаётся на дворе во всё горло, затем отворяется дверь, и среди внезапно наступившего молчания звенит посуда, которую Груша расставляет в буфете. Потом опять отворяется дверь, и со двора немедленно доносится продолжение:

?...чик,
Ка-ак люби-лись мы с тобой!..

Само собою разумеется, что излюбленное Грушей чтенис только укореняет все её бесчисленные суеверия и утверждает её в твёрдой вере во всевозможную чертовщину. Домовой, огненный змей, русалки – для неё живые лица, в существовании которых она нимало не сомневается. Кроме того верит она ещё множеству всяких небылиц, и часто приходится в этом убеждаться.

Например, спит она обыкновенно, засунувши голову под подушку, и во сне кричит благим матом, вскакивает и мечется по своей постели.

– Груша! Зачем ты покрываешь голову одеялом да ещё засовываешь под подушку?

– Так лучше.

– Как лучше, когда ты всю ночь кричишь? Ведь этак ты задохнёшься когда-нибудь.

– Это не уттаво, Катерина Ондревна.

– Как не оттого? Наверно оттого. Ты себя душишь.

– Нет, не уттаво, – упрямо повторяет Груша. – Всё уттаво, что у меня два духа, – прибавляет она, понизив голос, печально.

– Что такое?

– Два духа у меня: один спит, другой кричит. Вот что! А бывает и домовой. Как он начнёт, как начнёт... Уж известно, он всё по ночам ходит. Тятю раз за ноги с лавки стащил.

– Верно очень был пьян, твой тятя.

– Нук что ж, что был пьян! – обижается Груша. – Праздник был, никак Покров. Вот его домовой в те поры с лавки да об пол.

– Не домовой стащил, а сам с лавки пьяный свалился.

– Батюшки, да неужто вы не верите? – спрашивает Груша в изумлении и, помолчав немного, говорит. – Вот опять белые женшыны бывают. Тятя видел.

– Верно тоже пь...

– Твёрёзый, Катерина Ондревна, ей-Богу твёрёзый! Ещё за водкой только поехал. Солнышко только-только село, заря погасла, а он из кабака-то домой на лошади и едет, водку везёт. Кума мы угощали на Илью. И только вот тятя до колдобины доехал, где скотину поят, а она под кустом и сидит.

– Кто? Скотина?

– Не-ет, белая-то это сама. Сперва тятя подумал – может баба – и закричал громким голосом: "Ты кто, – человек, ай – баба?" А она молчит... Опять он: "Человек ты хрещеный, ай – баба?" А она всё

165

молчит. Тут уж он как хлестнёт лошадь и поскакал. А лес-то как загудёт за им, как загудёт!.. Так у его кажный волос на голове стал. Уж очень испужался!

Те сказки, где она находит своих любезных домовых и "белых женщин", пользуются её особенным доверием.

С наступлением осени, когда ночи становятся длинные и тёмные, а ветер воет в трубах и шумит деревьями, фантазия Груши особенно разыгрывается, и она непременно рассказывает собравшейся прислуге страшные истории про разных беглых каторжников, проживающих будто бы в казённом лесу, около нас, про разбойников и т. д. Сама она верит своим рассказам больше всех.

– Вот и у Старого Стана парень на дорогу выходит, сказывают.

– И пущай его выходит, коли ему на месте не сидится, – говорит повар.

– Так зря, что ли, он выходит? – огрызается Груша. – Грабит, народ убивает – вот что, а не то, чтобы так. Вон намедни кабатчик наш ехал. Так он узнал его. Вышел к ему: "Э, ты, – говорит, – свой. Своих не трону". А это действительно, что из нашей он деревни – Федька Буран, беглый.

– Для чего беглый?

– А так что земли у его нет, роду племени нет. Днём побирается Христа ради, а ночью на дорогу выходит. Совсем бестолковый парень, ни на что не годный. Даже в солдаты и то его не взяли. Сам определился, вольноопределяющий был. А теперь грабит.

– Да ты видела?

– Что мне видеть? Люди говорят.

Груша пускается в подробности и так убеждает, не то, чтобы слушателей, но главное слушательниц, в близком соседстве грабителя Федьки Бурана, что горничная и прачка от страха решаются лечь на одной кровати, а под кровать посадить Забияку – всегда грязную, мохнатую дворняжку. Груша сама присоединяется к их компании, но перед отходом ко сну берёт гармонию и старается разогнать всеобщие опасения, отплясывая во всю мочь и припевая с необычайным ухарством:

> Шёл я верхом, шёл я низом –
> У милашки дом с карнизом!
> У милашки огонёк:
> Милашка кушает чаёк.
> Наливай, мамаша, чай
> В золотые чашки;
> Иду милую встречать
> В шерстяной рубашке...

# VII

Груша, вообще, очень мало цивилизовалась, да и грамота привилась к ней поверхностно. Который год проводит она каждое лето в нашем доме, а перемен в ней очень немного. С одной стороны, она всё так же проста и независима, как была – и слава Богу! С другой, почти так же неуклюжа и преисполнена диких понятий как прежде. Она не научилась ни умываться, ни правильнее говорить. "Ничаво" и "уттаво" по-прежнему входят в её лексикон. Она привыкла есть макароны и рубленное мясо, очень полюбила пудинги и кремы, но есть эти вещи не руками и не облизывать тарелки со всех сторон – так и не привыкла. Ужасные накрахмаленные "баски" и огромные кожаные башмаки – единственные признаки её внешней цивилизации. Впрочем, башмаки она бережёт и, если грязно, ходит босиком, напечатлевая следы своих ног по всему дому.

Всего замечательнее то, что пребывание у нас, среди обстановки совершенно другого рода, чем у себя дома, не наводит её ни на какие сравнения или размышления, не поселяет в ней никакого недовольства, не возбуждает никаких стремлений... Проживши у нас четыре месяца, она совершенно просто и спокойно, безо всякого сожаления, оставляет свою светлую комнату, постель, обильную пищу и сравнительно лёгкую работу и возвращается домой – в душную чёрную избу, где приходится скудно и скверно есть и сидеть чуть не полгода взаперти, а остальное время работать не шутя. Груша любит свою семью и свою родную деревню; к нам она тоже привязана, и никаких больше соображений у неё нет. Весной она радуется нашему приезду, осенью она не без удовольствия возвращается домой.

– Ну вот, Груша, осень на дворе. Скоро мы уедем.

– Дай Бог, в час добрый, Катерина Ондревна!

– Стало быть, ты теперь домой вернёшься?

– Домой.

– Много дела теперь будет?

– Да что дела! Молотить – без меня убмолотили. Вот рожь только подсевать на муку. А потом картошку рыть станем, лён трепать на пряжу. Зимой мы с мамой пряжу прядём, холсты делаем. Зимой-то больше что ж делать? В избе духота, ночь... Мужики, те почитай все зиму спят: кто на лавках, кто на печи. Дедушка на всю зиму на печку заберётся, уйдёт.

– А ты что?

– Я-то? Да вот прясть да холсты ткать с мамой. Концы вышивать к полотенцам. Ещё-то что ж?.. На воле-то не пройдёшь. Небось, снег засыпет, что и пути-дороги не сыщешь. К реке проехать за водой, и то с лошадью раз пяток провалишься. Всё в избе и сидишь али бы на завалинке. Опять же темно скоро, спать рано ложимся – финогену (т. е. фотогену, керосину) не напасёшься.

– Скучно ведь, Груша?

– Как не скучно! А другой раз ничего. В избу набьёмся, девки все вместе, сами прядём, а сами сказки сказываем, песни поём. Тут нас не разонать – тако веселье.

При этом воспоминании лицо Груши распускается в улыбку, а песня так и просится у неё на волю; я прекращаю разговор и ухожу, тем более, что Грушу уже зовут отовсюду.

– Груша-а, а Груша! Поди, погляди, который час.

– Оглохла ты, что ли, Уграфена? Который раз тебя спрашиваю, ты куда веник-то запропастила?

– Груняшка, барыня кличет жаровню разводить!

– Груша, ступай, надёргай моркови. Живей!

С минуту Груша стоит в нерешимости, как бы недоумевая, на какой призыв следует ей откликнуться. Затем она вдруг стремительно срывается с места и несётся через двор. По всей вероятности, она положила прежде всего надёргать моркови, ибо через минуту с огорода доносится звонкая песня:

"Ты, милашка, белый свет,
Сшей к Миколе мне кисет".
Пришёл вечер, делать неча,
Начала кисетик шить...

# ЗАБИТАЯ СВЕКРОВЬ

### (Из деревенских портретов)

## I

В жаркий летний день я заблудилась в лесу: тропинка, по которой я шла, привела меня не на знакомую поляну, к заглохшему пруду, как я ожидала, а в какую-то незнакомую мне сечу.

Передо мною было большое пространство, покрытое недавно сведённым лесом, за которым синели верхушки больших деревьев. Всё это место уже успело зарасти цветущими травами, земляникой и неизбежным в наших краях малинником. Пробираясь всё дальше и дальше между пнями, хворостом и зелёными кустами, я потеряла и ту тропинку, по которой пришла. Теперь меня окружало со всех сторон море цветущих трав; над головой синело яркое небо, и кроме неба и зелени ничего не было видно; пахло мёдом и полынью. Солнце стояло уже высоко, а птички весело и звонко щебетали, несмотря на то, что июль приближался к концу. Я очутилась в совершенно незнакомом месте, в какой-то зелёной пустыне...

Но это была не пустыня; я ошибалась. Тут было ещё одно живое существо, кроме меня.

## II

Откуда она взялась – я не могла понять. Точно из земли выросла и встала передо мной как лист перед травой маленькая сгорбленная, худенькая старушонка. В изодранной холщовой рубахе и синем сарафане, с выбивающимися из-под платка прядями жидких седых волос, босиком, с какими-то лохмотьями вместо кацавейки на плечах, она имела жалкий, за сердце хватающий вид. Её маленькое, съёжившееся лицо покрывали бесчисленные морщины; глаза побелели и потускнели, узкие губы беззубого рта точно провалились между носом и подбородком. Её босые ноги были так уродливо худы и искривлены, что с первого взгляда казалось, будто на них гораздо больше пальцев, чем обыкновенно бывает.

Это дрожащее, трясущееся, покрытое лохмотьями существо точно вынырнуло из земли и остановилось передо мной.

Старуха прикрыла своей сморщенной, чёрной рукой белые глаза, поглядела на меня и поклонилась молча, чуть не до земли. В другой руке у неё была большая корзинка, наполненная необыкновенно крупной и спелой малиной.

– Здравствуй, бабушка. Малину собираешь?

– Малину, родимая, малину, красавица, – торопливо забормотала

169

старуха дребезжащим голосом, и, к моему немалому удивлению, из её белых глаз, окружённых точно кровавой каймой, сейчас же потекли слёзы.

— Ты, стало быть, здешняя, бабушка? Знаешь, что это за место?

— Не здешняя я, нет, не здешняя. Издали я, горькая; из села Фоминского. Может, слыхали, матушка?

— Как же, знаю. Это вёрст за пять от нас. А славная у тебя малина, где это ты такую набрала? Покажи-ка.

Старуха вдруг неожиданно бухнулась мне в ноги.

— Что ты, бабушка, Бог с тобой! Встань скорее. Чего тебе надо?

— Купи ты у меня малинку, сударыня, сделай милость Божескую! Помоги мне, горькой старушонке!..

— Да полно, тебе, встань! С удовольствием куплю. Только бы домой попасть, — у меня с собой и денег нет.

— Я дойду с тобой, сударыня, только не оставь — возьми малинку.

— О чём же ты плачешь, бабушка? Я же сказала, что куплю.

— Не плачу я, родимая; это так — слеза идёт. Так, стало быть, возьмёшь?

— Непременно. Только, видишь ли, я заблудилась тут в лесу, дорогу потеряла. Не знаю, как до дома дойти. Может, ты моему горю поможешь?

Оказалось, что старуха хорошо знает местность, и что нам с ней стоит только немножко пройти, чтобы добраться до сторожки лесника, за которой начиналась настоящая дорога. А там мне было уже очень легко попасть домой.


## III


Старуха пошла вперёд, я за ней.

Странное дело: вид у неё был такой, что мне казалось, будто она едва может передвигать ногами, а между тем она довольно бодро, хотя медленно, шла вперёд, раздвигая кусты и травы костлявой рукой. Её белые глаза были похожи как две капли воды на глаза слепого, а между тем она ими видела; трясущаяся голова была плотно повязана платком, а между тем она слышала.

— Бабушка, сколько тебе лет?

Старуха обернулась, посмотрела на меня тусклыми глазами, из которых продолжали выкатываться редкие слезинки, и жалобно проговорила:

— Пятый десяток доходит, сударыня. Никак пятьдесят годков прожила.

— Да не может быть! — воскликнула я невольно.

Я думала, что ей, по крайней мере, сто лет.

— Пожалуй, что и того нет, родная. Немного годов мне от Бога — люди состарили... Люди! Прости, Господи, моё согрешение...

Она забормотала что-то непонятное и медленно поплелась по

тропинке, согнувшись чуть не вдвое. О моём присутствии она точно забыла. Так мы шли до самой сторожки.

По-видимому, лесник хорошо знал мою старуху, потому что он очень приветливо окликнул её с порога своей крохотной избушки:

– Здорово, бабушка Аксинья! Сядь, отдохни на крылечке – кваску принесу.

Старуха села, предварительно поклонившись леснику чуть не в ноги. Я расспросила дорогу и пошла домой, повторивши своё обещание бабушке Аксинье купить у неё ягоды.

Часа через полтора она явилась со своей малиной и, получивши от меня две серебряные монетки, опять упала мне в ноги, причём слёзы быстрее потекли по её морщинистому лицу.

Я велела покормить несчастную старуху и хотела оставить её ночевать, так как до дома было ей далеко, а солнце уже близилось к закату. Но она ни за что не соглашалась.

– Да ведь ты устала, бабушка?

– И то устала, сударыня, притомилась, – жалобно говорила она, сидя на ступеньках кухонного крылечка, вся сгорбленная и сморщенная, сжимая в костлявых руках мои два двугривенных, точно это были какие-нибудь драгоценные алмазы.

– Так отчего ж ты не хочешь остаться у нас? Переночуешь в людской избе, со скотницей, а завтра рано утром накормят тебя, и пойдёшь домой.

– Убьёт она меня, матушка, больно убьёт, коли деньжонок не принесу до солнышка...

– Как убьёт? Кто?

– Невестка, – произнесла старуха чуть слышно, и вдруг выражение такого непреодолимого, тупого страха появилось на её лице, что я невольно вздрогнула.

– Твоя невестка? Да как же она смеет!? А сын-то твой чего же смотрит?

– Далеко он, родная, в солдаты сдан, и не знамо где. Некому заступиться за меня, за нищую старушонку...

– Никого у тебя, кроме невестки, и нет, и кормить тебя некому?

– Как не быть... Хозяин у меня, мужик богатый...

Она с усилием встала, поклонилась мне низко-низко и поплелась прочь, не прибавив больше ни одного слова.

Я осталась в полнейшем недоумении.


## IV

А между тем она говорила правду. Дело было очень просто.

Муж её, Захар, был самый зажиточный мужик в селе. Всего у них было вдоволь, тем более, что и семья невелика: один сын, Иван. Всё шло хорошо, пока его не женили. Понравилась ему красивая, разбитная девка из большого торгового села Рогачева. Но, к несчастью, понравилась она не только Ивану, но и его отцу. Как только вошла в дом молодая хозяйка, так и перевернулось всё вверх дном. Ивана отец скоро спровадил в солдаты и стал открыто жить со снохой, которая принялась всячески мучить и угнетать свою свекровь. Она заставляла её страшно работать, почти не кормила, била и истязала самым жестоким образом, а когда Аксинья из здоровой, пожилой женщины превратилась в очень короткое время в дряхлую, бессильную, измученную старуху – стала посылать её за грибами и ягодами летом, а зимой заставляла ходить по миру. Все вырученные деньги, каждый собранный кусок хлеба несчастная старуха приносила невестке и боялась её до такой степени, что даже вдали от неё не смела ничего съесть из того, что ей давали в виде подаяния.

Говорили, что до сына-солдата дошли печальные вести обо всём этом, и что он будто бы спился с горя и пропадает неизвестно где...

## V

Три лета сряду бабушка Аксинья приносила мне самые крупные, спелые ягоды, какие только бывают в полях и лесах. В июне она приносила землянику, а с середины июля до середины августа чуть не каждый день приходила с большой корзинкой душистой, алой малины.

В прошлое лето она не пришла. Земляника поспела и сошла, началась малина, а бабушки Аксиньи всё не было. Куда она девалась – у нас никто не знал.

В один прекрасный день мне пришли сказать, что меня спрашивает какой-то старик.

Сам старик был мне совершенно неизвестен.

Его худощавое лицо с глубоко впалыми глазами, ушедшими под кустастые, чёрные брови, крупный нос, высокий, обнажённый лоб и длинная седая борода мне были совершенно незнакомы. Но что мне было положительно знакомо – это почерневшая, сплетённая из прутиков корзинка с алой, необыкновенно крупной малиной: то была корзинка и отборные ягоды бабушки Аксиньи.

Высокая мощная фигура незнакомого старика в синей линялой рубахе и стареньком армяке низко склонилась передо мной, пока он кланялся мне в пояс.

– Сударыня, – проговорил он суровым, почти торжественным голосом, – я старик вашей летошней старухи.

И он подал мне корзинку с малиной.

– А! Стало быть это бабушка Аксинья прислала мне малину? А что же она сама не пришла?

– Упокой, Господи, её душу, – тихо сказал старик, сотворяя крестное знамение. – А мне пошли, Господь, милосердное прощение за великий мой грех...

И, помолчавши, он прибавил:

– Нищий я, сударыня, стою перед вами: всё роздал... Буду подаянием кормиться... А что пожалуете за малинку – пойдёт во святую церковь, за упокой её души...

# ЛЮДИ И ВЕЩИ

Елена Николаевна ужасно любила вещи, и мелкие, и крупные, но, конечно, хорошие вещи – чтобы было куплено в хорошем магазине, сделано у хорошей француженки и всё настоящее.

– Я люблю каждую свою вещь, – говорила она часто.

– Вообще, любишь собственность, – поддразнивал муж.

– Да, люблю. По моему, Паскаль был просто дурак. Преглупо он это сказал: "La propriété – c'est le vol"[104]

– Не Паскаль, а Прудон.

– Ну, Прудон. Не всё ли это равно. Я всегда их путаю.

И точно назло Прудону, хотя и совершенно независимо, как от него, так и от всех прочих мыслителей-экономистов и социалистов, Елена Николаевна с полным сознанием своей правоты постоянно заботилась о своей собственности. Она никогда не думала о том, хороши или нехороши эти её наклонности и вкусы. Она знала, что у них с мужем нет ни копейки долга, и думала, что живут они, конечно, хорошо, но вполне благоразумно. Вон Савицкие проживают двадцать тысяч в год, хотя у них не больше двенадцати дохода; Лопухины живут прямо в долг; Петровы держат лошадей и задают балы, хотя они совсем небогаты. Нет, они гораздо благоразумнее и проживают несравненно меньше. Положим, их всего двое, детей нет; но зато есть имение в Рязанской губернии, на которое идёт тысячи две в год, по крайней мере, хоть и хозяйства там ровно никакого нет. От Петербурга далеко, всё за глазами; живёшь там всего каких-нибудь два-три месяца в год, да если бы и больше жили, что толку? Дворяне разве умеют получать доходы с имения? Это доступно только богатым людям, а богатых дворян теперь почти нет. Вот, например, хоть бы она, Елена Николаевна, и её муж. Ведь у них ничего нет; живут мужниным жалованьем и проживают почти всё, что получают. А ведь тратят только на всё самое необходимое; правда, Елена Николаевна любит всё хорошее, но никакой глупой роскоши себе не позволяет: ей в голову не придёт покупать себе бриллианты или выписывать платья из Парижа.

– К чему это? – рассуждает она. – Глупая трата денег. Моя портниха очень хорошо шьёт, и всего двадцать пять рублей за фасон. Какие тут бриллианты, когда нужно столько необходимых вещей. Вот в гостиную непременно нужно ковёр во весь пол – иначе никогда не будет комфорта.

– Да ведь у тебя и так три ковра в гостиной, – возражал муж.

– То-то и не хорошо, что три ковра. Я их сниму...

– И бросишь?

– Совсем нет. Они ещё очень годятся в другие комнаты; я уж им

---

[104] собственность – это воровство - фр..

174

найду место, не беспокойся. Чем больше ковров, тем уютнее. К тому же в Петербурге без этого невозможно: всегда дует от окон, во всех квартирах, и с пола дует. Нет ничего легче, как схватить простуду, и нажить какую-нибудь скверную болезнь. Вон инфлюэнца чуть не в каждой семье. Доктора дороже всяких ковров обойдутся, – прибавляла она, чувствуя себя до глубины души такой практичной, благоразумной и умелой.

Муж не возражал, да ему и нельзя было возражать, потому что он сам любил, если не собственность (к которой чувствовал некоторую враждебность, потому что понятие о ней отождествлялось у него с представлением об имении, стоившем денег зимой и наводившем скуку летом), то вещи и даже специально японские и китайские вещи. У него была страсть накупать уродцев из фарфора и бронзы, чайную посуду, в которой он никому не давал пить чай, до которой даже не позволял дотрагиваться, и множество других интересных вещей; а для уродцев были совершенно необходимы подходящие этажерки и консоли, для посуды и прочей утвари ещё того необходимее подходящие витрины и столы, а в комнату, где всё это помещалось, ещё того необходимее соломенные циновки, вместо ковров, лаковая мебель и драпировки из китайского крепа. Ведь не повесить же шёлковые портьеры от Коровина или московский джут в такую комнату, где стоят три настоящих буддийских идола?

– Посмотри, – говорил Павел Александрович, показывая жене новую покупку. – Случайно нашёл в антикварной лавке. Всего пятнадцать рублей.

– Как, этот мерзкий чайник? Да ещё с отбитым носом?

– Да ведь это настоящий клоазонне. Это ужасно дёшево!

– Страшно дорого! За такую дрянь пятнадцать рублей! За пятнадцать рублей можно купить у Марсеру целую дюжину кофейных чашек. Кстати, мне необходимы кофейные чашки. Знаешь, теперь в моде разноцветные чашки, все разные. Это удивительно мило, я на днях видела у Сони. И за всю дюжину пятнадцать рублей.

– А вон Толстой на пятнадцать рублей кормит целый месяц десять мужиков. Вот ты и рассуждай, что дорого, что дёшево, – сказал Павел Александрович, уходя со своим чайником клоазонне.

– Какой вздор! – сказала жена ему вслед. – На эти деньги только с голоду можно умереть.

И она отправилась одеваться. Надо ехать к Соне: они сговорились вместе отправиться в Гостиный двор, покупать детям игрушки к ёлке. До Рождества правда ещё десять дней, но всегда лучше пораньше это делать: и дешевле, и не такая давка в магазинах.

Съездила очень удачно и, вернувшись домой, Елена Николаевна особенно обрадовалась, найдя у себя мать, которой можно было рассказать про игрушки!

– Надеюсь, ты обедать, мама?

– Да, душа моя. Конечно.

– И чудесно! У нас, как нарочно, твой любимый соус из артишоков...

175

За обедом, угощая мать соусом из артишоков, (в декабре оно немножко дорого, но зато вкусно) – она рассказывала, какие удивительные игрушки они с Соней купили. Особенно кухня для Любы, и пожарная команда для Серёжи.

– Кухня такая очаровательная, мама, что мне право самой захотелось поиграть. Плита настоящая – можно угольками топить или спиртом.

– Воображаю, чего это стоит!

– Всего пятнадцать рублей.

– Господи! Вон Толстой на пятнадцать рублей десять мужиков целый месяц кормит.

– Ну, так ведь это Толстой. На то он гениальный писатель. Но только не может быть, мама. Кто тебе это сказал?

– Никто не сказал. Я сегодня в газетах читала.

– Ах, мама, в газетах всё врут...

– Ну, не всё, Элен. Там подробно всё написано. Толстой устраивает общие столовые, где всякий обедающий получает обед из четырёх блюд...

– Как из четырёх? Это зачем? Даже у нас не каждый день четыре; иногда я заказываю только три.

– Ну, это только слава одна, что четыре блюда, – проговорил Павел Александрович, не отрывая глаз от дюшесы, с которой он тщательно снимал кожу серебряным ножом. – Этак мы у себя десять блюд насчитаем, если так считать, как там.

– А ты почему знаешь, как там считают?

– Да тоже в газетах читал как и maman. Это только ты одна теперь газет не читаешь.

– Ну, и что же ты там такое прочёл? – сказала Елена Николаевна, слегка задетая за живое. – Расскажи, пожалуйста, если это так интересно.

– Да ты возьми сама и прочти.

– Он наверно сам не читал, мама. Расскажи ты. Ну, что же они едят?

– Во-первых, хлеба à discrétion[105], сколько хотят; потом щи или суп, какой-то свекольник, каша или картофель, овсяный кисель...

– Ну вот, ну вот, как я говорил, – прервал Павел Александрович. – По нашему мы вчера ели сколько? Три блюда?

– Конечно, три: суп с пирожками, ростбиф и апельсинное желе.

– Прекрасно! Так суп – раз, пирожки – два, ростбиф – три, и к нему что такое у нас было? Брюссельская капуста, каштаны, морковка и грибы. Ещё четыре блюда – семь; желе – восемь.

– Кто же так считает!?

– Да, вот хоть бы у Толстого, всё так считается. То же самое, – упорствовал Павел Александрович.

– То же, да не совсем, – вздохнула его belle-mère[106]. – Даже как-то совестно эти ростбифы и желе есть, когда такая страшная нужда под

---

[105] на усмотрение – фр.

боком, а вот ещё у тебя попрошу немножко, Элен. Очень вкусное желе – такое душистое.

– Это от мараскина. У меня всегда кладут мараскин. Но всё это наверно ужасно преувеличено, мама.

– Что преувеличено?

– Да вот... это всё. Голодающие. Право, куда ни пойдёшь – везде только и слышишь, что голодающие. Пожертвования, вечера, базары – всё в пользу голодающих. А между тем, как-то совсем незаметно.

– То есть, как это незаметно? Что ты хочешь сказать?

– Помилуй, мама, если бы всё это было правда... ну, действительно, в самом деле, – чтобы столько было голодающих... которые бы в самом деле голодали... с голоду умирали... по настоящему...

Елена Николаевна запуталась и умолкла.

– Ну? – сказала мать удивлённо.

– Я хочу сказать, что если бы это было всё правда, так разве бы стали все так жить?

– Кто, все?

– Остальные все. Ну мы, ты, Лопухины, Савицкие, Соня... Одним словом все, – сказала Елена Николаевна с нетерпением, сама внутренне удивляясь, что она это говорит.

– А как же нам жить, по твоему? – с глубоким недоумением спросил муж.

– Да так же, как мы и теперь живём, потому что я ничему этому не верю. Бедные всегда были и будут: одни беднее, другие богаче; сравнительно с мужиками, пожалуй, и мы богаты, ну, а сравнительно с какими-нибудь Поляковыми и Штиглицами – мы нищие. Всё сравнительно.

– Так что же из этого? Я всё-таки не понимаю, что ты хочешь сказать, – сказал Павел Александрович.

– Хочу сказать, что это в порядке вещей. А голод – это не в порядке вещей, и если, действительно, голод, это так нельзя. У одних слишком много... положим, не слишком, – поправилась она, – а больше, гораздо больше, у других – ничего. Это надо как-нибудь... ну, я не знаю – переменить что ли. Если бы был такой голод – это бы переменилось. Да, да, наверно. Но я не верю, – заключила она.

– Нечего тут не верить, – сказал Павел Александрович, допивая кофе. – Голод, действительно, ужасный; в Казанской губернии даже пухнут и мрут; в десяти других, чёрт знает, что едят вместо хлеба, и мы, общество, делаем всё, что можем. Вон и в нашем департаменте все согласились по три процента в месяц; это немало. А всё-таки, пора в театр ехать. Расфилософствовалась моя Елена Николаевна, в какие-то донкихотские рассуждения пустилась... – засмеялся он. – Ступай-ка лучше одеваться, а то слишком опоздаем.

– Вы сегодня во французском?

---

106 здесь: тёща - фр.

– Как же, ведь суббота. Быть может, и вы с нами, maman? Нас всего трое в ложе.

– Нет, спасибо, мой милый. Испортились французы; у них теперь совершенный балаган, даже не смешно.

– Нет, не скажите. Отлично после обеда; спать вредно, а посмеяться очень хорошо. Эти милые французы великолепно пищеварению помогают. И Лего очень хороша...

– Вешалка для парижских платьев, – отрезала Елена Николаевна, уходя.

– Женское суждение, – сказал Павел Александрович, смеясь. – А мы и в итальянскую оперу абонировались, maman. На два кресла разорились.

– Вот уж именно разорились. Это и я бы поехала, да дорого очень.

– Нынче дешевле обыкновенного: благодаря голоду и итальянцы подешевели. Видите, нет худа без добра. Да что же это, Лена, однако? Непременно опоздаем!

Елена Николаевна, действительно, сильно опоздала в театр в этот вечер и была не в духе.

– Да что с тобой такое? – допытывался муж. – Отчего ты такая кислая? Неужели это тебя голодающие так расстроили?

– Ах, какой вздор, – сказала она с досадой. – Совсем не голодающие, а просто у меня ужасная неприятность.

– Что такое?

– Сейчас, когда я заказывала обед, Анна показалась мне совсем подозрительной, и от неё сильно пахло водкой. Боюсь, что она опять запьёт, на несколько дней.

– Ну, судомойка будет готовить.

– Она невозможно готовит.

– Ну прогонишь Анну и возьмёшь другую.

– Перед праздником? – с ужасом воскликнула Елена Николаевна. – Теперь до Рождества всего десять дней осталось, – где же тут найдёшь хорошую кухарку? Просто не знаю, что я буду делать.

Опасения Елены Николаевны оправдались. На другое утро Анна даже не стояла на ногах, и судомойка была временно водворена на её место. Елена Николаевна была в отчаянии, но совершенно неожиданно дело вдруг уладилось. Горничная Поля, ненавидевшая кухарку, предложила барыне сходить за своей знакомой, которая очень просила о месте и готовила за повара. А уж трезва – так положительно на удивление.

– Отчего же она без места, если она такая хорошая кухарка? – подозрительно осведомилась Елена Николаевна.

– Только что из деревни приехавши.

– Странно! Перед самым праздником приехала.

– Ах, барыня, да коли там есть нечего! – воскликнула бойкая Поля. – У неё весной брат помер, она поехала в деревню хоронить, да после его осталось что-то, а тут сама захворала...

– Хорошо, хорошо. Сходите за ней и приведите. Только поскорее. Можете взять извозчика.

Поля мигом съездила за кухаркой, и кухарка оказалась действительно очень искусной. Но её наружность показалась Елене Николаевне ещё более подозрительной, чем несвоевременный приезд из деревни.

– Вы наверное знаете, что она не пьёт, Поля? – спросила она у горничной.

– Ни, ни, ни, барыня! Вот хоть побожиться!

"Зачем я и спрашиваю? – подумала Елена Николаевна. – Разве она скажет правду? Они всегда лгут. Наверное пьёт".

– Отчего же у неё лицо такое? – сказала она вслух.

– Лицо? – переспросила Поля. – Да, должно быть, с хлеба. С деревенского хлеба. Ведь в деревнях-то теперь что? С позволения сказать, не то что мякину едят, а ещё и того нет.

"Вот и Поля тоже! – подумала Елена Николаевна. – А кухарка из деревни, и сама видела, и даже сама... голодающая? Ну, у меня голодать не будет, и то хорошо".

Кухарка замечательно хорошо готовила. Елена Николаевна со спокойной совестью пригласила сестру с мужем и со всеми детьми обедать на третий день праздника и заранее обдумывала menu рождественского обеда. А пока с утра до вечера разъезжала по магазинам. Надо было купить столько необходимого.

– Лучше бы ты дома сидела в такую погоду, – убеждал Павел Александрович. – Слякоть, мерзость, туман – а ты уже и так кашляешь.

– Пустяки. Мне необходимо. Мы с Соней с утра до вечера ездили все эти дни, и всё-таки ещё много осталось покупок. И так едва успею. Мне ещё надо к Аравину подарки прислуге купить.

Выходя от Аравина, где она приказала послать к себе на дом купленные куски материи, Елена Николаевна зашла в Казанский собор. Она давно собиралась пойти посмотреть на все эти мешки и кули, которые там жертвуют для голодающих. Говорят, очень много жертвуют. А от Аравина всего два шага.

Мешков и кулей было действительно много. Какое-то странное, совсем новое чувство охватило Елену Николаевну при их виде.

"Так странно видеть эти мешки в церкви, на полу!" – промелькнуло у неё в голове. Но совсем не то её поразило, что сказалось словами, а другое, несознанное. Ей показалось, что этих кулей и мешков бесконечно много – целая гора. Стало быть, голодающих-то много? Они в самом деле есть, где-то далеко, как бы в другом мире, который она себе совсем не может хорошенько представить. Они есть, они живут, т. е. умирают с голода. Боже мой, сколько кулей, сколько мешков!

– Капля в море, поймите вы, капля в море! – раздался около неё раздражённый голос.

Она вздрогнула и обернулась. За нею оживлённо разговаривали двое мужчин.

– Вы говорите, много пожертвований! – говорил высокий господин в распахнутой енотовой шубе, сильно жестикулируя рукой, в которой держал меховую шапку. – Вы вспомните, батюшка, что тридцать миллионов голодных прокормить надо до нового урожая – если ещё он будет!

"Тридцать миллионов, – машинально повторила Елена Николаевна про себя. – Сколько же это?" – она не могла себе представить тридцати миллионов людей. Но это что-то ужасно много.

Как жарко в церкви! Она распахнула свою чернобурую ротонду.

– А что мы им даём, этим тридцати миллионам? – продолжал господин громким шёпотом. – Сухие корки? А? Ведь все эти кульки и мешки, – он повёл на них рукою, – это что? Корки!

– Не одни корки... – начал было его собеседник.

Но тот не слушал.

– Да и те корки не мы даём, а по большей части дают те, которые, пожалуй, и сами бы их доели в другое время; и это и есть пожертвование настоящее. Когда мы даём корки – нам стыд, да, стыд-с! Сами ростбифы и рябчиков едим, а жертвуем корки! Скажите, какая жертва!

Собеседник заволновался:

– Но, позвольте, однако! Кажется, нельзя упрекнуть наше общество в равнодушии. Кажется, ни одно учреждение...

– По одному проценту! Знаем-с!

"Мы по три даём!" – с облегчением припомнила Елена Николаевна. Ей становилось как-то ужасно нехорошо. Этот раздражительный господин точно бранится; бранит всех, и в том числе, как будто и её, и её мужа. Ей хотелось заговорить, в чём-то оправдаться. И она ждала, что собеседник раздражительного господина оправдается за неё и за всех. И он действительно оправдался.

– Иные по три и по четыре! – сказал он.

Но раздражительному господину и этого было мало.

– А на Мазини по сколько процентов ухлопают? – воскликнул он. – А на Смуровых и Елисеевых? А ёлки и игрушки?

"Господи! Какой злой этот господин! – мысленно воскликнула Елена Николаевна. – Ёлки и игрушки! Да ведь это детям... А дети чем же виноваты? Да и вообще никто не виноват... Чего же он бранится?"

Она поплотнее закуталась в ротонду, точно холодно ей стало от слышанных ею речей, и поскорее отошла от разговаривающих. Ей хотелось ещё посмотреть хлеб, который выставлен в соборе по приказанию митрополита и прислан, кажется, из Казанской губернии. Но когда она его увидала, ей опять не поверилось. Это? Это хлеб? Да разве можно это есть?

"Ах, опять этот ужасный господин подошёл!"

– Полюбуйтесь! – шипел он, указывая на поразивший её кусок хлеба, и ей показалось, что он обращается к ней. – Ведь это хорошо нам смотреть! А ведь там-то только это и есть! Этот вот кусок не то глины, не то камня какого-то, это теперь заменяет нашему народу суп-с, жаркое-с и пирожное! Да-с! Это его ростбифы, его рябчики! Да ещё и это не у всякого есть. В сравнении с этим и кажутся роскошью и свекольники, и картофель, и кисель, и пустые щи, которыми Толстой кормит целого человека за полтора рубля в месяц...

– Ну, и ехали бы к вашему Толстому! – внезапно огрызнулся его собеседник.

– И поехал бы, если бы мог! Но разве я человек свободный? Ведь я служу-с! Вы забываете, что я служу!

– Отпуск возьмите, в отставку выходите!

Теперь они оба кричали, и оба были злы.

Елена Николаевна решительно пошла к выходу. Она ненавидела в эту минуту этого незнакомого человека; у неё было такое чувство, точно он её прибил. Она заторопилась домой. Темнота на улицах стояла такая, точно полночь настала; а и четырёх часов ещё не было.

"Ужасная, в самом деле, эта петербургская погода! – думала она, чувствуя, что сырость пробирает её насквозь, и дрожа в своей тёплой ротонде. – И какой мрак! Даже электричество какое-то тусклое. Отвратительный, злой, антипатичный господин! Но неужели новая кухарка тоже такой хлеб ела? И оттого у неё такое лицо, точно распухшее от пьянства? А между тем, надо всего только полтора рубля в месяц – пять копеек в день – чтобы накормить человека... Всего пять копеек!"

Отдавая швейцару полтинник, чтобы заплатить извозчику, и поднимаясь по своей ярко освещённой лестнице, устланной бархатным ковром, Елена Николаевна думала, что полтинник – это значит десять раз пять копеек, значит на полтинник можно накормить десять человек в день. Как дорого она заплатила извозчику!

"Что за глупости!" – опомнилась она и тряхнула головой, точно желая отогнать эти мысли.

Но это ей не удалось. Весь вечер назойливо лезли ей в голову пятачки, полтора рубля в месяц, десять человек в день на пятьдесят копеек.

– Лена, ты, однако, ужасно кашляешь, и у тебя совсем нехороший вид, – заметил Павел Александрович с беспокойством, собираясь уезжать после обеда в какой-то комитет. – Ты наверно простудилась!

– Да, кажется. Я заходила в Казанский собор...

– Зачем? – удивился муж.

– Мне хотелось этот хлеб посмотреть... Знаешь, который выставлен, – конфузясь, сказала Елена Николаевна.

– Ну? И видела?

– Да. Ужасное что-то, этот хлеб. Похож на глину.

– Говорят. Ну, так ты пошли за доктором, милая. Я тебя прошу! Право. У тебя совсем нехороший вид.

– Пустяки. Завтра наверно всё пройдёт! – сказала она нетерпеливо, чувствуя, однако, что сама этого не думает, что ей в самом деле нехорошо.

Главное, какое-то напряжённое состояние, и всё холодно. Уж не послать ли в самом деле за доктором? "Доктору пять рублей за визит, – отвечал внутренний голос, – а на пять рублей сколько же можно

181

накормить человек в день? Сто! Целую толпу. Или одного человека кормить сто дней – больше трёх месяцев".

– Барыня, кухарка пришла к приказу, в вашем кабинете дожидается.

– Хорошо, иду. Да, принесите мне плюшевую накидку, Поля. Или нет, лучше большой оренбургский платок.

Елена Николаевна уселась в большом кресле, в своём уютном кабинете, укуталась платком и положила ноги на скамеечку.

– Как вас зовут? – неожиданно спросила она у кухарки, дожидавшейся в почтительной позе.

– Маланьей, сударыня.

– Ну, так вот что, Маланья... – Елена Николаевна остановилась, точно припоминая что-то.

– Вы насчёт оленины, сударыня? Приказывали мне узнать, так я...

– Нет, нет, я совсем не про то. Давно вы из деревни?

– Вторую неделю, сударыня.

– Вы из какой губернии?

– С Тульской.

– Как? Разве и там голод? И там такой хлеб едят?

– Какой уж хлеб, сударыня, хлеб-то давно подобрали. Так кое-что. Наказал Господь. Видно и мякины себе не заслужили за наши грехи. Страшно смотреть на наш хлеб – ровно каменный. Размачиваешь, размачиваешь в водице – осклизнёт, а не помягчает. И сытости никакой нет – только жуёшь, время проводишь.

Кухарка разговорилась очень охотно, и Елена Николаевна её не останавливала. Она только пристально смотрела в лицо Маланье и думала, что это она с того хлеба такая. Теперь лучше стала, но всё что-то ещё странное в её лице. Или уж ей это кажется?

– Как к вам-то поступила, ровно в рай Господень, – говорила кухарка. – До хлеба-то дорвалась, просто, думала, никогда его не наемся, ни к чему и не тянет – всё бы хлебца, вот он, мол, какой хлебушка-то настоящий, сладкий, мягкий...

"Так вот отчего у нас столько хлеба выходило это время... А я-то удивлялась!" – мысленно вставила Елена Николаевна.

– И живёшь-то ровно в царствии небесном – и сытно, и тепло, слава Тебе, Господи! Темно тебе – свечечку или бы лампочку зажжёшь, несолоно – соли возьмёшь, посолишь... И им, стало быть, помога: вот даст Бог, месяц проживу, пожалуете, что я у вас заслужила, и им пошлю в деревню, хошь бы ребятишкам...

– А у вас и дети есть?

– Была одна девочка, да померла нынче осенью. У невестки четверо; теперь после брата вдовой осталась, скотину продала, что кормить нечем: чуть не даром отдали, ну и ревут ребята с голоду. Глядела, это я глядела, и от них уезжать на сытую жизнь совестно, да и оставаться толку мало. Всё проели, что с собою привезла, одежду даже всю. Лучше уеду, думаю, на место поступлю, им же помогать стану...

182

Елена Николаевна поспешно достала ключи и отперла письменный стол.

– Я вам сейчас дам, сейчас же пошлите, – заторопилась она. – Скорее пошлите!

– Я и сама хотела было попросить у вас сколько-нибудь вперёд, сударыня, да не посмела, мол, недели ещё не зажила... Благодарствую покорно, немножко бы.

– Это не вперёд, а так... Я хочу послать, пошлите им, только поскорей! – торопливо заговорила Елена Николаевна, пересчитывая бумажки. – Вот, пятьдесят рублей. Поскорее пошлите!

Кухарка бухнулась ей в ноги.

– Пошли вам, Господи, Царица Небесная! – проговорила она, всхлипывая. – Матушка, уж я и не знаю...

– Что вы! Что вы! Встаньте, Маланья! Разве это можно! – закричала Елена Николаевна.

Но кухарка не вставала и продолжала плакать и бормотать что-то невнятное.

Тогда и Елена Николаевна села в кресло и заплакала. О чём? Она и сама не знала. Нервы очень расстроились, устала. Надо принять валериановых капель. Поздно заказала обед Елена Николаевна, и написала кухарке письмо в деревню, и узнала ещё, что в этой деревне сорок шесть дворов, и во всех дворах тоже самое. Двести душ, говорила Маланья, и это гораздо легче было себе представить, чем тридцать миллионов. Но, когда, наконец, Маланья со своим мокрым, заплаканным лицом, радостно ушла, снабжённая распоряжениями насчёт оленины и драгоценным письмом, Елена Николаевна осталась одна и погрузилась в свои мысли, далеко не разделяя радости своей кухарки. На сердце её лежал какой-то камень, и мысль усиленно работала.

Ну вот, она тоже пожертвовала на голодающих, много пожертвовала – ведь это много, пятьдесят рублей? В газетах редко увидишь, чтобы столько жертвовали (Елена Николаевна последние дни читала газеты) – всё больше один рубль, три рубля, много "десять рублей от неизвестного"... Но совсем это не облегчило её совести... Прежде у неё даже точно и не было этой совести – как-то она её не чувствовала. Да разве это пожертвование? Пожертвования – это кладут в кружку, "соглашаются отчислять процент", и т. д., ну точно в кружке или в департаменте оно и останется – никакого при этом нет особенного чувства; всё равно, что выпить стакан воды – так как-то... А когда она эти пятьдесят рублей отдавала, у неё билось сердце, и слёзы капали из глаз, и было такое чувство, что надо вот встать, поскорее схватить деньги и торопиться, бежать... Господи, скоро ли ещё они дойдут? "Дети ревут от голода", – говорит Маланья. Ведь вот, когда Сонина Лидочка заплачет, когда хочет кушать, и котлетка ещё не готова, весь дом бегает, все торопят няню, няня бранит кухарку, все интересуются, скоро ли зажарят котлетку, хотя Лидочка недавно кушала тапиоку. И Соня сердится, если котлетка опоздает на две минуты.

– Как же это вы не распорядились, няня? Ведь ребёнок кушать хочет!

Это ужасно!

И няня чувствует свою вину. Ещё бы!

Вот Маланья говорит, – что этих пятидесяти рублей невестке с детьми почти до нового хлеба хватит. Это хорошо. Но это "один двор"; а там ещё сорок пять остаётся, и в них тоже ребята ревут, и всё точно также. А ведь деревень много, где голодающие. Губерний, говорят, семнадцать, а в каждой сколько может быть уездов? И в уезде деревень? Тридцать миллионов людей... Нет, это невозможно себе представить. А одна деревня – Маланьина – там двести человек голодает, нет, теперь уж на пять человек меньше, им послано пятьдесят рублей.

Нельзя ли послать ещё? Хоть сколько-нибудь? Надо рассчитать деньги.

Елена Николаевна опять открыла письменный стол и начала быстро пересчитывать деньги, аккуратно разложенные по разным конвертам и бумажникам. Она была аккуратная хозяйка, и аккуратно вела счеты, и всё записывала; на всё у неё была положена и отложена известная сумма, и на самое необходимое, и на экстренные расходы.

Денег было много; но всё отложенных на самое необходимое; в экстренных расходах оставалось всего полтораста рублей. В последние дни она ужасно много истратила; но хоть это и было экстренное – по случаю праздника – но в то же время и необходимое...

Подарки прислуге, игрушки детям, турецкая оттоманка – сюрприз мужу, холодильники для шампанского у Кача (тоже, в сущности, для него, он так давно желает их иметь), а под Новый год это необходимо, когда такой торжественный ужин, да, необходимо... Разве необходимо? Ведь до сих пор обходились? А они стоили двести рублей. Двести, можно в четыре семьи послать ещё по пятидесяти рублей – до нового хлеба...

Вот бы ещё четыре двора. А всё ещё сорок один остаётся.

Ещё конверт открыла Елена Николаевна. Это что? Это уже не деньги; абонемент на итальянскую оперу, два кресла – девяносто рублей.

Это муж подарил. Лучше бы уж не абонироваться, а послать ещё – прибавить десять рублей, и тогда будет ещё двум семьям...

Елена Николаевна начала быстро пересчитывать и искать по конвертам, откуда бы взять эти десять рублей, да поскорее, точно вот сейчас нужно было их отдать из рук в руки, точно около неё стояли люди, дожидавшиеся этих денег, чтобы не умереть с голода... И вот она всё считала, и рассчитывала, и соображала, рылась, и точно чего-то не находила. Нет, всё мало, всё мало – ни за что не достанет на всех!

"Полтора рубля в месяц на человека; до следующего урожая остаётся семь... восемь месяцев; восемь раз полтора рубля – двенадцать рублей"...

Так застал её муж. Она сидела, низко наклонившись над своим письменным столом, на котором были беспорядочно разбросаны конверты и кредитки, и всё что-то писала на бумажке своим мелким почерком, считала по пальцам, и что-то бормотала, беспрестанно кашляя. Щёки её раскраснелись, глаза блестели.

– Лена, что с тобой? – воскликнул Павел Александрович, хватая жену за руку. – У тебя руки как огонь.

– Голова очень болит; пусти!

И она выдернула руку и потянулась за карандашом.

Но к его величайшему изумлению, тотчас же вслед затем она позволила совершенно спокойно отвести себя и уложить в постель, причём оказалось, что сама она едва может держаться на ногах. Усадивши около неё Полю, с приказанием не отлучаться от барыни ни на минуту, Павел Александрович в страшном беспокойстве поехал за доктором.

"Ещё скоро ли я теперь его найду! Чёрт его знает, где он винтит сегодня!" – думал он про своего доктора. А Елена Николаевна лежала в постели и считала. Ещё больше тридцати дворов осталось, а денег нет. Она беспокойно осматривала свою спальню, ища глазами.

"Как бы это так сделать, чтобы хватило на всех, а у кого есть – тех уже в сторону – чтобы не мешали – и вот видеть, сколько их ещё осталось... Вот если бы они были тут, на лицо... Да вот они и есть. Вот стоят. Пусть в каждой избе средним числом пять человек; хорошо. Да денег, денег-то откуда же взять? Что это там такое? Ах, это майоликовые вазы, которые она купила у Марсеру за двадцать пять рублей пара. А этажерки empîre (для всех этих вещей необходимы этажерки) семьдесят пять; как это удобно! Ровно сто. Два двора. Отходите в сторону. И как странно, всё Маланьи! Впрочем, это совершенно естественно – маленькая деревня, так там и должны жить всё Маланьи. А как же дети? Она говорила про детей? Ну да, маленькие Маланьи? Вот они. Сколько их набирается в комнату! Надо сказать Поле, чтобы она не пускала. У них наверно грязные ноги, мокрые. Они испортят ковёр. Ведь это необходимая вещь – ковёр; с пола дует. Он стоит двести шестьдесят рублей à la ville de Lyon[107]. Двести шестьдесят рублей! Двадцать человек до нового урожая. Мозаичный столик – шестьдесят рублей – пять человек – вот и они пришли. Совсем больше нет места в спальне. Боже мой, отчего у них такой ужасный вид? Глаза такие блестящие, светятся; говорят, у волков всегда глаза светятся, когда голодные волки; а ведь это же голодные люди... Ну да, конечно. От голода, значит, у всех светятся глаза. Душно стало в комнате, ужасная духота. Это оттого, что так много народа. И какой шум! Ужасный шум. Что это? Ах да, ребята ревут от голода. Да ведь я же отдала всё, что ж мне делать? Прогоните их – я не виновата – я больше не могу! У меня ничего больше нет. Зеркало? Сто двадцать рублей. Да ведь нельзя же без зеркала, это необходимая вещь!"

---

[107] с видом города Лиона - фр.

– Поля, Поля, прогоните их!..

– Что с тобой? Что с тобой? Ангел мой, успокойся!

Елена Николаевна узнала голос мужа и вздохнула с облегчением.

– Ах, милый, это ты! Как я рада! – сказала она. – Как хорошо, что ты пришёл. А то ты не можешь себе представить, в каком я затруднении: ещё около тридцати дворов...

– Что это с ней такое, доктор? – испуганно обратился Павел Александрович к вошедшему вместе с ним доктору.

– Ничего, бредит, – спокойно возразил доктор, усаживаясь у постели и доставая часы. – Инфлюэнцу заполучила должно быть. Эх, Елена Николаевна, Елена Николаевна! Перед самым праздником! Что бы вам до великого поста потерпеть!

Сестра Соня с большим огорчением узнала на другое утро, что Элен не будет у неё на ёлке, потому что у неё инфлюэнца в сильнейшей степени, осложнённая бронхитом, и температура в сорок градусов. Не отложить ли ёлку до Нового года? Нет, доктор говорит, что если и скоро поправится, то и тогда ещё нельзя будет выходить. Такая досада! Уж не говоря о том, что эта инфлюэнца нынче бывает какая-то злокачественная, от неё даже умирают. Бедная Элен! А вдруг она умрёт?

Но Елена Николаевна не умерла и даже скоро начала поправляться, хотя ещё очень слаба и иногда продолжает бредить: ещё сегодня утром они пресерьёзно уверяла мужа, что как только поправится, так уедет в деревню, и что ей нужно много денег, и потому придётся продать многие ненужные и дорогие вещи. Павел Александрович не очень беспокоится, слыша такие речи, потому что температура у неё почти нормальная, и стало быть бояться нечего. Скоро всё пройдёт.

# СПИСОК